A Study of New Social Movements
and National Governance in FRG（1967—1983）

联邦德国新社会运动与国家治理研究

1967–1983

岳 伟 著

中国社会科学出版社

图书在版编目（CIP）数据

联邦德国新社会运动与国家治理研究：1967—1983 / 岳伟著 . —北京：
中国社会科学出版社，2023.9
ISBN 978 – 7 – 5227 – 1895 – 8

Ⅰ.①联…　Ⅱ.①岳…　Ⅲ.①新社会运动—研究—德国—1967 – 1983
②国家—行政管理—研究—德国—1967 – 1983　Ⅳ.①C916②D751.63

中国国家版本馆 CIP 数据核字（2023）第 085543 号

出 版 人　赵剑英
责任编辑　耿晓明
责任校对　李　军
责任印制　李寡寡

出　　　版　中国社会科学出版社
社　　　址　北京鼓楼西大街甲 158 号
邮　　　编　100720
网　　　址　http://www.csspw.cn
发 行 部　010 – 84083685
门 市 部　010 – 84029450
经　　　销　新华书店及其他书店

印刷装订　三河市华骏印务包装有限公司
版　　　次　2023 年 9 月第 1 版
印　　　次　2023 年 9 月第 1 次印刷

开　　　本　710×1000　1/16
印　　　张　16.5
字　　　数　252 千字
定　　　价　79.00 元

目　　录

引　言

　　作为国家社科基金青年项目的最终成果，本书主要研究的是 1967—1983 年间联邦德国的新社会运动（Neue Soziale Bewegungen，简称 NSB）及其与国家治理之间的互动。客观地说，该项目的研究对笔者来说是一场不小的挑战：一是研究所涉及的领域非常广泛，涵盖经济社会史、社会运动史、教育史、环境史、妇女史等诸多领域；二是研究对象非常细碎，不仅新社会运动本身包括诸多分支，而且领导和推动这场运动的组织也都是以分散的小组为主；三是前人的研究相对较难借鉴：在国内，关于联邦德国新社会运动的历时研究甚为薄弱，成果寥寥；而在国外，大量有关这场运动的研究又呈碎片化倾向，而且将其与国家治理结合在一起进行分析的研究者也并不多见。当然，绝不能以此为由放松对本项目研究水平的要求。可以说，虽然现在呈于各位专家和读者眼前的这部书稿仍有诸多不足之处，但它确实也是本课题项目组近五年来努力工作的结果。

　　在引言中，笔者拟对"新社会运动"和"国家治理"这两个本书最关键的概念以及以联邦德国学界为代表的相关研究动态做一个简单的介绍和梳理，并就全书写作内容及参考文献做一个先期交代。

一

　　20 世纪 60 年代后向后工业社会（Post-indinstrial Society）的转型，是西方继近代工业化之后所经历的最大的一次社会变革。在联邦德国向后工业社会转型的过程中，不仅社会运动的目标、组织形式和斗争方式发生了变化，国家治理的思想和体制也随之发生了巨大的改变。

联邦德国新社会运动是该国在后工业化进程中发生的一系列影响深远的左翼社会政治运动。汉克·约翰斯顿（Hank Johnston）认为，新社会运动主要是指西方20世纪60年代以来发生的学生运动、反核能运动、少数民族的民族主义运动、同性恋权利维护运动、女权运动、生态运动等。[①] 根据德国联邦政治教育中心（Bundeszentrale für politische Bildung）的定义，新社会运动在联邦德国主要指的是60年代中期以后出现的、区别于工人运动等"传统"社会运动的"运动家族"（Bewegungsfamilie）。虽然目前学界对"新社会运动"这一概念尚无统一的界定，但笔者认为，分支众多、细碎庞杂的联邦德国新社会运动内部仍存在着一些共同特点：首先，它们都是在后工业社会转型进程中发生的；其次，它们主要是由新左派以及受其影响的各种新型左翼力量领导和推动的；最后，它们在目标、组织和行动上都强调反体制自治。

到20世纪80年代上半期时，联邦德国大多数新社会运动都进入了制度化的阶段。其中最典型的事件就是1983年时，从这场运动中走出的绿党成功地进入了联邦议院。美国历史社会学派代表人物查尔斯·蒂利（Charles Tilly）曾在《社会运动论》一书的结语中指出，社会运动最突出的特征在于对当局持续的挑战。[②] 因此，他和联邦德国著名环境运动研究专家约阿希姆·拉施克（Joachim Raschke，又译雅克西姆·纳德考）都未将制度化之后的社会运动当作社会运动。[③] 受上述两位学者观点的启发，笔者将本书的研究止于1983年新社会运动大规模制度化之前。因为在此之后，联邦德国新社会运动就从原先的反体制、反威权运动，逐步变成了现有体制的一部分。典型的新社会运动主要是由新左派及其继承者领导的带

---

① Johnston, Hank, *New Social Movements*, *From Ideology to Identity*, Philadelphia: Temple University Press, 1994, p. 3.

② ［美］西德尼·塔罗：《社会运动论》，张等文、孔兆政译，吉林人民出版社2011年版，第312页。

③ Ottersbach, Markus, *Außerparlamentarische Demokratie*: *Neue Bürgerbewegungen als Herausforderung an die Zivilgesellschaft*, Frankfurt am M.: Campus Verlag, 2003, S. 100.

有后物质主义色彩的反体制斗争。而进入体制后，不仅由新左派分化出来的各种左翼分子和团体已在很大程度上丧失了自己的独立性和反体制性，而且新社会运动的自治性特征也变得不像以前那样明显。①

　　受新社会运动的影响，联邦德国国家治理也发生了具有深远意义的变革。现代意义上的"治理"一词来源于英语的 Governance，其权威定义是"全球治理委员会"1995 年所下的"各种公共的或私人的个人和机构管理其共同事务的诸多方式的总和"。在权威主体、运作方式等方面，"治理"区别于自上而下的国家"统治"（Governing）。② 德国学者多将 Governance 直接引入德语表达"治理"概念③，但有时又将"善治"（Good Governance）中的 Governance 翻译为政府调控（Regierungsfahrung）④。近年来，在美国"治理"理念的影响下，联邦德国学者也逐渐采用传统的"国家控制"（Regieren）一词，表达与中国学界所使用的"国家治理"相接近的概念，即在强调"国家发挥主导作用"的同时，兼顾治理所强调的社会诉求⑤。

　　在向后工业社会转型的过程中，联邦德国通过批判性地吸纳新社会运动的目标理念和组织形式，改进了国家治理的思想和体制。不仅转型时期凸显的许多问题，如高校治理中教授权力过大的问题、核能扩张中的生态风险问题、家庭治理中控制和压迫女性的问题等都在一定程度上得到了较为妥善的解决，而且随着公民自治和协商合作机制的完善，国家治理也变得更加开放。研究新社会运动推动下联邦德国的国家治理变

---

① Ottersbach, Markus, *Außerparlamentarische Demokratie: Neue Bürgerbewegungen als Herausforderung an die Zivilgesellschaft*, Frankfurt am M.: Campus Verlag, 2003, S. 101 – 102.

② Rosenau, James N. (ed.), *Governance without Government: Order and Change in World Politics*, Cambridge: Cambridge University Press, 1992, pp. 1 – 29. 俞可平主编：《治理与善治》，社会科学文献出版社 2000 年版，第 1—15 页。

③ Benz, Arthur (Hrsg.), *Governance-Regieren in komplexen Regelsystemen: eine Einführung*, Wiesbaden: VS, Verl. für Sozialwiss, 2010, S. 13 – 28.

④ Braun, Hans-Gert, *Armut überwinden durch Soziale Marktwirtschaft und Mittlere Technologie: Ein Strategieentwurf für Entwicklungsländer*, Münster: LIT Verlag, 2010, S. 261 – 264.

⑤ Haus, Micheal, "Von government zu governance? Bürgergesellschaft und Engagementpolitik im Kontext neuer Formen des Regierens," in Olk, Thomas (ed.), *Engagementpolitik, Die Entwicklung der Zivilgesellschaft als politische Aufgabe*, Wiesbaden: VS Verl. für Sozialwiss, 2010, S. 210 – 232.

革，可以让我们更加深入地理解该国在后工业转型中所出现的各种问题及其应对措施。

二

到目前为止，国内外学界，特别是德国学界对于联邦德国新社会运动与国家治理的研究已经取得了相当丰富的成果。这些成果对于本课题相关研究的继续深入有着重要意义。笔者在此无法一一涉及，而只能挂一漏万，选择学界部分代表性著述予以介绍。

纵观近年来以国内外学界有关新社会运动及其与国家治理关系的著述，按主题和内容分类，主要集中在以下四个方面：

1. 关于联邦德国新社会运动的总体研究

在不同理论思潮的影响下，联邦德国关于新社会运动的总体研究大体可分为三个阶段：

20 世纪 80 年代初至 90 年代初，联邦德国学界主要通过引入欧洲流行的"新社会运动理论"（Theorie der Neuen Sozialen Bewegungen），来考察战后社会变迁对整个联邦德国新社会运动兴起及演变的影响。如卡尔-维尔纳·布兰德（Karl-Werner Brand）和克劳斯·埃德尔（Klaus Eder）就分别根据"现代化—危机"理论（Modernisierung-krisenthoerie）和中间阶层激进主义（Mittlklassenradikalismus）理论对联邦德国新社会运动的发生和运行机制进行了探讨。[①] 此类研究不仅使"新社会运动"在联邦德国成为一个独立的学术概念，还推动了"德国政治学联合会"（Deusche Vereinigung für politische Wissenschaft）新社会运动研究小组的创立和《新社会运动研究学报》（*Neue Soziale Bewegungen Forschungsjour-*

---

① Brand, Karl-Werner, & Rucht, Dieter（Hrsg.），*Aufbruch in eine andere Gesellschaft，Neue Soziale Bewegungen in der Bundesrepublik*，Frankfurt a. M.，Campus，1986；Eder，Klaus，*The New Politics of Class：Social Movements and Cultural Dynamics in Advanced Societies*，Thousand Oaks：SAGE Publications Ltd，1993.

nal）的创办。这些理论都是根据社会运动的诉求来反推社会变迁，不能解释为什么社会变迁并不一定导致社会运动这一关键性问题。

　　20 世纪 90 年代初至 21 世纪初，重点引入美国流行的"政治机会结构"（Political Opportunity Structure）理论，从"制度化政治体系的开放与封闭""国家对社会运动所实施的主导性战略"等角度进一步诠释国家政治权力对联邦德国新社会运动兴衰的影响，以弥补"新社会运动理论"等对社会弱势群体政治动员条件关注的不足。如迪特尔·鲁赫特（Dieter Rucht）就借助"政治机会结构"理论，对联邦德国新社会运动的动员水平特征进行了分析①。此时逐渐增多的个案实证研究也大都借用"政治机会结构"理论，如克里斯蒂安·约普克（Christian Joppke）有关联邦德国反核能运动衰落原因的研究。② 罗斯玛丽·哈弗－赫尔茨（Rosemaire Have-Herz）对联邦德国新妇女运动（Neue Frauenbewegung）史的研究等。③

　　近年来，随着"治理"（Governance）理念的流行，西方又倾向于从民主社会发展和公民社会形成的角度研究联邦德国新社会运动的治理功能与绩效。如罗兰·罗特（Roland Roth）等人认为，新社会运动中出现的民众"抗议政治"是联邦德国代议民主制的重要补充，是实现"善治"（Good Governance）的重要途径；而布兰德则强调新社会运动是推动联邦德国形成公民"参与政治"（Engagementpolitik）、完善社会治理的重要力量。但遗憾的是，这些研究目前关注的多是新社会运动本身的治理功能，却忽视了新社会运动对国家治理的影响。

---

① Rucht, Dieter, "Die politischen Gelegenheitstrukturen Neuer Sozialer Bewegungen in der Bundesrepublik," in Hellmann, Kai-Uwe, & Koopmans, Ruud（Hrsg.）, *Paradigmen der Bewegungsforschung, Entstehung und Entwicklung von Neuen Sozialen Bewegungen und Rechtsextremismus*, Wiesbaden：VS, Verl. für Sozialwiss., 1998, S. 109 - 127.

② Joppke, Christian, "Social Movements during Cycles of Issue Attention: The Decline of the Anti-Nuclear Energy Movements in West Germany and the USA," in *The British Journal of Sociology*, Vol. 42, No. 1（Mar., 1991）, pp. 43 - 60.

③ Nave-Herz, Rosemarie, *Die Geschichte der Frauenbewegung in Deutschland*, Opladen：Leske + Budrich, 1994.

近 20 年来，随着西方相关理论的传入，国内政治和社会学界也陆续展开了关于西方新社会运动的研究，他们的著作中有些也涉及联邦德国。[①] 但这些成果大多偏重理论研究，缺少扎实的实证分析。史学界目前仅有少量关于联邦德国新社会运动的实证研究成果问世，而大多数德国当代史著作都未能对这一问题展开论述。[②] 总的来说，鉴于新社会运动在联邦德国社会转型和政治变迁中的重要地位，国内对这一问题的实证研究确需进一步加强。

2. 关于联邦德国 68 运动与高校治理的研究

68 运动（68er-Bewegung/Studentenbewegung，又称大学生运动）一直是联邦德国学界关注的焦点。在 20 世纪 70 年代时，同情左派的格哈德·鲍斯（Gerhard Bauß）等学者曾借助当时可见的媒体报道和公开宣传资料，肯定了这场运动对六七十年代联邦德国历史发展的积极促进作用。[③] 到 80 年代，在修正主义派全面否定这场运动的积极作用之后，后修正主义又开始反攻。1988 年时，联邦德国召开了以"68 精神没有消退，漫长的行军没有终止"为主题的 68 运动 20 周年纪念大会。[④] 2000 年前后，随着档案搜集、整理工作的逐步完成，关于这场运动的研究也呈现出新的特点：一是不属于"68 一代"（68er）人的新一代历史学家可以更客观地对其给予研究；二是对"1968"这一年在联邦德国及西方历史上的深远影响给予了更多的关注；三是研究视角的全球化。如在 68 运动研究 40 周年之际，德国学者就大力提倡在全球视野下重新审视这场运动，并主张将第三世界及东欧的社会运动和社会变迁与之相联系、相比较。[⑤]

---

① 如郇庆治《80 年代中期以来的西欧新社会运动》，《欧洲》2001 年第 6 期；陆海燕《新社会运动与当代西方政治变革》，武汉大学出版社 2011 年版。

② 如张顺洪《西方新社会运动研究》，中国社会科学出版社 2015 年版；黄正柏《联邦德国 1960—80 年代的学生运动和"公民行动"》，《温州大学学报》（社会科学版）2013 年第 6 期。

③ Bauß, Gerhard, *Die Studentenbewegung der sechziger Jahre in der Bundesrepublik und Westberlin*, *Handbuch*, Köln: Pahl-Rugenstein, 1977.

④ Strobel, Karl, & Schmirber, Gisela, *Drei Jahrzehnte Umbruch der deutschen Universität*, *Die Folgen von Revolte und Reform*, *1968 - 1974*, Vierow bei Greifswald: SH-Verlag GmbH, 1996.

⑤ http://hsozkult.geschichte.hu-berlin.de/tagungsberichte/id=2393

在 68 运动过后不久，就有学者开始关注这场运动与当时高校改革之间的关系问题。① 之后，随着 68 精神的历史价值再度得到肯定，这场运动与教育改革之间的联系再度成为 2008 年纪念 68 运动 40 周年大会上的热点话题。② 有学者在会后的总结中强调，要将高校政策作为后 "68" 时代社会变革史的重点之一来研究。③ 正是在这一背景下，安妮·罗斯托克（Anne Rohstock）于 2010 年出版了基于原始文献对六七十年代巴伐利亚和黑森州高校改革及大学生抗议进行研究的著作，并认为虽然这一时期联邦德国的高等教育改革主要是由科学政策制定者（Wissenschaftpolitiker）自上而下推动的，但它也在一定程度上反映了 68 运动中大学生们的诉求。④ 值得注意的是，现有德文著作在讨论 68 运动与高校改革的关系时，多为泛泛而谈，而专以高校治理体制及其内部权力博弈为视角来分析的却并不多见。

而在国内，长期以来只有张世鹏、沈汉等少数学者的成果对联邦德国 68 运动进行过总体性探讨。⑤ 直到最近几年，阮一帆等学者才关注到

① 如 Hübner, Horst, *Sozialdemokratische Hochschulpolitik, Ordinarienuniversität und Studentenbewegung 1960 – 1980. Eine politisch-soziologische Analyse sozialdemokratischer Hochschulreform in Nordrhein-Westfalen unter besonderer Berücksichtigung der Universität Münster*, Münster: Lit Verl., 1982. Goldschmidt, Dietrich, Teichler, Ulrich, & Webler, Wolff-Dietrich（Hrsg.）, *Forschungsgegenstand Hochschule. Überblick und Trendbericht*, Frankfurt u. a.: Campus-Verl., 1984. Peisert, Hansgert & Framheim, Gerhild: *Das Hochschulsystem in der Bundesrepublik Deutschland. Funktionsweise und Leistungsfähigkeit*, Stuttgart: Klett-Cotta, 1979. Schabedoth, Hans-Joachim, *Hochschulreform-eine verpasste Chance. Die politische Auseinandersetzung um die Hochschulreform-seit 1969. Voraussetzungen*, Hagen: Verlauf, Ergebnisse, 1982.

② 参见 Konferenz "68", "Umbrüche in bildungsgeschichtlichen Perspektiven. Impulse und Folgen eines kulturellen Umbruchs in der Geschichte der Bundesrepublik," In H-Soz-u-Kult. http://hsozkult. geschichte. hu-berlin. de/termine/id = 10166. Aufgerufen am 21. 11. 2009. 这次的周年大会共有四个分会场，主题分别是：（1）第三世界研究；（2）东欧改革研究；（3）跨界交流和关系研究；（4）意义与影响研究。

③ 如 Lauermann, Manfred, "Vierzig Jahre 1968," In *Berliner Debatte Initial*, 20（2009）, S. 125 – 126。

④ Rohstock, Anne, *Von der "Ordinarienuniversität" zur "Revolutionszentrale"? Hochschulreform und Hochschulrevolte in Bayern und Hessen, 1957 – 1976*, Berlin: Boston: R. Oldenbourg Verlag, 2010.

⑤ 张世鹏：《60 年代末联邦德国大学生运动》，《国际政治研究》1989 年第 3 期。沈汉、黄凤祝编著：《反叛的一代：20 世纪 60 年代西方学生运动》，甘肃人民出版社 2002 年版。

了这场运动对联邦德国政治教育和社会运动发展的影响。① 但是，对于联邦德国大学生运动与高校改革之间的联系，中国学者的著作却仍缺乏较为深入的研究。

3. 关于联邦德国新环境运动与环境治理的研究

多年来，联邦德国学界关于新环境运动（Neue Umweltbewegung）的研究成果颇丰。② 乌尔里希·林泽（Ulrich Linse）早在 1986 年就对作为绿党前身的新环境运动进行了历史考察，并指出了这场运动及其形成的亚文化与二战前的自然—家园保护（Natur und Heimatschutz）运动和无政府主义者的社会乌托邦方案之间存在着巨大的区别。③ 到 20 世纪 90 年代时，德国学界开始重点关注这场运动在政治、经济等方面与国家的互动。如 1997 年时，卡尔-维尔纳·布兰德等人曾对联邦德国的生态辩论进行了系统研究，并通过分析一系列生态赔偿案例，重构了新环境运动与经济和政治的关系，进而阐释了生态冲突制度化的进程。④ 进入 21 世纪后，德国学界的研究重点又转向新环境运动的组织变革及其对政治结构和过程的影响。如鲁赫特以其 1987 年时对新环境运动制度化的研究为基础，通过分析自己搜集的原始数据，阐释了70 年代以来新环境运动行动方式和组织结构的演变。⑤ 西尔克·蒙德（Silke Mende）则在他的最新力作中详述了绿党从新环境运动中兴起和发

① 阮一帆、李战胜、傅安洲：《20 世纪 60 年代末大学生运动与联邦德国政治教育的变革》，《高等教育研究》2014 年第 8 期。

② Engels, Jens, *Naturpolitik in der Bundesrepublik: Ideenwelt und politische Verhaltensstile in Naturschutz und Umweltbewegung, 1950 – 1980*, Parderborn: Schöningh, 2006, S. 20.

③ Linse, Ulrich, & Anarchie, Okopax, *Eine Geschichte der ökologischen Bewegungen in Deutschland*, München: Dt. Taschenbuch-Verl., 1986.

④ Brand, Karl-Werner, *Ökologische Kommunikation in Deutschland*, Wiesbaden: VS Verlag für Sozialwissenschaften, 1997, Raschke, Joachim & Gudrun Heinrich, *Die Grünen: Wie sie wurden, Was sie sind*, Köln: Bund-Verl., 1993.

⑤ Rucht, Dieter, "Von der Bewegung zur Institution?" in Roth, Roland, & Rucht, Dieter (Hrsg.), *Neue Soziale Bewegungen in der Bundesrepublik Deutschland*, Frankfurt/M.: Campus, 1987, S. 238 – 262, Rucht, Dieter, & Roose, Jochen, "Von der Platzbesetzung zum Verhandlungstisch? Zum Wandel von Aktionen und Struktur der Ökologiebewegung," in Rucht, Dieter (Hrsg.), *Protest in der Bundesrepublik. Strukturen und Entwicklungen*, Frankfurt u. a.: Campus-Verl., 2001.

展的过程。①

在联邦德国新环境运动的研究中，反核能运动一直是学界关注的热点。著名环境运动史学家约阿希姆·拉施克曾在20世纪七八十年代之交的著作中详细探讨了反核能抗议的形成原因和主要特点。② 他还在1990年的一篇文章中指出，围绕核能发展的讨论是联邦德国历史上规模最大、思想内涵最为丰富的公开辩论。③ 两德统一后，由于新环境运动研究的转向，以海伦娜·弗拉姆（Helena Flam）为首的研究团队也开始关注反核能运动与国家之间的互动关系。④ 而近年来，随着对新环境运动研究的不断深入，德国学者又认识到，反核能运动在环境治理思想和体制的变革中扮演了重要的角色。如延斯·恩格斯（Jens Engels）在《联邦德国的自然政策：1950—1980年自然保护和环境运动的思想世界和政治风格》中强调了公民动议及其组织的反核能运动在联邦德国环境政治"风格"转变中所起到的重要作用；⑤ 而科尔内莉亚·阿尔滕堡（Cornelia Altenburg）则在《核能与政治协商》中认为，反核能运动不仅推动了联邦德国能源及环境决策的科学化和民主化，也对联邦议院"未来核能政策咨询委员会"的建立起到了重要的推动作用。⑥ 总体而言，虽然德国学者开始关注到反核能运动对环境治理的推动作用，但相关研究仍不够系统和深入。

国内学者涉及联邦德国新环境运动的著作主要包括两类：一是关于

---

① Mende, Silke, *Nicht rechts, nicht links, sondern vorn: eine Geschichte der Gründungsgrünen*, München: Oldenbourg, 2011.

② Radkau, Joachim, "Kernenergie Entwicklung in der Bundesrepublik: ein Lernprozeß?" in *Geschichte und Gesellschaft*, Nr. 2, 1978 (4), S. 195 – 222, Radkau, Joachim, *Aufstieg und Krise der deutschen Atomwirtschaft*, Reinbek: Rowohlt, 1983.

③ Radkau, Joachim, "Die Kernkraft-Kontroverse im Spiegel der Literatur. Phasen und Dimensionen einer neuen Aufklärung," in Hermann, Armin, *Das Ende des Atomzeitalters? Eine sachlich-kritische Dokumentation*, München: Moos & Partner, 1990, S. 397 –431.

④ Flam, Helena, *States and Anti-Nuclear Movements*, Edinburgh: Edinburgh Univ. Press, 1994.

⑤ Engels, Jens, *Naturpolitik in der Bundesrepublik: Ideenwelt und politische Verhaltensstile in Naturschutz und Umweltbewegung, 1950 – 1980*, Parderborn: Schöningh, 2006.

⑥ Altenburg, Cornelia, *Kernenergie und Politikberatung: Die Vermessung einer Kontroverse*, Wiesbaden: VS Verlag für Sozialwissenschaften, 2010.

新左派院外抗议运动的研究，如前文所提及的黄正柏的《联邦德国1960—80年代的学生运动和"公民行动"》；二是关于联邦德国绿色政治和绿党的研究，如王芝茂的《德国绿党的发展与政策》。① 不过，就目前所见，国内尚无专门研究联邦德国反核能运动及其对环境治理影响的成果问世。

4. 关于联邦德国新妇女运动与家庭治理的研究

联邦德国学界很早就开始研究本国的新妇女运动浪潮。如雷娜特·维根豪斯（Renate Wiggershaus）在1979年时就利用当时公开可见的出版物和媒体材料、宣传单等，详述了包括反218条斗争（Protest gegen §218，反对《刑法》第218条禁止堕胎条款）在内的20世纪70年代妇女运动的过程及诉求，并指出运动参与者的指导思想主要可分为马克思—社会主义流派和激进女性主义流派。但是，该书将70年代的妇女运动归结为战前妇女运动的继续，既没有总结出新妇女运动的特点，也没有提及这场运动的影响。② 直到2000年之后，联邦德国学界才开始关注这场运动，尤其是它对家庭治理变革的影响。

在史学界，随着原始档案的不断发掘，2002年时，克里斯蒂娜·舒尔茨（Kristina Schulz）遵循当时新兴的性别史和新文化史、新政治史传统，从女性性别认同和统治权力结构的角度入手专门对1968—1975年间联邦德国新妇女运动的兴起进行了研究，并认为这场运动在家庭法改革和家庭政策领域引起了巨大的争论。③ 2012年时，米拉·弗雷（Myra Ferree）又将联邦德国新妇女运动置于全球史的视野中进行考察，认为在家庭社会立法的性别平等方面，德国相比其他西方国家处于落后的位置。政治中对家庭价值的重视是引发德国女权主义兴起的原因之一。④ 此外，

---

① 王芝茂：《德国绿党的发展与政策》，中央编译出版社2009年版。

② Wiggershaus, Renate, *Geschichte der Frauen und der Frauenbewegung*, *In der Bundesrepublik Deutschland und in der DDR nach 1945*, Wuppertal: Peter Hammer Verlag GmbH, 1979.

③ Schulz, Kristina, *Der lange Atem der Provokation*: *Die Frauenbewegung in der Bundesrepublik und in Frankreich 1968 – 1976*, Frankfurt a. M.: Campus, 2002, S. 11 – 12, 226.

④ Ferree, Myra, *Feminismen*, *Die deutsche Frauenbewegung in globaler Perspektive*, Frankfurt a. M.: Campus, 2012, S. 21 – 22.

伊尔莎·伦茨（Ilse Lenz）还在 2010 年出版的《德国新妇女运动：告别微小差异，资料汇编》中搜集了自 20 世纪 60 年代末期以来有关联邦德国新妇女运动的大量原始文献。[①] 但是，由于不少德国史学家都认为新妇女运动时至今日仍在进行当中，[②] 所以都没有对其影响进行全面、系统的实证考察。

进入 21 世纪后，德国政治学界也开始从理论上总结这场运动的影响。如克拉丽萨·鲁道夫（Clarissa Rudolph）认为，新妇女运动对政治的影响主要表现在丰富议题、增加手段、发展对立文化和扩展主体四个方面。[③] 而另一位学者康斯坦瑟·恩格尔弗里德（Constance Engelfried）则指出，新妇女运动的影响主要表现在两个层面，一是哲学层面，即让政治主体向女性扩展，女性发出了自己的声音；二是政治层面，即让政治议题从社会公共领域扩展至私人领域。[④] 近年来，随着理论研究的不断深入，一些政治学家又专门分析了新妇女运动对联邦德国家庭治理所产生的影响。如卡琳·伯勒（Karin Böller）等人认为，新妇女运动冲击了联邦德国根深蒂固的男权家庭模式，引起了对家庭、邻居和个人的重新定义。[⑤] 而伊雷妮·格拉赫（Irene Gerlach）则认为，尽管新妇女运动并没有成为家庭政治中积极的利益代表，但它却为法律提供了性别平等的土壤。[⑥] 但是，政治学家的研究往往缺少扎实的实证基础。总体来看，联邦德国学者的研究虽然给笔者提供了不少有益的启示，但他们的这些

---

① Lenz, Ilse, *Die Neue Frauenbewegung in Deutschland: Abschied vom kleinen Unterschied, Eine Quellensammlung*, Wiesbaden: VS Verlag für Sozialwissenschaften, 2010.

② Schulz, Kristina, *Der lange Atem der Provokation: Die Frauenbewegung in der Bundesrepublik und in Frankreich 1968 – 1976*, Frankfurt am M.: Campus Verlag, 2002, S. 145 – 151.

③ Rudolph, Clarissa, *Gestalten oder verwalten? Kommunale Frauenpolitik zwischen Verrechtlichung, Modernisierung und Frauenbewegung*, Wiesbaden: VS Verlag für Sozialwissenschaften, 2004, S. 148 – 149.

④ Engelfried, Constance (Hrsg.), *Gendered Profession soziale Arbeit vor neuen Herausforderungenin der zweiten Moderne*, Wiesbaden: VS Verlag für Sozialwissenschaften, 2010, S. 111.

⑤ Böllert, Karin, Oelkers, Nina (Hrsg.), *Frauenpolitik in Familienhand? Neue Verhältnisse in Konkurrenz, Autonomie oder Kooperation*, Wiesbaden: VS Verlag für Sozialwissenschaften, 2010, S. 29.

⑥ Gerlach, Irene, "Wandel der Interessenvermittlung in der Familienpolitik," in Rehder, Britta, *Interessenvermittlung in Politikfeldern*, Wiesbaden: VS Verlag für Sozialwissenschaften, 2009, S. 92 – 93.

研究却未能系统、深入地揭示出新妇女运动在指导思想和体制结构等方面对联邦德国家庭治理的影响。

而在国内，史学界对德国妇女运动的研究主要集中于二战前；① 到目前为止，还很少见到专门探讨联邦德国新妇女运动的成果。近年来，还有管理学界的学者指出，联邦德国家庭政策在 20 世纪六七十年代时出现了有利于女性的变化；但是，该学者也并未谈及新妇女运动在这一变化中所起到的作用。②

总之，目前国内对联邦德国新社会运动的关注明显不足，而且以联邦德国为代表的西方学界也很少会从思想和结构两方面系统地研究这场运动与国家治理变革之间的关系。

三

有鉴于国内外目前的研究状况，本书拟从分析联邦德国新社会运动的形成背景出发，通过研究 1967—1983 年间这场运动的演进历程及理念诉求，阐释在这场运动与联邦德国国家治理变革之间的互动关系。具体来说，本书的研究主要包括以下五章内容：

第一章是联邦德国新社会运动兴起的背景。在这一章中，笔者先是从联邦德国向后工业社会转型的表现出发，分析了该新社会运动兴起的经济基础、阶层基础和思想基础；然后又从联邦德国早期国家治理中的"保守主义"倾向入手，探究了导致这场运动兴起的政治背景；最后，笔者又通过探究后工业转型过程中新左派的崛起及分化，阐释了新社会运动主要领导和推动力量的演变状况。

第二章是联邦德国新社会运动的演进及理念。在本章中，笔者先是通过研究 68 运动的形成及演化，揭示了联邦德国新社会运动产生的过程；然后再以新环境运动和新妇女运动为核心，阐释了 68 运动后该国新

---

① 邢来顺：《德意志帝国时期妇女群体的崛起》，《世界历史》2004 年第 2 期。
② 张敏杰：《德国家庭政策的回顾与探析》，《浙江学刊》2011 年第 3 期。

社会运动分化和发展的历程；最后再以上面所提到的 68 运动、新环境运动、新妇女运动为例，分析总结了新社会运动的指导理念及诉求。

第三章是联邦德国 68 运动与高校治理变革。本章以 68 运动中大学生争取高校治理变革的斗争为核心，首先阐明转型时期教授独揽大权的传统高校治理结构是如何引发这场斗争的；然后再分析左派大学生在这场斗争中提出了什么目标及进行了哪些斗争；最后再探讨它对联邦德国高校治理结构变革的影响。

第四章是联邦德国反核能运动与环境治理变革。在本章中，笔者以联邦德国新环境运动中的反核能运动为核心，系统地阐释了这场运动的兴起背景、主要目标、行动策略及其在联邦德国环境治理变革中所起到的作用。

第五章是联邦德国新妇女运动与家庭治理变革。本章主要是以新妇女运动中的反 218 条斗争为核心，首先分析作为联邦德国早期家庭治理基石的堕胎禁令是如何引发这场斗争的；然后再对这场运动中女性主义者谋求家庭治理变革的目标及行动进行考察；最后又从指导理念和权力结构两方面入手，探讨新妇女运动对联邦德国家庭治理变革的影响。

值得一提的是，本书在写作过程中较多地利用了笔者在柏林自由大学访学期间所搜集的一些原始资料。如藏于该校档案馆的院外抗议活动档案（APO-Archiv）、当时新社会运动参与者公开出版的文件、书籍、杂志和后人编纂的与这场运动相关的档案文献集等。此外，一些重要的数据库，如“抗议研究史料”（Materialien zur Analyse von Opposition）数据库、联邦法律公告数据库（https://www.bgbl.de/）、联邦议院出版物数据库（https://www.bundestag.de/drucksachen）以及《明镜周刊》《时代》等主流报刊的在线数据库等也为笔者提供了许多重要的原始文献。应用这些原始文献在一定程度上提高了本书研究的前沿性和可信度。

由于水平有限和完稿匆忙，本书中尚有许多错漏不当之处，恳请各位专家读者批评指正！

第一章

联邦德国新社会运动兴起的背景

在引发联邦德国新社会运动的因素中，向后工业社会转型以及与之相随的新左派的崛起和分化无疑是最重要的。后工业社会转型为新社会运动的兴起提供了经济基础、阶层基础和思想基础，而新左派的崛起和分化则为这场运动提供了核心领导和推动力量。与此同时，联邦德国在早期国家治理过程中体现出来的"保守主义"倾向，则让新社会运动的发起者找到了攻击的对象。

第一节　20世纪60年代以来联邦德国
向后工业社会的转型

20世纪60年代以来在西方社会发生了一场不亚于近代工业化的深刻变革。西方学者从不同角度和侧重点出发，用一系列以"后"（post-）为前缀的新词汇来描述这些变革，如美国学者丹尼尔·贝尔（Daniel Bell）的"后工业社会"、阿米泰·艾特齐奥尼（Amitai Etzioni）的"后现代社会"（Postmodern Society）、德国学者拉尔夫·达伦多夫（Ralf Dahrendorf）的"后资本主义社会"（Post-Capitalist Society）等。这些概念在诞生之后很多都遭到了学界的质疑和反对。如认为马克思主义阶级理论和资本主义社会分析已过时、战后西德已经进入了后资本主义时代的达伦多夫，[①] 就在1968年德国社会学家年

---

① Dahrendorf, Ralf, *Class and Class Conflict in Industrial Society*, London：Routledge, 1959.

会上遭到了法兰克福学派西奥多·阿多诺（Theodor Adorno）的批判。

贝尔从技术分析出发，通过研究西方产业结构、社会结构、阶级结构、管理制度等方面的变革提出了所谓的"后工业社会"的概念。"贝尔已看到西方社会正处在历史变革的巨大动荡中，现有的社会关系、权力结构和文化价值都在迅速销蚀。"[①] 相较于争议较大的"后资本主义"社会等概念，用贝尔的"后工业社会"理论解释 20 世纪 60 年代中期后联邦德国新社会运动兴起的原因，无疑更加符合马克思主义唯物史观，也更加具有说服力。

一　经济与社会结构转型

政治冲突源于社会分裂和文化分裂。[②] 工业时代资产阶级与无产阶级之间的分裂，曾在德国引起过巨大的政治和经济冲突。但是，二战之后，联邦德国实现了从工业时代的"金字塔形"社会向后工业时代的"纺锤形"社会的转型，并在这一过程中造就了一个主要由年轻的非体力劳动者构成的、政治参与性较强的"新中间阶层"（Neue Mittelklasse）。

1. "纺锤形"社会的形成

随着经济的快速发展，联邦德国居民收入和消费得到较快增长，并逐步进入所谓的"纺锤形"社会。

联邦德国在法律和制度逐步完成重建的同时，经济也进入了高速发展时期，出现了所谓的"经济奇迹"。在"马歇尔计划"的援助下，德国西部经济自 1948 年西占区货币改革开始就已走上了稳定和恢复的道路。1949 年立国后，随着西方盟国再次放宽对昔日敌手经济发展的限制并继续提供种种援助，联邦德国得到了迅速的复兴。据统计，在 1948 年币制改革前的第二季度，德国西占区的工业生产指数只有 1936 年的 57%。但此后直至 20 世纪 60 年代中期，西占区和联邦德国工业一直保

---

① ［美］丹尼尔·贝尔：《后工业社会的来临》，高铦等译，新华出版社 1997 年版，第 4 页。

② Kriesi, H., Koopmans, R., Duyvendak, J. W., & Giugni, M. G., *New Social Movements in Western Europe：A Comparative Analysis*, Minneapolis：University of Minnesota Press, 1995, p. 3.

持快速发展势头。1949 年第四季度工业生产指数已经恢复到 1936 年的 100%。1950—1953 年，工业生产指数分别为 1936 年的 134%、146%、158% 和 174%。① 1949 年时，联邦德国家用小客车年产量已从战争刚结束时的 1200 多辆提高到 10 万余辆。到 1955 年时为 76.2205 万辆，1959 年时则高达 150.3424 万辆。汽车出口比例也从 1948 年的不足 12% 上升至 1959 年的 50% 以上。② 随着工业的快速扩张，1950—1960 年，联邦德国的国民生产总值年均增长率达到了 7.6%。③ 到 1965 年时，其国民生产总值已接近 1950 年的三倍。④ "经济奇迹" 所创造的财富为联邦德国向后工业社会转型奠定了不可或缺的物质基础。

在经济高速发展的推动下，联邦德国居民的收入水平也有了巨大的提高。到 1958 年时，职工收入已比 1950 年翻了一番还多。⑤ 而 1965 年联邦德国的人均国民收入已是 1950 年的近四倍。⑥ 20 世纪 70 年代后，联邦德国的居民收入状况出现了结构性改变：在低收入阶层不断减少的同时，中等收入阶层规模迅速膨胀。受充分就业、工资增长、福利改善等因素的推动，不仅传统工人阶级出现了 "中产化" 趋势，原本大多就属于中产的职员的收入也在进一步提高。据统计，1970 年工人之中月收入 800 马克以下的低收入者占 57.1%，职员之中占 21.7%。800 马克到 1800 马克的中等收入者在工人之中约占 42.7%，职员之中占 67.5%；1980 年，中等收入阶层人数进一步增加。以男性为例，在工人之中月收

---

① Fischer, Wolfram（ed.），*The Economic Development of Germany since 1879*，*Vol II*，Cheltenham：Edward Elgar Publishing Limited，1997，p. 46.

② Kramer, Alan，*The West German Economy*，*1945 - 1955*，New York；London：Berg，1991，p. 188.

③ ［德］格罗塞尔等：《德意志联邦共和国经济政策及实践》，晏小宝译，上海翻译出版公司 1992 年版，第 8 页。

④ ［德］卡尔·哈达赫：《二十世纪德国经济史》，扬绪译，商务印书馆 1984 年版，第 168 页。

⑤ ［德］格罗塞尔等：《德意志联邦共和国经济政策及实践》，晏小宝译，上海翻译出版公司 1992 年版，第 8 页。

⑥ ［德］卡尔·哈达赫：《二十世纪德国经济史》，扬绪译，商务印书馆 1984 年版，第 168 页。

入在 2000 马克以下者占 21.24%，2000—4000 马克者则占 77% 以上；在职员之中月收入 2000 马克以下者占 8.63%，2000—5000 马克者则超过了 83%。[①]

随着居民收入的增长，尤其是以工人为代表的劳动阶层收入的增长，逐渐改变了联邦德国普通民众家庭的消费观念与结构。1955 年前，尽管工人的收入同比不算低，但他们很少去购买奢侈品。但从 50 年代中期开始，电视机、汽车等原本属于上层家庭的消费品开始进入千家万户，从而使联邦德国进入了所谓的"大众消费"（Mass Consumption）时代。例如，联邦德国的家用小客车消费量，从 1948 年的 2.3856 万辆，上升至 1959 年的 74.5721 万辆。[②]

总之，联邦德国自 20 世纪 60 年代开始已逐步进入普遍富裕的"纺锤形"社会，拥有中高收入的人群成为社会中的主体人群。在一些学者的眼中，收入和生活水平差异的缩小正在使德国趋向纺锤形的"单一阶级社会"[③]。纺锤形社会的形成在很大程度上抹平了联邦德国的阶级鸿沟，并为社会主要矛盾的转移和新中间阶层的崛起奠定了重要的基础。[④]

2. 新中间阶层的壮大

随着第三产业比重持续上升，联邦德国在第三产业中就业的劳动力，尤其是那些属于新中间阶层的科技和管理人员也有了大幅的增长。

在 20 世纪 50 年代生活水平提高的同时，联邦德国第三产业也有了

---

① Berghahn, V. R., *Modern Germany: Society, Economy and Politics in the Twentieth Century*, Cambridge: Cambridge University Press, 1987, p. 273. Institut der deutschen Wirtschaft Köln, *Zahlen zur wirtschaftlichen Entwicklung der Bundesrepublik Deutschland*, Köln: Deutscher Instituts-Verlag, 2000, Tabelle 19. 朱正圻、晏小宝：《联邦德国的工资和社会福利制度》，人民出版社 1987 年版，第 14—19 页；邢来顺、岳伟：《联邦德国的文化政策与文化多样性研究》，中国社会科学出版社 2017 年版，第 209 页；邢来顺、韦红：《联邦德国阶级结构的变化及其影响》，《浙江学刊》2009 年第 3 期。

② Kramer, Alan, *The West German Economy, 1945 – 1955*, New York; London: Berg, 1991, p. 188.

③ Tipton, Frank B., & Aldrich, Robert, *An Economic and Social History of Europe from 1939 to the Present*, Baltimore: Johns Hopkins University Press, 1987, p. 176.

④ Kriesi, H., Koopmans, R., Duyvendak, J. W., & Giugni, M. G., *New Social Movements in Western Europe: A Comparative Analysis*, Minneapolis: University of Minnesota Press, 1995, pp. 15 – 16.

相对较快的发展。1952—1957 年，联邦德国第一产业国内生产总值的年增长率最高只有 3%（1957），其余年份都在 1.5% 以下，其中有两年（1955 年和 1956 年）甚至是负增长。制造业国内生产总值的年增长率也从 1952 年的 12.7% 下降到 1957 年的 6.4%。但与此同时，第三产业国内生产总值的年增长率则呈总体上升态势。其中，流通业在 1955 年和 1956 年的增长率均超过 10%。到 1957 年时，不仅流通业，连公共服务业的增长率也超过了农业和制造业。[①]

1960 年，在联邦德国的三大产业中，工业所占比例最高，为 53.5%；而第一、第三产业的比重则分别为 5.5% 和 40.9%。到 1970 年，第二产业在联邦德国国内生产总值中的占比达到了最高的 57.6%。彼时第一和第三产业在国内生产总值中所占的比重分别只有 3.9% 和 38.7%，两者之和都不及单独一个第二产业。但在此之后，联邦德国三大产业在国内生产总值中所占的比重就出现了历史性转折。1975 年时，联邦德国三大产业的结构为：第一产业 2.9%，第二产业 47.7%，第三产业 49.4%。第三产业比重首次超过第二产业。到 1980 年，三大产业在联邦德国国内生产总值中的比重进一步变为 2.2%、44.8% 和 53%。第三产业所占比重不仅超过了第二产业，而且超过了第一产业和第二产业的总和[②]。通过以上数据的分析不难看出，20 世纪六七十年代之后，联邦德国经济和产业结构出现了显著的变化：在此之前，联邦德国第三产业虽然发展迅速，但工业却一直是社会的主导产业，这是工业社会的主要特征之一。但到了 1970 年之后，联邦德国第二产业的比重却持续下降，而第三产业的比重却持续上升，并最终在 1975 年超过了第二产业，

① Kramer, Alan, *The West German Economy*, *1945 - 1955*, New York；London：Berg, 1991, p. 179.

② Schäfers, Bernhard, *Gesellschaftlicher Wandel in Deutschland. Ein Studienbuch zur Sozialstruktur und Sozialgeschichte der Bundesrepublik*, Stuttgart：Ferdinand Enke Verlag, 1995, S. 184；Claessens, Dieter, *Sozialkunde der Bundesrepublik Deutschland*, Düsseldorf：Dieterichs, 1973, S. 192；Institut der deutschen Wirtschaft Köln, *Zahlen zur wirtschaftlichen Entwicklung der Bundesrepublik Deutschland*, Köln：Deutscher Instituts-Verlag, 2000, Tabelle 82.

成为在国内生产总值中占比最高的产业。[①]

随着经济、产业结构的变化，联邦德国的就业结构也呈现出了向后工业社会转型的趋势。根据有关统计，1950 年，第一产业的就业人数占就业总人数的 23.2%，第二产业占 42.3%，第三产业占 32.3%，另有2.2% 无法分类；1960 年三大产业就业人数的比重相应为 13.7%、48%和 38.3%；1970 年三大产业就业人数的比重相应为 8.5%、48.9% 和42.6%。到 70 年代中期，上述状况出现了根本性变化。1975 年，三大产业的就业比重为：第一产业 7.2%，第二产业 45.6%，第三产业 47.2%；1980 年，三大产业就业比重分别为 5.5%、44.1% 和 50.4%。上述统计数据表明，20 世纪 70 年代中期以前，联邦德国仍然是典型的工业社会就业结构。以工业为主体的第二产业就业人数一直是最大的就业群体。此后，联邦德国的就业结构出现了转型迹象，第三产业就业人数比重超过了第二产业，成为最大的就业群体。到 1980 年，第三产业就业人数甚至已经超过第二产业和第一产业的就业人数之和。[②]

在产业和就业结构变化的过程中，工业时代作为最大就业群体的产业工人也出现了缩小的趋势。1950 年联邦德国有工人1196.7 万人，占就业总人口的 50.9%，而到了 1980 年，工人阶级的数量则下降到了1137.2 万，其所占就业总人口的比例也下降到 42.3%。[③] 与此同时，属于"新中间阶层"的非脑力劳动者则呈显著增长的趋势。与小业主、手工业者、小商人、小农场主等"老中间阶层"不同，"新中间阶层"主要是由从事脑力劳动的科技人员、管理人员等组成的。20 世纪六七十年代后，随着产业和就业结构的变化，不仅收入处于富裕阶层和底层劳动

① 邢来顺、岳伟：《联邦德国的文化政策与文化多样性研究》，中国社会科学出版社 2017年版，第 207—208 页。

② 许璇、邢来顺：《联邦德国产业结构转型与中间阶层的变化》，《华中科技大学学报》（社会科学版）2008 年第 1 期。

③ Schäfers, Bernhard, *Gesellschaftlicher Wandel in Deutschland. Ein Studienbuch zur Sozialstruktur und Sozialgeschichte der Bundesrepublik*, Stuttgart：Ferdinand Enke Verlag, 1995, S. 193；Institut der deutschen Wirtschaft Köln, *Zahlen zur wirtschaftlichen Entwicklung der Bundesrepublik Deutschland*, Köln：Deutscher Instituts-Verlag, 2000, Tabelle 18.

人民之间的整个中间阶层都出现了扩大的趋势，而且属于"新中间阶层"的白领职员等也发展成为联邦德国的主导性就业群体。1960 年，在联邦德国的就业职位中，白领职员占 28.1%、独立经营者占 12.4%；1970 年相应的数字为 36.2%、10.4%；1980 年为 45.7%、8.6%。[①]

随着收入和消费结构的变化，联邦德国的社会结构逐渐由金字塔形演变为纺锤形。不少工人成为中等收入者，代表工人阶级利益的工会和社民党逐渐成为建制派。原本激烈的劳资冲突趋于平和，传统阶级界限也日益模糊。社会矛盾的焦点随之开始从经济领域转向教育、环境、性别等其他领域。在纺锤形社会形成的过程中，日益壮大的"新中间阶层"取代工人阶级成为后工业社会中最具活力、最具反抗精神的左翼社会群体。

总之，尽管战后初期的社会发展和制度完善大大弥合了工业时代的社会和文化分裂，减少了传统政治冲突大规模爆发的可能，但随着联邦德国开始逐步进入后工业社会，新的文化和社会分裂又开始出现。原本在工业社会中最突出的劳资矛盾，也逐渐为一直在工业社会中处于次要地位及战后新出现的社会矛盾所取代。联邦德国向后工业社会转型及其所带来的社会主要矛盾的变化，是该国新社会运动兴起的根本原因。

二　社会价值观转型

1. 后物质主义价值观的流行

新中间阶层崛起后，主要由这一群体所反映的"后物质主义"（Post Matierialism）价值观也开始逐渐流行。与工业社会中大多数人所追求的各种单一价值目标不同，后物质主义提倡价值取向的多元化，关注现代化给个人生活带来的巨大负面影响，反对将经济发展和技术升级作为衡量社会进步的唯一标准，反对僵化官僚体制和权威，将生活质量、社会团结置于比物质利益和人身安全更为重要的地位。

对 20 世纪六七十年代西方价值观变迁研究最著名的当属罗纳德·英

---

① Schäfers, Bernhard, *Gesellschaftlicher Wandel in Deutschland. Ein Studienbuch zur Sozialstruktur und Sozialgeschichte der Bundesrepublik*, Stuttgart: Ferdinand Enke Verlag, 1995, S. 192.

格尔哈特（Ronald Inglehart）的《静静的革命》。正是在这本著作当中，英格尔哈特首次将 60 年代中期后西方社会中兴起的、有别于工业时代的价值观称之为"后物质主义"价值观。[1] 赫尔穆特·克拉格斯（Helmut Klages）在英格尔哈特研究的基础上，专门对联邦德国价值观变迁进行了研究。他认为，60 年代中期，联邦德国出现了所谓的"传统断裂"（Traditionsbruch），即从这一时期开始，该国的主流价值观逐渐开始从传统的"义务、纪律、荣誉、成就、勤奋"等接受价值转为"享受、参与、解放"等自我实现价值。与英格尔哈特相比，克拉格斯的理论视野更加宽阔，他不是简单地将物质主义价值观与后物质主义价值观对立起来，而是从个体的思维和感觉出发，提出了物质主义价值与后物质主义价值相交融的多元价值观变迁理念。[2]

后物质主义价值观主要在联邦德国年轻人中流行。战后初期成年的"高射炮助手"一代即在价值观上与老一辈存在明显差异。少年时代直接参与战争的经历给这一代人带来了巨大的创伤。二战之后，他们常常因此而产生失望、恐惧和逃避的情绪。"高射炮助手"之后，赫尔穆特·舍尔斯基（Helmut Schelsky）所说的"怀疑的一代"（The Sceptical Generation）也长大成人。这是冷酷的、摆脱幻想的、现实的、个人主义的、愤世嫉俗的、自私的，但却又不太可能成为不切实际的口号的牺牲品的一代。[3] 自 20 世纪 60 年代中期开始，完全在战后出生的、更加激进的"68 一代"相继进入高中、大学及工作岗位。他们在价值观上表现出更加明显的反体制、反传统的后物质主义倾向。例如，在 16—29 岁的天主教年轻人群体中，按时去教堂参加活动的从 1963 年的 52% 下降到 1967—1968 年的 40%，到 1973 年则进一步下降至 24%。[4] 那么，为什么

---

① Inglehart, Ronald, *The Silent Revolution*, *Changing Values and Political Styles among Western Publics*, Princeton: Princeton University Press, 1977, pp. 3–18.

② Klages, Helmut, *Traditionsbruch als Herausforderung*: *Perspektiven der Wertewandelsgesellschaft*, Frankfurt u. a.: Campus-Verl., 1993, S. 9, 26–28, 45–56, 138.

③ Schelsky, H., *Die skeptische Generation*, Düsseldorf-Köln: E. Diderich, 1957.

④ Roth, Roland, & Rucht, Dieter (Hrsg.), *Die sozialen Bewegungen in Deutschland seit 1945*, Frankfurt a. M.: Campus, 2008, S. 75, 69.

相对老一辈来说，年轻人更容易受到后物质主义的影响呢？

从国内情况来看，这主要是因为：

首先，年轻人的受教育水平不断提高。家庭收入的增长，给越来越多的年轻人创造了延长在校学习时间的机会。再加上战后生育高峰的叠加效应，让联邦德国中、高等教育在20世纪60年代之后出现了快速扩张的趋势。其中，中学在校生总人数从1950年的80.1万，增长到1970年的224.3万，再到1980年的347万；大学在校生人数也从1950年的11.7万，增加到1970年的41.2万，再到1980年的81.8万。① 除了在校生人数大幅度增长外，选择接受更好教育的年轻人也越来越多。不仅毕业后可直接升入大学的文理中学的就读人数在1960年后有了明显增长，19—25岁的人群中读大学的比例也从1965年的6.6%增加到1970年的9.5%。② 中、高等教育的快速扩张提高了广大青年人的知识文化水平，并使他们更易于接受注重生活质量和自我实现的后物质主义价值。

其次，科技革命推动下快速发展的大众传媒，也促进了年轻一代价值观的变迁。在科技革命的推动下，联邦德国大众传媒，尤其是电视这一新兴媒体发展迅速。20世纪60年代后期时，有大约50%的联邦德国家庭拥有了电视。③ 大众传媒甚至成为联邦德国的第四权力。只有在公民获得足够的知识和信息之后，政治和社会参与才能成为可能。随着电视等大众传媒在普通家庭中的推广，各种信息的传播速度都大为加快，并因此而唤起了中下层民众的政治和社会参与需求。大众传媒，尤其是电视的普及对60年代中期后青年一代价值观的变迁起到了重要的推动作用。例如，电视节目对越南战争和院外大学生抗议的广泛报道，带动了年轻一代对政治的关注。与此同时，美国的音乐和生活方式也都是通过

---

① ［美］B. R. 米切尔编：《帕尔格雷夫世界历史统计·1750—1993年，欧洲卷》，贺力平译，经济科学出版社2002年版，第932、938、948—950页。

② Ermrich, Roland, *Basisdaten zur sozio-ökonomischen Entwicklung der Bundesrepublik Deutschland*, Bonn: Bad Godesberg, 1974, S. 194. Führ, Christoph, *Deutsches Bildungswesen seit 1945*, *Grundzüge und Probleme*, Neuwied u. a. : Luchterhand, 1997, S. 297.

③ Bracher, Karl, & Link, Werner, *Geschichte der Bundesrepublik Deutschland*, *Republik im Wandel 1969–1982*, Stuttgart: DVA Verlag, 1986, S. 295.

电视而为这些青年所熟知。正是电视等大众传媒的发展，才让年轻一代情绪化的可感染性（Beeinflussbarkeit für Emotionalisierung）得到了加强，并由此强化了这一群体的反体制、反传统的后物质主义思想。

再次，这还和年轻人生活的相对富足有关。由于老一辈经历过1929—1933 年的大危机、战争所带来的各种苦难以及战后初期的物质匮乏，所以他们更加珍惜来之不易的幸福生活；而年轻一辈却对此印象不深或完全没有印象，他们成长在相对和平、稳定和富足的时代，因此他们面对社会存在的种种问题时往往表现得更为激进，所提出的解决方案中往往也存在着不切实际的幻想。怀疑的一代虽出生于战争年代，但却是在较少受到家庭和政治教育影响的和平时期成长起来的。相较父辈来说，他们具有更强的现实主义和社会生存能力。68 一代完全在战后高速发展时代出生和成长，对战争苦难和战后初期的经济困难完全没有印象，因此他们无法理解父辈满足物质富足的价值取向，并开始主动追寻新的生活方式和价值观。

最后，年轻人转向反对传统的后物质主义，还和他们质疑及批判老一辈在二战和纳粹时期所犯的罪行有关。老一辈中的大多数人都直接或间接地参与了二战，因此他们常常对自己所犯下的罪行持回避态度；而年轻人，尤其是完全没有经历二战的年轻人则更愿意深入反思纳粹历史并拷问老一辈在二战中的罪责："你们在当时做了些什么？"[1] 不同于"高射炮助手"对纳粹罪行所采取的缄默态度，怀疑的一代与父辈在对待二战历史的问题上发生了严重的价值观冲突。1963 年的奥斯威辛审判让这种冲突达到了顶峰。他们认为老一辈对西方民主的理解和实践是不足的、表面上的。这是他们后来反对《紧急状态法》的重要原因之一。由于战争罪行和两德分裂，68 一代不仅缺少先辈们的民族认同感，而且

---

① Strobel, Karl, & Schmirber, Gisela, *Drei Jahrzehnte Umbruch der deutschen Universität, Die Folgen von Revolte und Reform, 1968 – 1974*, Vierow bei Greifswald: SH-Verlag GmbH, 1996, S. 130.

还因其对纳粹罪行的谴责，而与父辈形成了"两代人的隔阂"①。越南战争爆发后，老一代对西方破坏民主原则的行径漠然无视，打碎了新一代对他们最后的期待。再加上时时悬于头顶的核威胁，使得他们再也无法继续按照先辈们的价值观继续思考和生活下去。

联邦德国年轻人倾向于后物质主义价值观还与其他西方国家，尤其是美国文化的持续影响有关。二战之后，随着美国对德占领的开始和持续，以及1949年之后美国在西德的长期驻军，联邦德国的文化生活深受美国的影响。对当时迷茫无助的德国年轻人来说，美国大兵的言行装束所代表的就是所谓的自由、个性的"美国生活方式"（American Way of Life）。于是，战后初期德国西占区和联邦德国曾出现过一股美国文化热，牛仔裤、可口可乐、好莱坞大片随处可见。德美文化交流机构，如德美学会（Deutsch-Amerikanischen Institute）等纷纷建立；1948—1953年，有大约10万名西德各界精英通过交流计划访问美国②，并在此基础上建立了促进两国知识分子交流的文化自由大会（Kongress für Kulturelle Freiheit）。"高射炮助手"一代即是在美国摇摆乐等文化的影响下而充满叛逆的。

进入20世纪50年代中后期，来自美国的"垮掉的一代"的文化思潮又对联邦德国价值观变迁产生了较大的影响。二战之后，美国出现了一群放浪形骸、讨厌学习和工作的青年作家。他们无视国家法纪和社会秩序，不愿承担义务，挑战一直以来为人们所遵守的传统价值标准，因此被称作"垮掉的一代"。50年代中期后，"垮掉的一代"所代表的思潮迅速在联邦德国流行起来，并对联邦德国年轻人产生了巨大的影响。正如简·阿梅里（Jean Amery）在1961年所写的，"50年代后期西风吹来，日甚一日。但是风气却已经或正在变得目无权威，正如消费品生产的无

---

① Norbert Frei, *Jugendrevolte und globaler Protest*, München: Deutscher Taschenbuch Verlag, 2008, S. 78.

② Schildt, Axel, *Moderne Zeiten. Freizeit, Massenmedien und "Zeitgeist" in der Bundesrepublik der 50er Jahre*, Hamburg: Hans Christian Verlag, 1995, S. 416.

政府主义一样，双目所及，世风日下。美国式的欧洲文化和命运多舛的50 年代末期一样，都仅仅被归结为一点：消费。剩下的都是幻想"①。

除美国文化外，欧洲先锋艺术（Avantgarden）也对后物质主义价值观在联邦德国年轻人中的传播起到了一定的推动作用。二战结束之后，美国文化霸权激起欧洲的反抗。法国出现了亲美派和反美派激烈斗争的"两个法国的分裂"，并形成了所谓的"文化马克思主义"先锋思潮。受法国文化界的影响，联邦德国也出现了反美的艺术情绪。68 一代在充斥着美国文化的社会中长大。欧洲邻国先锋派思想的传入，使得他们在越南战争爆发后对美国充满了幻灭和痛恨。

2. 生态主义与女性主义的兴起

新社会运动的兴起与文化变迁，尤其是社会价值观变迁有着密切的联系。随着后物质主义价值观的形成，这一价值观中所蕴含的生态主义理念也开始在联邦德国等西方国家流行。这是引发联邦德国新社会运动的重要原因之一。

二战之后，面对西方日益严重的环境问题，美国学者蕾切尔·卡逊（Rachel Carson）在 1962 年出版的《寂静的春天》（Silent Spring）中认为，人类是生态系统的一部分，只有生态系统得到重视与保护，人类社会才能实现后续的生存与进步。1971 年，欧洲跨国性民间学术团体"罗马俱乐部"（Club of Rome）又在《增长的极限》（Limits to Growth）一书中指出，如果不在全球范围内做出改变，未来人类社会的发展将会因遭遇资源和环境的"瓶颈"而出现极大衰退。② 这两本书的出版给当时西方世界的人们带来了巨大的思想冲击，让人们第一次深刻地认识和反省人类与自然的关系，并且开始注重自然环境与人类社会的可持续发展问题。1972 年，联合国在斯德哥尔摩召开了第一届人类环境会议，会议上

---

① Heinz Bude, "Die Verwestlichung der Bundesrepublik 45er-und durch die 68er-Generation," in Belschner, Benz Wilfried（Hrsg.）, *Wem gehört die Heimat? Beiträge der politischen Psychologie zu einem umstrittenen Phänomen*, Wiesbaden: VS Verlag für Sozialwissenschaften, 1995, S. 163.

② ［挪］乔根·兰德斯：《极限之上：〈增长的极限〉40 年后的再思考》，王小刚译，《探索与争鸣》2016 年第 10 期。

通过了《环境宣言》，呼吁全球注重生态环境的保护，为维护和改善生态环境而共同努力。①

在联邦德国，倾向于马克思主义的左翼学者也提出过反对科技与经济无限进步的思想。如阿多诺早在 1940 年出版的《启蒙的辩证法》中，就根据马克思主义理论对人类"统治自然"（Naturbeherrschung）的思想进行了批判，并要求将人类从技术进步的压迫中解放出来。后物质主义价值观兴起后，联邦德国左翼学者又将生态主义与马克思主义结合在一起。1973 年新左派重要理论阵地《时刻表》（Kursbuch）杂志刊发了著名左翼学者汉斯·恩岑斯贝格（Hans Enzensberger）主编和书写前言的《生态与政治》专刊，明确指出"生态斗争"是具有"阶级属性"的。② 由于 68 运动后分化的新左派分子很多都成为新环境运动的重要领导者和推动者，所以这种对他们影响较大的以推翻资本主义制度为目标的生态理念也在这场运动中发挥了重要的作用。

68 运动之后，各种生态主义思潮在联邦德国民众中得到了快速的传播。据调查，尽管 20 世纪 70 年代时发生了能源危机，但环保仍然是最受公众关注的三个议题之一。甚至经济衰退和失业也没有减弱民众对环保的热情。③ 受生态主义传播的推动，作为联邦德国新社会运动主要分支之一的新环境运动在 1970 年之后也迅速地开展了起来。

在生态主义流行的同时，战后兴起于其他西方国家的新式女性主义思潮也开始在联邦德国加速传播。

1949 年，法国著名女性主义者西蒙娜·德·波伏娃（Simone de Beauvoir）出版了被誉为"女性主义圣经"的《第二性》，该书是战后新女性主义理论的奠基之作。④ 波伏娃认为，女人是作为男人的他者而存

---

① 邢来顺：《生态主义与德国"绿色政治"》，《浙江学刊》2006 年第 1 期。

② Enzensberger, Hans Magnus（Hrsg.）, *Kursbuch 33：Ökologie und Politik oder Die Zukunft der Industrialisierung*, Berlin：Rotbuch Verlag, 1973, S. 8.

③ Joppke, Christian, *Mobilizing against Nuclear Energy：A Comparison of Germany and the United States*, Berkeley u. a.：Universiy of Calif. Press, 1993, p. 47.

④ 《第二性》的德语版实际翻译为《另一性》，因为该书所说的第二性中其实还包括了第三性同性恋。

在的。这意味着，在男权制社会文化中女性缺乏自主意识，也从未根据自身利益形成独立的群体。波伏娃还相信，男性出于强化自身统治地位的需要，便以自己所认为的"女性"概念强行塑造了女性。因此，女性总是以男性的评价而行事，这也让男人们用"女性气质"强行将女性划为"他者"。因此波伏娃提出"女人并不是天生的，而宁可说是逐渐形成的"的观点。[1]

到 20 世纪 60 年代中期后，随着社会转型的开始，波伏娃的思想逐渐在其他西方国家中流行起来，并发展出了不同的女性主义潮流。其中，以朱丽叶·米切尔（Juliet Mitchell）为代表的社会主义女性主义（Socialist Feminism）者，试图通过将其他各种理论与传统的马克思主义结合起来，来揭示女性受到剥削和压迫的原因。例如米切尔就把弗洛伊德的精神分析理论引入了马克思主义经典理论。她一边批判弗洛伊德对男性生殖的崇拜及其女性为弱的观点，[2] 一边又大量吸收了精神分析法，以此来弥补经典马克思主义对妇女受压迫和解放问题论述的不足。"米切尔代表的是一种反对现行资本主义制度的妇女自治运动，以及一种改变社会意识形态的"文化革命"[3]。而以美国女性主义者凯特·米利特（Kate Millett）等为代表的激进女性主义（Radical Feminism）者则以男权制社会为主要攻击目标，通过阐释女性在"性"的方面所受到的各种控制、剥削和压迫，来揭示男权社会中女性受到不平等待遇的根源。

在社会转型的过程中，随着后物质主义价值观的日渐流行，兴起于其他西方国家的女性主义思潮也开始在联邦德国传播开来。后物质主义价值观中所包含的反传统、反体制思想，与女性主义反对男权统治和阶级压迫的理论十分接近。因此，从 20 世纪 60 年代末期开始，许多受后物质主义价值观影响的年轻女性纷纷加入女性主义者的行列。她们通过

---

[1]　Beauvoir, Simone de, *The Second Sex*, New London: Random House, 2011, p. 330.

[2]　Müller, Ursula G. T., *Dem Feminismus, eine politische Heimat der Linken die Hälfte der Welt*, Wiesbaden: Springer VS, 2013, S. 107.

[3]　Müller, Ursula G. T., *Dem Feminismus, eine politische Heimat der Linken die Hälfte der Welt*, Wiesbaden: Springer VS, 2013, S. 121, 122.

筹建自治组织和开展争取权利的斗争，成功地让原先在社会中处于次要地位的性别平等问题成为各界关注的焦点。在这一时期涌现的联邦德国女性主义者中，最著名的当属爱丽丝·施瓦茨（Alice Schwarzer）。

作为一名激进女性主义者，施瓦茨的思想深受波伏娃的影响。她在回忆自己 1970 年初次见到波伏娃的情形时曾激动地表示："对我而言，与《第二性》的作者面对面就已经够令人感动的了……《第二性》就像是我们正要觉醒的妇女之间彼此传递的暗语。而波伏娃本人、她的一生、她的作品都成了一种象征，象征着即使是一个女人，也可能突破所有的阻碍，冲破习俗与偏见的限制，按照自己的意愿过一生。"①

20 世纪 70 年代之后，施瓦茨一边致力于在联邦德国宣传波伏娃的男权制理论，一边积极投身于新妇女运动的实践当中。1975 时，她在代表作《微小差异》中表示，社会是通过男人和女人来分层的。性别认同并非来自生物特性，而是来自权力关系。因此，要想实现女性解放，就必须在意识形态上、而非生物意义上消除男女性别差异。② 在《妇女运动与妇女解放》一书中，施瓦茨也明确指出，"千百年来反复的洗脑，使我们相信我们是卑贱的，男性是强势性别这种观念已经深深地植入我们心中。性别权力关系的核心是性。性统治是男权社会对妇女的公共统治的基础"③。施瓦茨的激进女性主义思想在联邦德国引起了巨大的反响。《微小差异》不仅成为畅销读物，而且其"宣言式"的论断还在媒体和政界引发了激烈的争论。正是靠着《微小差异》的热卖，施瓦茨才有了足够的资金和其他女性主义者一起创办了《艾玛》（Emma）杂志。④ 自 1977 年 1 月 16 日创刊后，

---

① ［德］史瓦兹：《拒绝做第二性的女人：西蒙·波伏娃访问录》，顾燕翎等译，中国友谊出版公司 1989 年版，第 5 页。

② Alice Schwatzer, "Der kleine Unterschied（1975）," Dok. 3.1, Lenz, Ilse, *Die Neue Frauenbewegung in Deutschland：Abschied vom kleinen Unterschied, Eine Quellensammlung*, Wiesbaden：VS Verlag für Sozialwissenschaften, 2010, S. 107.

③ Schulz, Kristina, *Der lange Atem der Provokation：Die Frauenbewegung in der Bundesrepublik und in Frankreich 1968 – 1976*, Frankfurt a. M.：Campus, 2002, S. 202.

④ Lenz, Ilse, *Die Neue Frauenbewegung in Deutschland：Abschied vom kleinen Unterschied, Eine Quellensammlung*, Wiesbaden：VS Verlag für Sozialwissenschaften, 2010, S. 106.

这本杂志很快就发展成为宣传女性主义思想的重要阵地。

除了以施瓦茨之外，联邦德国其他激进女性主义者和仍以反对资本主义制度为首要目标的社会主义女性主义者也在不同程度上受到了美、法等国女性主义思潮的影响。正是女性主义的广泛传播，为联邦德国新妇女运动的兴起和发展奠定了重要的思想基础。

第二节　早期国家治理中的"保守主义"
倾向（1949—1969）

1949 年之后，随着东西方和两德分裂的定型，联邦德国在国家治理中出现了一定的"保守主义"（Konservatismus）倾向。[①] 受此影响，联邦德国早期不仅将直接民主排除在国家治理体制之外，而且它还奉行一种主要以反共冷战、压制民众和歧视妇女为主要特色的国家治理政策。当后工业转型开始后，联邦德国早期国家治理中的这种"保守主义"倾向也成为引发联邦德国新社会运动的重要因素之一。

一　国家治理体制中的"保守主义"倾向

联邦德国在国家制度结构（Institutional Structure）的设计中否定了公民直接参与国家治理的形式，废除了传统的直接民主制度。这使得《基本法》所确立的国家治理制度具有明显的"保守主义"倾向。

1945 年之前的德国一直对西方代议制民主心存疑虑，而这种制度本身的问题则是出现这种情况的主要原因之一。事实上，西方很早就对代议制下的民主治理缺失问题进行过批判。这里面最有名的就是启蒙思想

---

① 在德国学者看来，保守主义有其自身的特点、均衡性及延续性。它推崇权威和制度下的理性，反对革命；推崇价值和伦理，反对冷漠和散漫；推崇民族和国家，反对无政府主义和动荡；推崇精英统治，反对人民民主。参见 Henning Ottmann, "Konservatismus," in Henning Ottmann, *Geschichte des politischen Denkens Band 3: Neuzeit. Teilband 3: Die politischen Strömungen im 19. Jahrhundert*, Weimar: Verlag J. B. Metzler, 2008, S. 636 – 640. Schrenck-Notzing, Caspar von (Hrsg.), *Lexikon des Konservatismus*, Graz: Stocker, 1996.

家卢梭。在《社会契约论》中，卢梭提出在民主制度下，统治者与被统治者相互分离，只有全体公民以人民的身份集合在一起，才能实现自身的利益。因此，卢梭的人民民主理论是反代议制的思想渊源之一。从理论上看，代议民主制只是西方民主制度的一种表现形式，它并不能取代直接民主制度的形式；① 从历史经验来看，1945 年之前的德国一直对西方舶来的代议制持一定的批判态度。在帝国时期，代议制只是一个"粉饰"，和真正的民主相差甚远；而到了魏玛时期，代议制也只是保证民主政治生活的一个工具，其重要性要低于公民直接选举产生的总统。二战之后，为了减弱民众对国家政治生活的干预，联邦德国重新从西方引入代议民主制度，并由此形成了带有"保守主义"倾向的国家治理体制。在联邦德国早期，《基本法》主要通过以下几个措施限制和减少民众对国家治理的干预：

其一，间接选举联邦总统。在最早的宪法草案中就确定了未来的联邦总统不再由人民直接选举产生。这一条文在后来的制宪会议第三委员会报告中再次得到了确认。② "由选举人选举联邦总统的目的是，要将这一全民代表与作为联邦性机构的联邦参议院联系在一起。"③ 1948 年 8 月 28 日，制宪会议召开第六次会议。会议成员古斯塔夫·冯·施莫勒（Gustav von Schmoller）在评论第三委员会的报告时再次指出："从与魏玛体系的区别来看，我们的建议得到了最佳的体现。草案建议总统不再由人民选举，也就是说，在正常情况下，如果联邦议院能就建立政府达成多数的话，总统就不能对组阁施加决定性影响。联邦总统应该仅在几种例外条件下有权解散联邦议院并诉诸全民公决，而在其他情况下则绝

---

① Dalton, Russell J, *Parties Without Partisans*: *Political Change in Advanced Industrial Democracies*, Oxford: Oxford University Press, 2002, p. 184.

② Wernicke, Kurt (Hrsg.), *Dokument Nr. 1, Nr. 10, Die Parlamentarische Rat, 1948 – 1949, Akten und Protokolle, Band II*, Boppard am Rhein: Harald Boldt Verlag, 1981, S. 1 – 52, 293.

③ Wernicke, Kurt (Hrsg.), *Dokument Nr. 10, Die Parlamentarische Rat, 1948 – 1949, Akten und Protokolle, Band II*, Boppard am Rhein: Harald Boldt Verlag, 1981, S. 317.

无可能。"① 联邦德国年轻的法学家克里斯托夫·默勒斯（Christoph Möllers）将魏玛时期公民直选总统的直接民主斥之为宪法"民粹主义"，并认为这是制定《基本法》时否定直接民主制度的主要理由。"战后德国立宪主义中双重的形式性被强有力的司法审查和以议会形式垄断民主正当性所制度化。《基本法》有意废除了魏玛宪法中的民粹主义制度：全民公决和直选总统。"② "在反对议会主义的弥久传统中，诉诸民众经常成为反对平等的程序和支持行政首长（皇帝、魏玛帝国总统，或领袖）的魅力型统治的理由。因此，联邦共和国的宪法话语对制宪权问题采取完全形式主义的方法，将宪法秩序的政治正当性问题并入'规范的'宪法的文本解释的实践中，就不是偶然的。"③

其二，高门槛的议会政党制度。联邦德国政党研究专家赫伯特·基舍尔特（Herbert Kitschelt）认为，以政党数目和政策联盟状况为核心的政党制度是决定国家民主治理的首要因素。《基本法》不仅给予了政党正式的法律地位，还为政党进入议会设置了5%的门槛，政党在获得5%的选票后才能在议会中拥有议席。这一安排的初衷是将激进的少数派政党挡在议会之外，以维护政党制度的稳定，避免类似纳粹党那样的反体制政党再度夺权的危险。"一个5%的门槛，意图是把小的（激进的）挑战者挡在门外。"④ 然而，这一安排却使得联邦德国的政党政治日益僵化，不仅三党制格局很难被打破，连中右翼联盟党的执政地位都很难被撼动。在像联邦德国这样的内部组织盘根错节的国家中，激进且弱小的政治组织很难在政党政治中占有一席之地。"德国一直是由联合政府所管理的，但联合政府中的一个合作者一直居于统治地位。""在行政的舞台

① Wernicke, Kurt (Hrsg.), *Dokument Nr. 13*, *Die Parlamentarische Rat*, *1948 – 1949*, *Akten und Protokolle*, *Band II*, Boppard am Rhein: Harald Boldt Verlag, 1981, S. 404.

② Boldt, Hans, "Parlamentarismustheorie: Bemerkungen zu ihrer Geschichte in Deutschland," in *Der Staat*, Vol. 19 (3), 1980 (0), S. 385 – 412.

③ ［德］克里斯托夫·默勒斯（Christoph Möllers）、赵真：《"我们（畏惧）人民"：德国立宪主义中的制宪权》，http://www.calaw.cn/article/default.asp? id = 10683#m78。

④ Kriesi, H., Koopmans, R., Duyvendak, J. W., & Giugni, M. G., *New Social Movements in Western Europe: A Comparative Analysis*, Minneapolis: University of Minnesota Press, 1995, p. 29.

上，有形地融入通道以及行政的能力，是由行政掌握的资源量和它的内部结构决定的。"① 传统的政党国家很难避免领袖原则和精英统治。虽然有任期和政党竞争的限制，但政党权力还是会交到一些政治领导人或精英代表手中。

其三，协商合作式的院外利益集团制度。二战之后，联邦德国不仅重建了魏玛时期的企业代表会，还建立了强大的工会组织，即以德意志工会联合会（Deutscher Gewerkschaftsbund）为首的各行业工会联合组织。联邦德国以立法及集体合同的形式，确立了工人代表组织与企业主利益集团平等协商的劳资共决机制（Mitbestimmung）。"一种资源丰富的、结构紧凑的、专业化的利益集团制度，也能够阻止挑战者融入国家。此外，对挑战者来说，公共行政和私人利益协会之间的高度体制化的、包容性的政策谈判安排，是完全无法参与的。换言之，'合作主义'类型的安排将是比多元主义类型的政策网更强有力的、更不可融入的。""德国半主权的国家是相对软弱的，它的联邦主义，它的司法强有力的地位和众多类国家机构的自主性，如著名的联邦议院，全都促成了德国公共行政的分割。但德国具有一种有凝聚力的、中央集权的利益集团制度，利益集团被高度整合进决策过程，因而提高了国家的行动能力。"② 尤其是德国的工会制度"战后被盟国进行了完全的重构……德国工会完全被整合进体制化的共决和协作的机制中"③。不过，在这种高度合作化的院外利益集团制度中，居于体制外的新生社会力量却很难找到自己的盟友或发出自己的声音。工会的官僚化和院外政治的制度化，增加了民众影响政治的难度。

其四，否定全民公决。1945 年之后，《基本法》设计者在盟国的指

---

① Kriesi, H., Koopmans, R., Duyvendak, J. W., & Giugni, M. G., *New Social Movements in Western Europe: A Comparative Analysis*, Minneapolis: University of Minnesota Press, 1995, p. 31.

② Kriesi, H., Koopmans, R., Duyvendak, J. W., & Giugni, M. G., *New Social Movements in Western Europe: A Comparative Analysis*, Minneapolis: University of Minnesota Press, 1995, p. 32.

③ Kriesi, H., Koopmans, R., Duyvendak, J. W., & Giugni, M. G., *New Social Movements in Western Europe: A Comparative Analysis*, Minneapolis: University of Minnesota Press, 1995, p. 34.

导下放弃了联邦层面的直接民主（Referendum，或称全民公决），堵塞了公民通过法定的直接民主制度，即政党政治和院外利益集团活动组成的代议民主制之外的途径参与联邦政治活动的道路，降低了国家适应新的社会分裂状况的能力。《基本法》第 20 条第 2 款明确规定，联邦德国必须以代议制的形式来实现民主。之所以《基本法》会秉持这样的"代表绝对主义"（represantativer Absolutismus），主要是吸取了纳粹借民族主义和民粹主义上台的教训。在民主制度中，作为"一个统一主体的'民族'"概念的存在是不合适的。"从魏玛共和国失败中得到的教训是，被选出来的中央机关的执行人，也就是总理必须有足够的权力。随着限制而来的……首先是国家的专制，然后是'民族'的不受宠。"① 正是参与机会的缺乏导致了新左派及其继承者在意见与利益表达上的"非传统性"。

其五，加强宪法法院的权力，强调法制国家原则。二战之后，德国西占区和联邦德国的政治家将宪法法院设计为"宪法守护者"，意图让联邦宪法法院成为维护国家法治原则的实权机构。

在德国历史上，从来没有一个司法审判机关能成为"宪法守护者"。纳粹法学家卡尔·施密特（Carl Schmitt）在《宪法的守护者》一书中，曾明确表示"拥有民事、刑事及行政审判权而对诉讼作出裁判的法院不是宪法守护者"。将政治问题的司法解决当成是法治国概念的理念，但是却也忽略了把司法权扩及或许不具司法本质的领域，只会让司法权受到损伤。② 当最早提出让法院成为宪法守护者的奥地利宪法之父汉斯·凯尔森（Hans Kelsen）到德国发表自己的看法时，施密特还和其发生过激烈的争论。实际上，在魏玛时代的宪法冲突中，德国国家法院（Staatsgericht）因权力太小和缺少独立性而很难扮演调停者和仲裁者的

---

① Roth, Roland, & Rucht, Dieter (Hrsg.), *Die sozialen Bewegungen in Deutschland seit 1945*, Frankfurt a. M.: Campus, 2008, S. 58.

② ［德］卡尔·施密特：《宪法的守护者》，李君韬、苏慧婕译，商务印书馆 2008 年版，第 16、25 页。

角色。

二战后，魏玛宪法中关于宪法守护者的安排和施密特的理论遭到批判和否定，《基本法》正式确立了联邦宪法法院的宪法守护者的地位。在议会委员会（Parlamentarische Rat）探讨《基本法》的过程中，成立联邦宪法法院是重要议题之一。为了使其真正成为"宪法的守护者"，议会委员会决定给予联邦宪法法院和其他联邦机构同等的宪法地位，其判决对所有法院及国家机构有效。此外，在经过征询专业意见之后，议会委员会决定，将联邦宪法法院从其他的联邦法院系统中独立出来。1949 年之后，首届联邦议院又根据《基本法》的相关规定制定了《联邦宪法法院法》。

相比魏玛宪法来说，《基本法》和《联邦宪法法院法》不仅赋予了联邦宪法法院在联邦国家机构中进行裁决的大权，而且还让宪法法院成为与其他联邦宪法机构地位平等的独立联邦机构。但是，扮演了"宪法守护者"角色的联邦宪法法院却又成为联邦德国限制人民民主权利的工具。"公民不时会看到这种情况，由他们选举运转的政党政治因宪法法院最渴望行使的那种职能而停摆，宪法法院就是一个影子皇帝……讲究国家利益至上的、封闭的、施密特式的人民民主模式是值得高度怀疑的。"[1] 作为联邦德国早期进行反共斗争和压制左派的"宪法守护者"，联邦宪法法院在新社会运动中不止一次否决了左翼当局出台的政策和法律，并由此成为社会保守势力的大本营。

20 世纪 60 年代之后，联邦德国还围绕《基本法》形成了一系列所谓的"宪法共识"，如：加强国家在利益协调中的地位，强调"总理治下的民主"；国会在政治决策中扮演协调角色；压制院外活动，反对利益交换对国会构成压力；劳资利益协调优先，限制罢工权；利益协调的共赢取向；有自卫能力的民主等。[2] 这些共识明显是将民主代表和直接的

---

① Ooyen, Robert Chr. van, *Bundesverfassungsgericht und politische Theorie*, *Ein Forschungsansatz zur Politologie der Verfassungsgerichtsbarkeit*, Wiesbaden：VS Verlag für Sozialwissenschaften, 2015, S. 14.

② Weßels, Bernhard, *Erosion des Wachstumsparadigmas*：*Neue Konfliktstrukturen im politischen System der Bundesrepublik*? Wiesbaden：VS Verlag für Sozialwissenschaften, 1991, S. 32.

公民参与相分离。① 它们充分体现了联邦德国早期国家治理体制中"保守主义"精英统治的特色。后工业转型开始后,这种带有精英统治特色的国家治理体制,成为新左派及其分化产生的左翼力量所批判和反对的对象之一。

二 国家治理政策中的"保守主义"倾向

1949—1969 年,联邦德国一直在国家治理中奉行一种带有"保守主义"色彩的统治政策。"尽管联邦德国的有形体制结构是在第二次世界大战后完全重建的,劳工运动在很大程度上被整合了,但它的统治精英对挑战者的支配性战略却继续是以过去的经验为标志的。在国家好战的民主的自我形象背景下,西德的政治精英强行把所有激进主义的痕迹从政治舞台上排除掉。作为魏玛共和国创伤的后果,对挑战者的宽容被解释成软弱,严厉压制被视为预防可能出现另一个魏玛共和国的必要措施。"② 这种带有保守主义色彩的国家治理政策也是引发联邦德国新社会运动的重要因素之一。

自联邦德国建立后的 17 年间,代表中右翼保守势力的基督教民主联盟(Christlich Demokratische Union Deutschlands,下文简称基民盟)/基督教社会联盟(Christlich-Soziale Union,下文简称基社盟,基民盟和基社盟在一起简称联盟党)和自由民主党(Freie Demokratische Partei,下文简称自民党)长期掌控国家权力。由于联盟党在内阁中占据主导地位且仅康拉德·阿登纳(Konrad Adenauer)就执政 14 年,所以这一时期又被称为"基民盟国家"(CDU-Staat)时期。③ 正是在保守派长期占优势的政治格局下,联邦德国在国家治理中产生了带有明显"保守主义"倾向

---

① Ellwein, Thomas, *Das Regierungssystem der Bundesrepublik Deutschland*, Opladen: Westdeutscher Verlag, 1973, S. 472, 474.

② Kriesi, H., Koopmans, R., Duyvendak, J. W., & Giugni, M. G., *New Social Movements in Western Europe: A Comparative Analysis*, Minneapolis: University of Minnesota Press, 1995, pp. 34–35.

③ Roth, Roland, & Rucht, Dieter (Hrsg.), *Die sozialen Bewegungen in Deutschland seit 1945*, Frankfurt a. M.: Campus, 2008, S. 52.

的政策。其主要特点包括：

首先，加入北约，倒向美国为首的西方。重新武装和加入以美国为首的北约是阿登纳对外政策的基本方针。阿登纳强调，联邦德国面对苏联的威胁，不能没有军事准备。重新武装和加入西方军事集团的政策在联邦德国国内引起了强烈反对。反对者不仅担心武装后的联邦军队会将自己的枪口对准东德同胞，[1] 而且还害怕联邦德国加入西方军事集团会断送德国统一的前途。[2] 然而，为了实现重新武装，阿登纳不仅对国内的反对意见置若罔闻，而且还同意接受盟国所列的限制条件。就这样，随着 1955 年 5 月《巴黎协定》的生效，联邦德国在阿登纳的强势推动下最终加入了北大西洋公约组织，成为以美国为首的西方阵营的一员。

其次，坚持反对共产主义和左派的立场，尤其是严厉打击以马克思主义为指导的德国共产党。十一月革命后建立的德国共产党曾在二战中与法西斯进行过坚定的斗争。战后初期，德国共产党实现重建，并在 1949 年 8 月举行的第一届联邦议院选举中获得 5.7% 的选票和 15 个议席。在冷战背景下，亲西方的阿登纳政府实行强烈的反共政策。1951 年 11 月，阿登纳政府向联邦宪法法院上诉，以违宪为由要求取缔德国共产党。1956 年时，联邦宪法法院做出裁决，责令德国共产党解散并不得成立替代组织。根据这一判决，德国共产党的党产遭到没收，其各级组织也被州内政部门和联邦政府内政部所取缔。[3] 此外，联盟党还在竞选中多次攻击共产主义，称其会让联邦德国受控于苏联。[4]

再次，"基民盟国家"还加强了对内公共安全政策，限制普通公民

---

① Erb, Scott, *German Foreign Policy: Navigating a New Era*, London: Lynne Rienner Publishers, 2003, pp. 31 – 32.

② ［美］科佩尔·平森：《德国近现代史：它的历史与文化》，范德一译，商务印书馆1987 年版，第 747 页。

③ *Federal Constitutional Court Verdict Banning the Communist Party of Germany (KPD) and the Concluding Justification (August 17, 1956)*, in Uta Poiger (ed.): *German History in Documents and Images*, Vol. 8, *Occupation and the Emergence of Two Sates, 1945 – 1961*, http://germanhistorydocs. ghi-dc.org/

④ Roth, Roland, & Rucht, Dieter (Hrsg.), *Die sozialen Bewegungen in Deutschland seit 1945*, Frankfurt a. M.: Campus, 2008, S. 56.

表达政治观点的权利和途径。在以近代普鲁士警察制度为范本重建了各
州警察体系之后，它又通过制定和修改相关法律而进一步对公民权利进
行了限制。如 1953 年颁布的《集会法》（Versammlungsgesetz），表面上
给予公民集会、游行、示威的权利，但实际上却将这些权利限制在一个
很窄的范围内。同年，阿登纳政府还完善了《刑法》和《刑事诉讼法》，
在国家安全受到威胁时，允许警察限制公民权。与扩大警察权密切相关
的还有冷战背景下的宪法保护制度，其本质是打着宪法保护的幌子对公
民进行监视，而且在实际中受到监视的基本上都是左派。

最后，还将女性束缚于家庭中扮演相夫教子的角色。战后初期的联
邦德国妇女无论在家中还是在社会上的地位都有显著的提高。但到了 20
世纪 50 年代，当联邦德国一切步入正轨后，国家和社会却又开始重申妇
女的传统角色。[①] 在联盟党、基督教会等保守势力的主导下，联邦德国
早期一直坚持着一种以"男主外、女主内"为主要特色的家庭和社会治
理政策。在联邦德国保守派看来，理想中的女性应该是拥有一个大家庭
的家庭主妇，她们的任务是照顾好丈夫和孩子，收拾好家务，她们的性
格是被动的，天真烂漫的，有依赖性的，最重要的是满足于现状。而野
心勃勃的职业女性则是令人厌恶的。在关于女性角色的调查中发现，
75% 的男性和 72% 的女性皆认为妇女属于家庭。[②]

"基民盟国家"之所会奉行一种带有"保守主义"倾向的政策，首
先是因为联邦德国建立时，各大政党在政治与意识形态上均持反苏反共
的立场。领导联盟党执政的阿登纳是坚定的反共斗士。他认为"成为西
方一部分的德国是合乎其精神与社会结构、历史传统和人民意愿的"[③]。
为了维护民主制度和国家安全，传承基督教信念和西方价值观，联邦德

---

① Thomas, Nick, *Protest Movements in 1960s West Germany*, *A Social History of Dissent and Democracy*, New York: Oxford International Publishers Ltd., 2003, p. 222.

② Thomas, Nick, *Protest Movements in 1960s West Germany*, *A Social History of Dissent and Democracy*, New York: Oxford International Publishers Ltd., 2003, p. 225.

③ Schweitzer, C. C. et al. (eds), *Politics and Government in Germany 1944 – 1994*, *Basic Documents*, Providence; Oxford: Biegler Books, 1995, p. 125.

国必须加入西方。除了联盟党和阿登纳，左翼的德国社会民主党（Sozialdemokratische Partei Deutschlands，下文简称社民党）也在政治和意识形态上坚持反苏反共立场。

其次，这在一定程度上也是为了讨好西方，以便让联邦德国在东西方冷战和国家分裂的情况下获得再生和复兴。阿登纳认为，只有紧密地与西方保持一致，联邦德国才有可能摆脱受大国联合控制的局面，才有可能在东西方冷战的夹缝中求得生存之地。由于在冷战中"德国是不可或缺的"[1]，所以只要联邦德国加入西方阵营，西方就必然要为它减负松绑，帮助它从一个被管制的国家变成一个自立的伙伴。之后的联邦总理路德维希·艾哈德（Ludwig Erhard）和库尔特·基辛格（Kurt Kiesinger）继续执行阿登纳的亲西方政策，在很大程度上也是基于这一考虑。

最后，这还是由联邦德国老百姓的政治"风格"所致。所谓政治风格（Habitus），是指一个人在中小学和重要的社会化进程中被打上的烙印，它是一种内化的无意识的行为。在联邦德国的成年人，先后经历了两次世界大战、两次帝国的军事独裁和两次战后的经济崩溃，这使得他们缺少政治热情，并对政治生活充满了迷茫。与此同时，"输入的民主"也没有给西德人更多的政治活动空间。因此，相较于国家政治中的保守主义政策，他们更关注的是能否获得物质层面的安全。[2] 在冷战大环境的限制和联邦政府的积极引导下，刚刚被二战和纳粹统治折腾得筋疲力尽的西德民众渴望物质生活的改善，而较少关注自身民主权利的问题，这是"保守主义"国家治理政策能够在阿登纳时期形成的重要原因之一。

1962 年 10 月的"《明镜周刊》事件"（Spiegel-Affäre）最终迫使阿

---

① ［德］康拉德·阿登纳：《阿登纳回忆录》（一），上海外语学院德法语系德语组译，上海人民出版社 1976 年版，第 276 页。

② Roth, Roland, & Rucht, Dieter (Hrsg.), *Die sozialen Bewegungen in Deutschland seit 1945*, Frankfurt a. M.: Campus, 2008, S. 65.

登纳去职。① 1966 年"基民盟国家"结束后，库尔特·基辛格又领导组建了联盟党—社民党大联合政府。早在 1959 年时，长期在野的左翼政党社民党就在《哥德斯贝格纲领》中彻底地放弃了马克思主义指导思想。1966 年时，该党又与保守的联盟党一起组成了大联合政府。社民党的改弦易辙引起了法兰克福学派和其他左派力量的强烈不满，并成为 60 年代中期院外抗议运动高涨的重要推动因素之一。

大联合政府延续了带有"保守主义"色彩的国家治理政策。其中最突出的表现就是出台《紧急状态法》。当局认为，在"内部全面崩溃的危急时刻"，这部法律对保卫国家是绝对必要的。由于在所谓的紧急状态下，国家可以部分取消《基本法》中的法制原则，所以这部法律很容易让人们联想到魏玛宪法第 48 条，即在紧急状态下，魏玛共和国总统有权干涉宪法所保护的公民民主权利。在最初制定《基本法》时，议会委员会并没有将紧急状态条款列入。20 世纪 50 年代末，反共意识形态浓厚的"基民盟国家"则将这一法律的通过当作了"头号目标"。1960 年，联邦内政部长格哈德·施罗德（Gerhard Schröder）首次向联邦议院递交了《紧急状态法》草案，提出在战争、自然灾害等重大灾难爆发后，国家可以对部分公民基本权利进行必要的限制。尽管这项法律一直遭到院外抗议运动和 68 运动的强烈反对，但基辛格大联合政府还是在 1968 年通过了它。② 除了制定《紧急状态法》之外，大联合政府还支持美国的越战政策，并一直在家庭和妇女政策等方面裹足不前。这些做法都是引发联邦德国新社会运动的重要原因。

1969 年维利·勃兰特（Willy Brandt）上台后，社民党—自民党联合政府开始减少和消除国家治理政策中的保守主义倾向。勃兰特不仅对外

① 《明镜周刊》在一则报道中批评政府，结果当局竟然逮捕了该刊的出版人和编辑。这一事件所引起的政治风波是后来导致阿登纳下台的直接原因之一。参见 Thiel, Thomas, "Abbau am Mythos. Symposion zur Spiegel-Affäre," Online-Artikel der Frankfurter Allgemeinen Zeitung vom 25. 09. 2012. http：//www.faz. net/aktuell/feuilleton/symposion-zur-spiegel-affaereabbau-am-mythos-11902022. html。

② Roth, Roland, & Rucht, Dieter（Hrsg.）, *Die sozialen Bewegungen in Deutschland seit 1945*, Frankfurt a. M.：Campus, 2008, S. 87.

推行"新东方政策"，缓和与社会主义国家，尤其是东德的关系，而且还在国内推行一系列所谓的"内部改革"（innerer Reformen），以兑现自己竞选时"我们要推进民主"的想法。但是，勃兰特的国内改革进展缓慢。1974 年，勃兰特的一名秘书被查出是东德间谍。勃兰特被迫辞职后，新上台的赫尔穆特·施密特（Helmut Schmidt）为了维护经济增长和社会稳定，不仅中止和改变了勃兰特时期开启的多项改革政策，而且还对日渐激进的左派力量给予了严厉的压制。社民党—自民党联合政府在改革中的一再拖延和倒退，是激起联邦德国新社会运动的又一重要原因。

总之，20 世纪五六十年代，联邦德国国家治理的体制和政策一直呈现出一定的保守主义色彩。而当 60 年代中期开始向后工业社会转型后，联邦德国早期国家治理中的这种保守主义倾向也没能及时做出改变。这也是导致该国新社会运动爆发和延续的重要原因之一。

第三节 新左派的崛起及分化

在联邦德国向后工业转型的过程中，原先处于次要地位的社会矛盾逐渐暴露出来。正是在这种情况下，以德国社会主义大学生联盟（Sozialistischer Deutscher Studentenbund，简称 SDS）为代表的联邦德国新左派迅速崛起。该组织及其分化产生的左翼环保公民动议（Bürgerinitiative Umweltschutz）和女性主义小组成为联邦德国新社会运动的重要领导和推动力量。

一 新左派的崛起

新左派是 50 年代末期以来在西方发达国家出现的左翼知识分子群体。在战后反对斯大林模式和社民党的过程中，以菲德尔·卡斯特罗（Fidel Castro）、切·格瓦拉（Che Guevara）等人为代表的第三世界社会主义革命思想和以法兰克福学派为代表的西方讲坛马克思主义等左翼社会主义思潮在西方各国迅速传播。深受后物质主义价值观影响的年轻一代知识分子，通过对经典马克思主义的重新解释，展开了对后工业社会转型时期西方社会的批判。随着这些人在组织形式和政策主张方面与社民党"老左派"的区别越来越大，他们便以"新左派"的面目活跃于西方各国的政治舞台之上。可以说，新左派的崛起过程，就是它在组织和理论上与老左派分道扬镳的过程。

联邦德国新左派的代表是 1946 年成立的德国社会主义大学生联盟。该组织本是社民党在高校中的青年组织。战后重建时期，它与在野的老左派观点接近，互相支持。然而，从 20 世纪 50 年代末期开始，作为老左派的社民党意识到，自己必须放弃马克思主义指导纲领，才能在大选中获得成功。同属老左派的德意志工会联合会也因为劳资共决制度的发展而逐步丧失了原先的斗争精神，和社民党一样成为建制派。与此同时，随着后物质主义价值观的流行，德国社会主义大学生联盟的政治观点却变得越来越激进，并因此与老左派在很多问题上发生了冲突。例如，在 50 年代末的反核军备扩散抗议中，该组织就拒绝支持社民党的保守态度。

1960 年 6 月 19 日，社民党决定中止对德国社会主义大学生联盟的援助，并支持该组织内部的右翼分子在高校中另建拥护社民党政策和纲领的大学生政治团体"社会主义高校联盟"（Sozialistischer Hochschulbund，简称 SHB）。随后，社民党鼓励学生脱离德国社会主义大学生联盟，加入新成立的社会主义高校同盟。面对老左派的打压，德国社会主义大学生联盟于 1961 年 10 月 1—2 日在法兰克福召开第 15 次代表大会，宣告本组织"现在首次获得了完全的独立"。1961 年 11 月 8 日，社民党正式宣布在组织上与德国社会主义大学生联盟断绝关系。同时还出台决议禁止社民党党员参加德国社会主义大学生联盟。

然而，被开除的德国社会主义大学生联盟不仅没有走向消亡，反而继续以独立的政治姿态参与复活节游行运动、反《紧急状态法》运动等院外抗议活动。而就在此时，美国等其他西方国家的大学生运动以更为激进的形式发展起来。美国学者怀特·米尔斯（Wright Mills）撰文，首次使用"新左派"（英语 New Left，德语 Neue Linke）一词称呼大学中这些与产业工人政治诉求有明显区别的左翼学生群体。1961 年 3 月 29 日—4 月 10 日，德国社会主义大学生联盟成员前往英国参加新左派活动。第二年，他们又召开了新左派研讨会。当德国社会主义大学生联盟与英国等地的新左派接触之后，便决定给自己也贴上新左派的标签。

整个 20 世纪 60 年代上半期，德国社会主义大学生联盟在大学生中的影响不断扩大。[①] 根据 1967 年 2 月《明镜周刊》的调查，在参与过政治集会的联邦德国年轻人中，有 27% 同情德国社会主义大学生联盟的目标。[②] 该组织的快速发展为之后 68 运动的爆发创造了条件。

总体来看，在后工业社会转型过程中形成的联邦德国新左派，在许多方面都与老左派存在一定的区别。

首先，两者的组成人员不同。老左派的成员大多来自工人，尤其是年长的工人。而新左派团体则主要是由年轻的左翼知识分子组成。美国学者米尔斯在《致新左派的一封信》中，提出了所谓的文化工具和文化工人的概念。他主张以文化为标准来确立新左派与老左派的主要界限，并把传统上所说的左翼知识分子都划入了以文化为标准界定的新左派的范畴。[③] 联邦德国新左派理论家汉斯-于尔根·克拉尔（Hans-Jürgen Krahl）也表示，"知识分子必须加入组织化的阶级斗争，他们不再是精神文明工作的代表，精神文明工作也不再是资本主义的代表"[④]。作为德国社会主义大学生联盟成员的于尔根·沙尔滕布兰德（Jürgen Schaltenbrand）在 1962 年时也明确指出，联邦德国新左派主要是"一些

---

① Rohstock, Anne, *Von der "Ordinarienuniversität" zur "Revolutionszentrale"? Hochschulreform und Hochschulrevolte in Bayern und Hessen, 1957 – 1976*, Berlin; Boston: R. Oldenbourg Verlag, 2010, S. 172.

② Holke, Lothar, *Protestbewegungen in der Bundesrepublik, Eine analytische Sozialgeschichte des politischen Widerspruchs*, Wiesbaden: VS Verlag für Sozialwissenschaften, 1987, S. 265.

③ Mills, C. Wright, "Letter to the New Left," in *New Left Review*, No. 5, September-October 1960, https://www.marxists.org/subject/humanism/mills-c-wright/letter-new-left.htm

④ Krahl, Hans-Jürgen, *Konstitution und Klassenkampf zur historischen Dialektik von bürgerlicher Emanzipation und proletarischer Revolution*, Frankfurt/M.: Neue Kritik, 1971, S. 13.

对社会主义理论进行探讨并将理论与实践相结合的小组。这些小组主要由学生、知识分子的青年骨干组成"①。

其次，两者在指导思想和对待马克思主义的态度方面也存在较大差别。二战之后，西德老左派的指导思想主要是所谓的"民主社会主义"。而新左派的指导思想则吸收了许多后物质主义价值观和讲坛马克思主义的理念，如反对后工业时代的技术进步对人的压抑，反对技术精英，将白领、学生、知识分子等非体力劳动者而不是工人阶级看作革命的社会基础等。与此同时，到1959年后，老左派还提出了科学社会主义过时论，认为马克思主义不再适合分析联邦德国这样的社会现实，也不必一定要被应用于改造现实社会。但新左派认为，老左派只从财产关系的变化就认为联邦德国已经不再是传统意义上的资本主义社会的论调，以及作为老左派代表的工会和社民党指导思想的转变，都是拘泥于科学社会主义的结果。② 通过激烈批判老左派的教条，新左派获得了新的活力。他们坚持在马克思主义的指导下展开斗争，却又并不指望资本主义经济危机和随之而来的革命，而是专注于解决联邦德国的现实问题。③

再次，两者对代议民主制度也持不同看法。老左派认同西方的代议民主制，因此多在体制内进行合法活动，而新左派则反对代议民主制，因此经常采用体制外的街头抗议形式展开斗争。西方工人政党自19世纪末起就逐步进入议会并开始组阁执政。因此，二战后各国信奉"民主社会主义"的左翼工人党中，基本都赞成资本主义的议会民主制度。而西方的工会组织则作为这些政党重要的合作伙伴和工人阶级的利益代表集团在院外政治中发挥着重要的作用。虽然罢工还仍然存在，但斗争的表

---

① Schaltenbrand, Jürgen, "Einige Anmerkungen zum Begriff der NEUEN LINKEN," in *Neue Kritik 9*, Januar 1962, S. 16.

② Richter, Pavel A., "Die Außerparlamentarische Opposition in der Bundesrepublik Deutschland 1966 bis 1968," in *Geschichte und Gesellschaft*. Sonderheft, Vol. 17, 1968-Vom Ereignis zum Gegenstand der Geschichtswissenschaft (1998), S. 35 – 55.

③ Richter, Pavel A., "Die Außerparlamentarische Opposition in der Bundesrepublik Deutschland 1966 bis 1968," in *Geschichte und Gesellschaft*. Sonderheft, Vol. 17, 1968-Vom Ereignis zum Gegenstand der Geschichtswissenschaft (1998), S. 35 – 55.

演"剧目"都已程式化。合法的、温和的抗议一般都很难引发当局的镇压。"老左派"通过制定和发表自己的纲领、计划和宣言，为国家未来的发展出谋划策。而"新左派"则对资本主义国家持怀疑或反对态度。他们倾向于从体制外发起挑战，反对议会道路和政党政治，反对封闭的院外利益集团及合作协商机制，主张通过直接行动来解决问题。"新左派"最基本的特点就是它反对资本主义国家中由精英阶层所实行的威权统治，不相信官僚体系和代议制政府。以德国社会主义大学生联盟为代表的"新左派"，不仅要求在大学中，而且还要求在广泛的社会各领域中实行直接民主制，这种带有卢梭主义和乌托邦倾向的思想，常常会受到"老左派"的批判。

最后，两者在组织形式上也有区别。老左派多采用集中化组织形式，而新左派则多无固定的组织形式。68 运动领袖 D. 科恩 – 本迪特（D. Cohn-Bendit）曾明确表示，我们不完全拒绝组织，但我们不认为一个革命领袖和革命政党是必要的。[①] 由于对组织形式存在分歧，德国社会主义大学生联盟后来逐渐分裂为"反威权派"和"传统派"。反威权派反对建立集权组织，因为这样会对成员的自由和民主权利构成威胁。该派不仅要求在各个组织层次上实行自治，还反对科层化的政党和工会组织，反对领袖原则和森严的组织结构，要求老左派组织增加开放性和包容性。新左派中的传统派虽然试图建立新的集权化组织，但这一目标在实践中却很难获得成功。

1967 年 6 月 2 日，德国社会主义大学生联盟内再次因组织问题而发生了激烈的争论。以克拉尔和鲁迪·杜切克（Rudi Dutchke）为代表的一方要求德国社会主义大学生联盟在未来的斗争中组织起来，但这一要求却遭到了来自西柏林和法兰克福的反威权派的强烈反对。1967 年 9 月，杜切克在德国社会主义大学生联盟第 22 次代表大会上认为，精英控

---

① Rucht, Dieter, "Von der Bewegung zur Institution? Organisationsstrukturen der Ökologiebewegung," In Roth, Roland, & Rucht, Dieter (Hrsg.), *Neue soziale Bewegungen in der Bundesrepublik Deutschland*, Frankfurt/M.: Campus, 1987, S. 240.

制的国家从军事到心理全面压制社会。因此，必须唤起"革命性群体意识"。后来，杜切克和克拉尔在卡尔·施密特的影响下提出了自己的游击战理论，并试图以此来解决新左派的革命组织问题。但是，这一理论既反对组织的集权化，又要求在组织中实行军事化原则。[①] 因此，它不可能从根本上提高新左派的组织化程度。总体来看，新左派自始至终都没能建立像老左派那样的集权组织，这是它很快发生分化的重要原因之一。"只要德国社会主义大学生联盟想要积极前进，缺乏组织性就不是问题，而是必然。一旦失去动力，缺乏组织性就会终结这一组织。如果'德国社会主义大学生联盟'还像这样继续发展下去，它就无法逃脱美国伯克莱大学生组织的命运：解散。"[②]

二　新左派的分化

1. 环保公民动议的兴起

68 运动结束后，部分新左派分子在生态主义思潮的影响下转向了环境议题。20 世纪 70 年代初，从新左派分化而来的左翼环保公民动议在联邦德国发起了以"政治生态运动"（politischer Ökologiebewegung）为代表的新环境运动。这些环保公民动议将唯经济增长论和技术至上主义当作物质主义的体现，它们希望通过贯彻生态主义理念，来重塑整个国家治理体制。

其实，68 运动尚未结束时，新左派就已经在反对帝国主义的斗争中掺入了生态主义的诉求。如 1970 年 6 月，海德堡德国社会主义大学生联盟就曾对联邦德国参与建设莫桑比克大坝的政策进行过抗议。68 运动结束后，从新左派分化出来的环保分子中，无论是主张以暴制暴和人民革命的激进派，还是反集权、反暴力的稳健派，都是通过组建和参与环保

---

① Pettenkofer, Andreas, *Die Entstehung der grünen Politik Kultursoziologie der westdeutschen Umweltbewegung*, Frankfurt: Campus Verlag, 2014, S. 69 – 71.

② Kraushaar, Wolfgang（Hrsg.）, *Frankfurter Schule und Studentenbewegung, Von der Flaschenpost zum Molotowcocktail 1946 bis 1995*, Band 1, *Chronik*, Hamburg: Rogner & Bernhard GmbH, 1998, S. 303.

公民动议积极投身于政治生态运动的。"左派转向对生态问题感兴趣形成了一种国家批判模式……倾向于和平主义和日常生活问题的绿色运动明显区别于传统的环境运动。"①

公民动议原先仅指具有某种特定目标而没有正式组织的公民小组。有人认为公民动议这一名称可能来自1967—1968年的"社会民主选举动议"（Sozialdemokratische Wählerinitiative）。68运动开始后，公民动议的内涵迅速发生变化。霍斯特·齐勒森（Horst Zillessen）在1974年指出，公民动议是一种公共性或协会性小组，其目标是"克服明显的、典型的对自然或环境的错误认识，它们的工作是自由和无偿的，并聚焦于地方立法和短期问题的解决"②。而 P. 迈尔 – 塔施（P. Mayer-Tasch）则区别了两种公民动议的类型，一种是持久的，以对政治、经济和社会产生长期影响为目标，这种公民动议不是因为某种紧急形势而产生的，而是为了在现有社会条件下，加强具有相同或近似目标的单一行动之间的团结；另一种就是专门针对某一目标而产生的公民动议。③

由于在斗争的目标和方式上产生了严重的分歧，新左派在20世纪70年代初分化出了不同的左翼派别和团体。在那些继续进行"革命"的新左派中，除了极少数成为红色恐怖分子外，其余多数都参加了较为激进的社会主义组织"K小组"（K-Gruppen）。在政治生态运动中，这些激进的"K小组"试图通过参与和控制环保公民动议，来实现它们推翻资本主义统治的理想。

与此同时，原属德国社会主义大学同盟的"反威权派"也在瓦解后产生了许多互相攻击的小群体。各个不同的小组试图选择不同的议题，与其他不满的社会群体组成联盟，继续从事他们的"社会主义"抗议事

---

① Pettenkofer, Andreas, *Die Entstehung der grünen Politik, Kultursoziologie der westdeutschen Umweltbewegung*, Frankfurt am M.：Campus Verlag, 2014, S. 135.

② Zillessen, Horst, "Bürgerinitiativen im repräsentativen Regierungssystem," in *Aus Politk und Zeitgeschichte*, v 23. 3. 1974, S. 3.

③ Andritzky, Walter, & Wahl-Terlinde, Ulla, *Umweltbundesamt: Berichte, 1978/6, Mitwirkung von Bürgerinitiativen an der Umweltpolitik*, Berlin：Schmidt, 1978, S. 33.

业。在这之中最著名的要数所谓的"非暴力行动小组"（Gewaltfreien Aktionsgruppen）和"非教条派"（Undogmatische）。非暴力行动小组虽然继承了新左派的反体制、反威权思想，但却主张尽量少地使用暴力手段来实现这一目的。"非教条派"基本放弃了马列主义，他们主要是以自治、自决的方式在分散的小组织中自发地进行斗争。这些温和的小组后来很多都融进了70年代的公民动议之中。

根据伯恩德·古根贝格（Bernd Guggenberg）的观点，68运动结束后，左翼环保公民动议小组经历了从"单点"活动走向统一的过程。① 在20世纪60年代末70年代初，公民动议反对的都是一些明确的、地方性的项目和政策，如空地开发、快速路建设等。这一时期比较重要的环保公民动议小组主要有"环保行动"（Aktion Umweltschutz e. V.）、"上莱茵地区中央环保公民动议"（Bürgeraktion Umweltschutz Zentrales Oberrheingebiet e. V.）、"汉诺威环保公民动议"（Bürgerinitiative Umweltschutz e. V. Hannover）等。之后，虽然针对单个问题的公民动议仍在继续发展，但公民动议的组织化程度也在不断提高，公民动议之间的横向联系不断加强。这些环保公民动议在60年代末、70年代初期从事的环保活动主要包括：在媒体上呼吁关注健康与环境问题，揭发对环境有损害的建设工程和污染，举行抗议活动等。环保公民动议内部都有专门针对某一领域的"对立专家"（Gegenexperten）。相对体制内的专家来说，这些专家更注重技术的政治影响、而不是技术本身。各领域的对立专家可以参加所谓的审批程序，对环境治理的过程产生影响。此外，环保公民动议还通过积极开展各种环境教育来参加环境治理。

在环保公民动议中，绝大多数都属于与新左派有一定渊源的左翼小组。正是在这些左翼环保公民动议的领导和推动下，以政治生态运动为代表的新型环境运动在联邦德国迅速发展起来。

---

① Guggenberger, Bernd, & Kempf, Udo（Hrsg.），*Bürgerinitiativen und repräsentatives System*，Opladen：Westdeutscher Verlag，1984，S. 376.

2. 从新左派到新妇女运动中的女性主义者

与法国类似，领导和推动新妇女运动的女性主义者很多也是从 68 运动中的新左派女大学生分化发展而来。对于新妇女运动与联邦德国 68 运动的关系，一直有两种截然不同的看法：一种看法认为新妇女运动是由 68 运动发展而来，另一种看法则认为新妇女运动是为了纠正 68 运动的错误。在 68 运动中，新左派激进组织"公社"提倡的女性解放、自由性爱等，导致了传统性道德的沦丧。这一问题后来一直为新妇女运动所诟病。68 运动的许多宣传册中都出现了有关性和避孕的知识。而后来的新妇女运动却只是将避孕药丸当作与生育有关的工具，而非与性爱有关。[①] 不过，即使是后面这种否认新妇女运动是由 68 运动发展而来的观点，也承认两个运动之间存在密切的联系。

在 68 运动中，部分女大学生将妇女解放当作了核心目标，并推动运动不断向前发展。[②] 新左派试图将自己的内部结构改造为未来社会结构的典范。但实际上，在男生们集会、静坐、散发传单时，女生们却在男生的领导下负责打印传单、煮咖啡、看孩子。在集会中，她们几乎很少明确发表自己的观点，也无法对运动产生很大的影响。她们在 68 运动的核心组织德国社会主义大学生联盟中处于被领导的地位。在 1968 年 9 月法兰克福召开的第 23 届德国社会主义大学生联盟联邦代表大会上，男女代表的分裂愈加严重。以孕妇西格丽德·吕格尔（Sigrid Rüger）为代表的女性代表甚至在会上向主席台投掷了番茄。[③]

在 68 运动所带来的生活方式革命和自我实现理念中，与新妇女运动浪潮直接相关的就是私人生活的政治化和性道德的改变。女大学生们在第 23 届德国社会主义大学生联盟代表大会上明确指出：家庭中的阶级分

① Zellmer, Elisabeth, *Töchter der Revolte? Frauenbewegung und Feminismus der 1970er Jahre in München*, München: Oldenbourg Verlag, 2011, S. 60.

② Zellmer, Elisabeth, *Töchter der Revolte? Frauenbewegung und Feminismus der 1970er Jahre in München*, München: Oldenbourg Verlag, 2011, S. 62.

③ Sander, Helke, "Rede auf der 23. Delegiertenkonferenz der SDS," Dok. 1. 3, in Lenz, Ilse, *Die Neue Frauenbewegung in Deutschland: Abschied vom kleinen Unterschied, Eine Quellensammlung*, Wiesbaden: VS Verlag für Sozialwissenschaften, 2010, S. 57.

类表现为男性是资产阶级，女性是无产阶级。只有女性有足够的动机，加上坚决态度，才有可能颠覆男权社会的专制。"要取消私人生活与社会生活之间的藩篱，私人生活的改变要按照政治行动来理解。"① "德国社会主义大学生联盟反映了整个社会的组织关系。人们极力掩盖这种冲突，因为这必将导致德国社会主义大学生联盟的重组。回避的方式非常简单，人们只要将生活的某一个领域从社会中孤立出来，并冠之以私人生活的名号即可。这种禁忌化导致妇女在认同男权的社会中受到压迫并遭到男性的统治。"②

在 68 运动之后，新左派分化出来的社会主义女性主义小组选择以性、家庭等私人问题作为突破口，继续从事反体制、反威权斗争。此时虽然有很多女性成员还在原来新左派的阵营内运用经典马克思主义讨论相关妇女问题，但也有少数要求完全独立的妇女小组（Frauengruppen），认为妇女遭受了资本主义和男权主义的双重压迫。如慕尼黑社会主义妇女组织（Sozialistischen Frauenorganisation München，简称 SFOM）便是如此。该组织最早可追溯到 1969 年慕尼黑大学社会学专业女大学生成立的左派组织，其目标是推动妇女问题的解决和妇女工作的开展。虽然 1970 年时 68 运动和妇女小组之间还没有明确的界限，但慕尼黑社会主义妇女组织在早期讨论问题的时候就已经有与男性同志完全脱离的要求。③ 慕尼黑大学社会学研究所还成为当时各类妇女小组的聚会之处。这些小组成员交叉，互相支持。④ 此外，以 68 运动中曾向新左派男性成员投掷西红柿的黑尔克·桑德尔（Helke Sander）为代表的 100 名女性还成为西柏

---

① Nave-Herz, Rosemarie, *Die Geschichte der Frauenbewegung in Deutschland*, Opladen：Leske + Budrich, 1994, S. 55.

② Sander, Helke, "Rede auf der 23. Delegierenkonferenz der SDS," Dok. 1. 3, in Lenz, Ilse, *Die Neue Frauenbewegung in Deutschland：Abschied vom kleinen Unterschied, Eine Quellensammlung*, Wiesbaden：VS Verlag für Sozialwissenschaften, 2010, S. 8.

③ Zellmer, Elisabeth, *Töchter der Revolte? Frauenbewegung und Feminismus der 1970er Jahre in München*, München：Oldenbourg Verlag, 2011, S. 122.

④ Zellmer, Elisabeth, *Töchter der Revolte? Frauenbewegung und Feminismus der 1970er Jahre in München*, München：Oldenbourg Verlag, 2011, S. 129.

林妇女中心（Frauenzentrum）的最初动议者。

许多年轻女性通过 68 运动加入新妇女运动。这些人之所以参与斗争，与他们在新左派中反抗男人的政治意识的发展密不可分。正是在她们的推动下，独立的新妇女运动在 68 运动后逐步发展了起来。① 68 运动中所使用的政治工作和革命手段成为新妇女运动展开斗争的工具。② "对新妇女运动浪潮来说，68 运动的意义主要在于在象征性的层面上作为相关事件持续地产生了影响。"③

在联邦德国向后工业转型的进程中，新左派及其分化产生的左翼力量让联邦德国早期充满保守主义色彩的国家治理模式陷入了困境。新的社会和文化分裂并不能直接导致国家治理危机。只有当那些受后物质主义价值观影响的新左派要求国家正视后工业社会中所存在的社会问题，即那些与"生活世界殖民化"（Kolonialisierung der Lebenswelt）、"后工业压迫"（Postindustrial Oppression）和"风险社会"（Risikogesellschaft）有关的社会问题，而国家又未能及时拓宽公民参政议政的渠道，新的亚文化群体缺少在体制内表达意见和参与国家治理的途径时，他们才会将自己的诉求集中体现到一系列非"传统"社会运动当中，并对后工业社会转型时期联邦德国的国家治理产生冲击。

自 20 世纪 60 年代中期开始，西方世界普遍出现了向后工业社会转型的迹象。在各国陆续兴起的新左派及其分化产生的左翼力量，都将不满和反抗的矛头对准了以代议民主制为核心的西方国家治理体制。不过，从新社会运动形成的背景来看，联邦德国在西方国家中有两个特殊之处：一是后物质主义价值观在年轻一代中的流行，很大程度上

---

① Erickson, Bailee, "'Leave Your Men at Home': Autonomy in the West German Women's Movement, 1968 – 1978," A Thesis Submitted for the Degree of Master of Arts, University of Victoria, 2010, p. 2.

② Zellmer, Elisabeth, *Töchter der Revolte? Frauenbewegung und Feminismus der 1970er Jahre in München*, München: Oldenbourg Verlag, 2011, S. 96.

③ Zellmer, Elisabeth, *Töchter der Revolte? Frauenbewegung und Feminismus der 1970er Jahre in München*, München: Oldenbourg Verlag, 2011, S. 190.

与这代人缺少服从纳粹独裁和忍饥挨饿的经历，从而更易于与老一辈
所持的传统价值观发生冲突有关；二是处于冷战前沿且吸收了魏玛共
和国灭亡教训的联邦德国在早期国家治理中出现了较为明显的保守主
义倾向。这些因素后来对联邦德国新社会运动的具体诉求都产生了一
定的影响。

第二章

联邦德国新社会运动的
演进及理念

联邦德国新社会运动发轫于 68 运动。20 世纪 70 年代后，这场运动逐步进入高潮，并分化出新环境运动、新妇女运动等不同的分支。从 80 年代中期开始，虽然还存在突发事件引起的抗议浪潮，但联邦德国新社会运动总体上已趋于平稳，且大部分走上了制度化的道路。

1967—1983 年，联邦德国新社会运动的核心理念和诉求是反对带有保守主义色彩的国家治理体制和政策，在后物质主义价值观的指导下实现社会秩序的根本性变革。正是在这一理念的指导下，新左派及其分化产生的左翼力量在不同领域发起了重塑国家治理体制的抗争。

第一节　新社会运动的产生：68 运动的形成与演变

联邦德国新社会运动萌芽于 68 运动。尽管学术界对于 68 运动是否属于新社会运动存在争论，但在笔者看来，相对于以工人运动为代表的传统左翼社会运动来说，68 运动无疑更符合新社会运动的特征。无论是发生背景、领导核心、参与者出身，还是目标理念、组织形式和斗争风格，68 运动都与其后新社会运动的其他分支并无太大区别。

一　68 运动的形成

自 20 世纪 60 年代初起，以德国社会主义大学生联盟为代表的新左派开始加强各个院外抗议运动之间的联系，并有意识地利用这些运动所形成的动员资源表达自己的政治意愿。1966 年底大联合政府建立后，新左派提出强烈抗议，并在 1967—1968 年间借助一些突发事件将院外抗议运动汇集为声势更为浩大的 68 运动。在这一过程中，新左派将原本目标各异的院外抗议运动发展为在问题界定、原因追述、要求及价值取向等方面具有某些统一特征的运动，并将其变为了贯彻自己"反威权斗争"（Die antiautoritäre Revolte）理论的政治实践工具。

68 运动的兴起与 20 世纪 60 年代中期在联邦德国发生的院外抗议活动（Außerpalarmentarische Opposition）有着密切的关系。所谓院外抗议运动，是指 20 世纪 50 年代中期后由联邦德国部分社民党党员、工会会员和青年大学生群体等左派政治力量参与发动的一系列斗争的总称，其主要代表有复活节游行运动、反《紧急状态法》运动、青年—学生运动等。通过在院外抗议活动中积累经验和资源，新左派逐渐走上了独立抗争的道路。

联邦德国新左派在 68 运动中开展的反越战斗争，是其在 20 世纪 60 年代前、中期发动的类似斗争的继续。新左派之所以会选择以越南战争作为自己的攻击对象，主要和它早期参与复活节游行运动的经历有关。源自 50 年代反重新武装运动的复活节游行运动，主要目标就是反军国主义、反战、反扩军和实现西德社会的民主化。在 60 年代初期时，新左派就是通过借鉴复活节游行运动中与越南战争相关的主题和斗争形式，才独立地开展起了反美反越战的斗争。从 1964 年开始，德国社会主义大学生联盟曾组织了多场反对越南战争的斗争和宣传活动，如放映专题电影，举办座谈会等。1966 年 2 月初，新左派又与其他大学生政治团体合作在西柏林发动了 2000 人参加的第一次大规模反战示威。同年 5 月 22 日，该组织副主席哈特穆特·达布罗夫斯基（Hartmut Dabrowski）还在法兰克福大学召开的主题为"越南分析：一个个案"（Vietnam-Analyse, eines Exempels）的会议上，严厉批评了联邦政府支持美国对越南军事干预的政策。会后，学生们在新左派的领导下举行了声势浩大的游行示威活动并发布了致联邦总理艾哈德的公开信，声明联邦政府无权以人民的名义支持越南战争。① 德国社会主义大学生联盟的另一位领袖贝恩德·拉贝尔（Bernd Rabehl）也明确指出："第三世界及其民族解放运动已经接替了19世纪无产阶级的古典的作用。在武装斗争的过程中，这些运动会发展起一种新的道德和信任，新的政府和社会的形式。但是，只有在第一世界人民的支持下他们才能得胜……我们应当根据在第一世界发生的革命性变革来解释这些榜样。"②

新左派的反越战运动得到了各类青年学生组织的广泛支持。包括左翼的"社会主义高校联盟""德国自由大学生联盟"（Liberaler Studentenbund Deutschlands，简称 LSD）和右翼的"基督教民主大学生联盟"（Ring Christlich-Demokratischer Studenten，简称 RCDS）等，都对美国发动越战的行径表示谴责。1967年2月11日，"德国社会主义大学生联盟"与"社会主义高校联盟"和"德国自由大学生联盟"共同举行集会，反对美国发动越南战争。新左派理论家杜切克在会上明确表示，"我们必须发起挑战，以便赢得更多的支持者"③。在此次集会上，以新左派为首的左派大学生不仅打出了越共的旗帜，还焚烧了美国总统的头像。与会者甚至喊出了"美国佬滚出越南！""约翰逊是刽子手！""支持胡志明！"等口号。④ 5月初，德国社会主义大学生联盟领导法兰克福左翼学生在"德美友好周"开幕时发动游行，抗议美军入侵越南和出现在法兰克福街头。⑤

---

① Kraushaar, Wolfgang（Hrsg.），*Frankfurter Schule und Studentenbewegung，Von der Flaschenpost zum Molotowcocktail 1946 bis 1995，Band 1，Chronik*，Hamburg：Rogner & Bernhard GmbH，1998，S. 232.

② 沈汉、黄凤祝编著：《反叛的一代：20世纪60年代西方学生运动》，甘肃人民出版社2002年版，第343页。

③ Kraushaar, Wolfgang（Hrsg.），*Frankfurter Schule und Studentenbewegung，Von der Flaschenpost zum Molotowcocktail 1946 bis 1995，Band 1，Chronik*，Hamburg：Rogner & Bernhard GmbH，1998，S. 247.

④ Kraushaar, Wolfgang（Hrsg.），*Frankfurter Schule und Studentenbewegung，Von der Flaschenpost zum Molotowcocktail 1946 bis 1995，Band 1，Chronik*，Hamburg：Rogner & Bernhard GmbH，1998，S. 246.

⑤ Kraushaar, Wolfgang（Hrsg.），*Frankfurter Schule und Studentenbewegung，Von der Flaschenpost zum Molotowcocktail 1946 bis 1995，Band 1，Chronik*，Hamburg：Rogner & Bernhard GmbH，1998，S. 251–252.

　　与此同时，新左派在 20 世纪 60 年代中期参与开展的反《紧急状态法》（Notstandsgesetz）斗争，也为它在 68 运动中开展类似斗争奠定了基础。早在 20 世纪 50 年代末期联邦德国刚开始讨论《紧急状态法》的时候，就有少数左翼作家和科学家对这部法律的思想进行了批判。到 60 年代初期，反《紧急状态法》运动逐渐成形。该运动的核心目标就是反对国家通过《紧急状态法》，并认为这一法律所规定的紧急状态会取消法制原则。参与反《紧急状态法》斗争的人不仅包括知识分子，也包括工人等其他左派分子。例如五金工会和化学工会就坚决反对这一法律。

　　在 68 运动爆发之前的院外抗议运动中，新左派就一直组织学生跟工会一起反对《紧急状态法》的通过。1966 年 9 月 1—4 日召开的"德国社会主义大学生联盟第 21 届代表大会"做出了反对通过《紧急状态法》的决议。[1] 同年 10 月 30 日，新左派参加了在法兰克福召开的有 8500 人参加的"民主的危机"（Notstand der Demokratie）大会。这场大会围绕反对《紧急状态法》的主题设了"制定《紧急状态法》的历史责任与政治责任"；"《紧急状态法》中的新闻和舆论自由问题"，"《紧急状态法》对日常生活的影响"，"紧急计划，经济与雇工问题"，"《紧急状态法》之违宪问题"以及"良知自由与反抗权利问题"等 6 个分会场。[2] 法兰克福学派等左翼知识分子和工会领导都参与了此次大会。图宾根大学哲学教授恩斯特·布洛赫（Ernst Bloch）在会上表示："我们今天走到一起，就是要阻止某些事情开始。""以前那些先生们通过宪法第 48 条玩够了把戏；现在我们决不答应这些先生们用他们的《紧急状态法》戏弄我们的未来。"[3] 大会为团结

---

　　① Kraushaar, Wolfgang（Hrsg.）, *Frankfurter Schule und Studentenbewegung*, *Von der Flaschenpost zum Molotowcocktail 1946 bis 1995*, Band 1, Chronik, Hamburg: Rogner & Bernhard GmbH, 1998, S. 234.

　　② 关于 60 年代中期美茵河畔法兰克福院外抗议运动的发展情况，可参见曹卫东《法兰克福学派与学生运动（1966）》，https://fanwen.chazidian.com/lw/wenhua/xifangwenhua/57487/。

　　③ "Kongreß Notstand der Demokratie, Professor Ernst Bloch: Kundgebungsrede gegen die Notstandsgesetze," in Lönnendonker, Siegward, & Fichter, Tilman（Hrsg.）, *Freie Universität Berlin 1948 – 1973: Hochschule im Umbruch*, *Dokumentation*, Teil IV, Nr. 587, FU Berlin, 1975, S. 355 – 356.

老左派工会和新左派德国社会主义大学生联盟，决定成立新的领导理事会。秘书长赫尔穆特·绍尔（Helmut Schauer）是德国社会主义大学生联盟的全国主席。1966 年 11 月至次年 2 月，受大联盟政府成立的影响，"民主的危机"理事会共在 80 余个城市建立了行动委员会。到 1967 年，行动委员会发展到 150 个。

此外，20 世纪 60 年代中期后左翼大学生为争取高校改革而发起的一系列抗争，也对 68 运动的形成起到了关键的推动作用。关于这部分内容将在本书第三章中进行详细分析。

随着 20 世纪 60 年代中期院外抗议活动的发展，左翼大学生的反抗情绪空前高涨，从而为 68 运动的爆发创造了条件。1967 年 6 月 2 日，伊朗国王穆罕默德·巴列维（Mohammad Pahlavi）访问西柏林。西柏林学生抗议美国和他勾结压迫伊朗人民。学生们与保护巴列维的警察发生矛盾，并高呼："冲锋队！盖世太保！你们为什么要为巴列维打人？"[1] 在冲突中，学生本诺·奥内佐格（Benno Ohnesorg）头部中弹，当场死亡。奥内佐格被害的消息传出后，全国大学生掀起了激烈的抗议活动，联邦德国 68 运动就此正式爆发。

二　68 运动的演变

在 68 运动期间，以新左派为核心的左翼大学政治团体主要进行了以下一系列斗争：

首先，积极开展反对美国侵略越南的斗争。1967 年下半年，杜切克等人曾多次与法兰克福学派的于尔根·哈贝马斯（Jürgen Habermas）、赫伯特·马尔库塞（Herbert Marcuse）等人探讨有关越南战争的问题。德国社会主义大学生联盟还于 1968 年 2 月 5 日在法兰克福大学举行了以"支持越共"为口号的主题宣讲会。该组织领导人之一克拉尔在会上发表题为《论第三世界的革命解放运动与大都市中的抗议运动之间的关

---

① Görlich, Christopher, *Die 68er in Berlin. Schauplätze und Ereignisse*, Berlin：Homilius K. Verlag, 2002, S. 144.

系》（*Zusammenhang zwischen revolutionären Befreiungsbewegungen in den Ländern der Dritten Welt und den Protestbewegungen in den Metropolen*）的讲话。会后，杜切克企图带领学生游行队伍包围美国驻法兰克福总领馆，以期对美国和联邦德国当局"施加更大的政治压力"[①]。在这次宣讲会的推动下，1968 年 2 月 17—18 日，德国社会主义大学生联盟及其他左派大学生政治团体还联合发起了反对越南战争国际大会。杜切克在会上发表题为《同志们，我们的时间不多了！》的演讲，指出越南的形势正逐渐恶化，与会者必须发挥自身的创造力，果断而多方面地发动群众，才能与越南革命者共同期待取得最后的胜利。[②]

1968 年 2 月 29 日晚，超过 6000 名示威者在法兰克福市内举行示威活动，要求"结束在越南的战争"。国际教会委员会主席马丁·尼默勒（Martin Niemöller）发表演说，认为"美国不可能在越南取得胜利"，波恩的"大联合政府"必须认识到，院外抗议运动的参与者根本不相信任何"沉默是公民义务"的说法。来自西柏林的政治学家艾克哈德·克里蓬道夫（Ekkehard Krippendorf）则强调，学生示威主要不是为了反对美国，而是为了和马丁·路德·金等其他美国国内反对越战的人更接近。在集会人群的压力下，当天下午为参加此次集会而被捕并有可能面临刑事处罚的杜切克最终被释放出来。[③]

其次，在 68 运动中，新左派还与大联合政府就通过《紧急状态法》的问题进行了激烈的斗争。

奥内佐格被警察打死后，警察滥用权力的行为立即在大学生中引起

① Kraushaar, Wolfgang（Hrsg.），*Frankfurter Schule und Studentenbewegung*，*Von der Flaschenpost zum Molotowcocktail 1946 bis 1995*，Band 1，*Chronik*，Hamburg：Rogner & Bernhard GmbH，1998，S. 294–295.

② Dutchke, Rudi，"Genossen! Wir haben nicht mehr viel Zeit！" in Kraushaar, Wolfgang（Hrsg.），*Frankfurter Schule und Studentenbewegung*，*Von der Flaschenpost zum Molotowcocktail 1946 bis 1995*，Band 2，*Dokumente*，Nr. 186，Hamburg: Rogner & Bernhard GmbH，1998，S. 344.

③ Kraushaar, Wolfgang（Hrsg.），*Frankfurter Schule und Studentenbewegung*，*Von der Flaschenpost zum Molotowcocktail 1946 bis 1995*，Band 1，*Chronik*，Hamburg：Rogner & Bernhard GmbH，1998，S. 299.

　　了极大的愤慨。左翼学生们决定不能将此事件看成是一个个别事件，而是将其作为反对《紧急状态法》的重要理由。1967 年 6 月 8 日抗议运动的组织者声称，巴列维访问期间的警察手段，尤其是 2 日的西柏林的流血事件清楚表明，他们受到了谋划中的《紧急状态法》的威胁。6 月 27 日，法兰克福大学的左派学生再次号召举行反对《紧急状态法》的游行活动。11 月 16 日德国社会主义大学生联盟还散发传单，希望学生对法兰克福大学政治哲学教授卡罗·施密特（Carlo Schmidt）的讲座发起占领活动。"作为大学教师的他反对大学生的民主，作为大联合政府部长的他则支持《紧急状态法》。"①后来，激进的学生们果然在施密特教授讲座时开展了有关占领教室和《紧急状态法》辩论活动，有几个德国社会主义大学生联盟的成员还因此被告上了法庭。②学生们还指出，校长不允许学生打扰施密特教授讲座的要求是对言论自由的践踏。③

　　在联邦议院对《紧急状态法》进行"三读"和"终读"讨论之前，左翼大学生于 1968 年 5 月 11 日又在西柏林召集了大规模示威游行。"民主的紧急状态"理事会组织了"向波恩进军"（Sternmarssh auf Bonn）和其他一系列抗议活动。数千人按照既定计划参加了示威游行活动。活动结束时，德国社会主义大学生联盟主席和工会领导人都发表了反对通过《紧急状态法》的演讲。但是，工会其实并没有在反对《紧急状态法》这一问题上采取和学生一样强硬的立场。他们同一天在多特蒙德组织了一次单独的示威行动。而且，在游行示威结束后，工会又拒绝了学生组织实行总罢工的要求。激进的左派大学生们非常生气，于是决定自己发动占领课堂活动

---

　　① SDS, "Das Manifest der Hochschulen gegen Notstandsgesetze beginnt（Flugblatt Anruf zur Teilnahme an Go-in in die Vorlesung von Carlo Schimdt am 20. November, 1967）," in *Archivalische Sammlung Ronny Loewy, Akt SDS Frankfurt 1966 – 1970*, Archiv des Instituts für Sozialforschung, 1970.

　　② Marcuse, Herbert, "Nachwort zu: Walter Benjamine, Zur Kritik der Gewalt und andere Aufsätz," in Kraushaar, Wolfgang（Hrsg.）, *Frankfurter Schule und Studentenbewegung, Von der Flaschenpost zum Molotowcocktail 1946 bis 1995, Band 2, Dokumente*, Nr. 95, Hamburg: Rogner & Bernhard GmbH, 1998, S. 166.

　　③ Becher, Egon u. a., "Zur Richtigen Gebrauch der Bergriff," in Kraushaar, Wolfgang（Hrsg.）, *Frankfurter Schule und Studentenbewegung, Von der Flaschenpost zum Molotowcocktail 1946 bis 1995, Band 2, Dokumente*, Nr. 169, Hamburg: Rogner & Bernhard GmbH, 1998, S. 322.

来抗议《紧急状态法》。5 月 15 日联邦议院对《紧急状态法》进行三读时，法兰克福的学生又在 1848 年革命时期召开第一届德意志邦联议会的地方举行了集会示威。激进学生领袖克拉尔号召让大学成为反对《紧急状态法》的行动中心。[①]　虽然工人也上街声援学生，但这些抗议活动却阻止不了《紧急状态法》在 5 月 30 日正式被联邦议院通过。[②]　此后，新左派与工人及其他左翼派别的合作难以为继，曾经风光一时的反《紧急状态法》斗争也就此消沉。1968 年 8 月，"民主的紧急状态"理事会最终宣告解散。

再次，反对施普林格出版集团的斗争（Anti-Springer-Kampagne）。

反对右翼出版巨头施普林格集团的斗争也是 68 运动的重要组成部分。在 68 运动期间，出版巨头施普林格对新左派等左翼大学生政治团体采取敌视态度，因此而激起了后者的强烈不满和抗议。

1967 年 10 月 14 日，左翼大学生们在法兰克福书展上通过散发传单、撕毁杂志等方式抗议施普林格出版社。14—15 日"德国社会主义独立（中）学生行动中心"（Aktionzentrums unabhägiger und sozialistischer Schüler，简称 AUSS）在第二次代表大会上对施普林格出版社的"暴力"提出批判并要求没收其财产。第二天，德国社会主义大学生联盟也在汉堡的施普林格出版大楼前举行抗议活动。联盟领导人对施普林格的垄断经营行为给予了强烈谴责，并认为媒体垄断是反民主的，因此应该没收施普林格的财产。示威者数次遭到警察和官员的驱逐和批评。德国社会主义大学生联盟的示威行动得到了当地高校学生代表大会（Konvent）的支持。"我们提倡非暴力行动，在这一前提下尽可能地去做吧！"学生们的激进行为遭到了校方和当局的弹压。1968 年 2 月 8 日，西柏林自由大学宣布禁止学生参加有关施普林格的占领活动。2 月 15 日，联邦德国内政部长保罗·吕克（Paul Lücke）也在《世界报》（Die Welt）上发表谈

---

①　Kraushaar, Wolfgang（Hrsg.），*Frankfurter Schule und Studentenbewegung*，*Von der Flaschenpost zum Molotowcocktail 1946 bis 1995*，*Band 1*，*Chronik*，Hamburg：Rogner & Bernhard GmbH，1998，S. 320 – 321，325.

②　Roth，Roland，& Rucht，Dieter（Hrsg.），*Die sozialen Bewegungen in Deutschland seit 1945*，Frankfurt a. M.：Campus，2008，S. 428.

话认为，如果有那么一天，执法或司法机关无法控制个别捣乱分子的话，内政部将毫不犹豫地坚决取缔德国社会主义大学生联盟。①

1968 年 4 月 11 日的"杜切克被刺事件"② 让反施普林格出版集团的斗争发展到了一个新的高潮。当时，许多城市都爆发了阻碍该集团出版物邮寄和运输的行动。在西柏林，刺杀事件发生后不久学生们就举行集会商讨袭击施普林格出版集团驻该地办事处的问题。当晚有 2000 名学生包围了施普林格的办公大楼。③ 几十名学生冲进出版集团大楼内，但之后又主动撤了出来。在警察介入后，学生们又烧毁了多辆该集团的运输车辆并阻塞了通道。5 天之内，共有 5 万多人参加了抵制该集团出版发行的活动。有 827 人受到了法院的控告。在慕尼黑，学生们也发动了类似的攻击施普林格旗下《图片报》编辑部的活动。第二天复活节假期时，参加运动的人数达 35 万，多地发生暴力冲突及伤亡事件。此次事件不仅是反施普林格出版集团斗争的高潮，也是整个 68 运动的斗争高潮。④ 如此大规模的非法暴力抗议引起了当局和社会各界的忧虑和不满。1968 年秋季假期结束后，为声援被施普林格以占领和损害其财产为罪名而告上法庭的霍斯特·马勒（Horst Mahler），德国社会主义大学生联盟发出集会号召，但只得到了 1000 名学生的响应。

在"反施普林格斗争"的高潮过后，新左派很快放弃了在社会中争取同盟者的做法，重新开始了校园占领活动。但是，此时的德国社会主义大学生联盟却遇到了更多的困难。一方面，占领行动被视为是激进的非法行为，甚至法兰克福学派也对此难以接受；另一方面，在某些街头

---

① Kraushaar, Wolfgang (Hrsg.), *Frankfurter Schule und Studentenbewegung*, *Von der Flaschenpost zum Molotowcocktail 1946 bis 1995*, *Band 1*, *Chronik*, Hamburg: Rogner & Bernhard GmbH, 1998, S. 273 – 275, 296 – 297.

② 1968 年 4 月 1 日，新左派学生运动领袖杜切克遭到反对者的刺杀，伤势严重。这一事件进一步激起了左翼大学生群体的不满和抗议。

③ Kraushaar, Wolfgang (Hrsg.), *Frankfurter Schule und Studentenbewegung*, *Von der Flaschenpost zum Molotowcocktail 1946 bis 1995*, *Band 1*, *Chronik*, Hamburg: Rogner & Bernhard GmbH, 1998, S. 304 – 305.

④ Roth, Roland, & Rucht, Dieter (Hrsg.), *Die sozialen Bewegungen in Deutschland seit 1945*, Frankfurt a. M.: Campus, 2008, S. 428.

暴力行动取得胜利之后，提倡非暴力原则的德国社会主义大学生联盟也面临着学生中暴力分子的挑战。再加上新左派内部在手段、战略和组织等方面存在巨大的分歧，它从 1968 年冬季之后便再也无法发起大规模抗议。1970 年，德国社会主义大学生联盟自行宣布解散。

从总体上看，联邦德国新左派所领导的 68 运动主要具有如下特征：首先，这场运动中虽然存在不同斗争，但这些斗争都是以反对晚期资本主义国家（Spätkapitalis）的威权统治为政治目标的；其次，在这场斗争中，不存在统一的领导机构，各地的新左派及其他左翼大学生政治团体都基本处于自治的状态；最后，在斗争风格上，新左派及其他左翼大学生政治团体较多地采用了集会、示威、游行、占领等非法手段，甚至有时候大学生们也采取了暴力对抗的方式来实现自己的目标。在 68 运动中，除了本节所介绍的几类斗争外，左派大学生还重点进行了争取高校治理变革的斗争。关于这场斗争的详情将放在本书第三章中进行论述。

第二节 68 运动后新社会运动的分化及演进

68 运动开启了联邦德国新社会运动的大幕。在此之后，新社会运动开始向不同的方向发展。而其中最重要的两个分支，便是新环境运动和新妇女运动。

一 新环境运动的演进：以政治生态运动为核心

新环境运动又称第二次环境运动（zweite Umweltbewegung）、现代环境运动（moderne Umweltbewegung）。[①] 因指导思想的缘故，这场运动在联邦德国还被称为"生态的运动"（ökologische Bewegung）或"生态运

---

① "环境"（Umwelt）一词在德语中不是从来就有的，而是由生态学家雅各布·冯·于格斯屈尔（Jakob von Uexkull）创造的。参见：Nehring, Holger, "Politics and the 'Environment' in Twentieth-century Germany," in *Essay Review*, (2006) 44, S. 353. 直到 20 世纪 70 年代，"环境"一词才逐渐为广大德国民众所熟悉，成为一个包含的范围比自然（Natur）大很多的重要的社会和政治概念。

动"（Ökologiebewegung）。① 正是在后物质主义生态理念的指导下，历史上拥有悠久环保传统的联邦德国于 20 世纪 60 年代末、70 年代初形成了实用主义的全国统一环保政策，并在此推动下发展出以政治生态运动为代表的新环境运动。1973 年石油危机之后，官方的实用主义环保政策推进迟缓，而由左翼环保公民动议领导和推动的政治生态运动则呈蓬勃发展之势。

1. 通往新环境运动之路：从自然—家园保护运动到政治生态运动

20 世纪 70 年代初，随着生态主义的传播，拥有悠久环境运动传统的联邦德国在体制内实用主义环保政策的推动下发展出了由左翼环保公民动议发动和领导的政治生态运动。而这种政治生态运动的兴起，则标志着联邦德国新环境运动的形成。

德国的环境运动传统源远流长。早在 19 世纪晚期的德意志帝国时期，由于快速工业化带来了对自然景观的破坏，一些资产阶级知识分子就发起了有组织的自然保护（Naturschutz）运动。② 如音乐家和作家恩斯特·鲁多夫（Ernst Rudorff）曾按照所谓的美学理念，建立了德国历史上最早的自然保护组织"德国家园保护联盟"（Deutscher Bund Heimatschutz）。③

一战后，出于凝聚民族、鼓舞士气的需求，④ 带有右翼保守主义色彩且重视"家园"多于自然的"自然—家园保护"运动发展迅速。纳粹党

---

① 参见：Hertle, W., "Skizze der französischen Ökologiebewegung," in *Gewaltfreie Aktion*, 26 –27/1975 –1976, S. 41.

② Schultze-Naumburg, Paul, "*Vorwort*" in Ernst Rudorff, *Heimatschutz. Im Auftrag des Deutschen Bundes für Heimatschutz neu bearbeitet*, Berlin-Lichterfelde, 1929 (reprint, originally 1897), S. 8 –10.

③ 最早的家园保护组织分别于1901年和1902年在下萨克森州和巴伐利亚州成立。组织的历史参见 "Der Deutsche Bund Heimatschutz und seine Landesvereine," in Gesellschaft der Freunde des deutschen Heimatschutzes (Hrsg.), *Der deutsche Heimatschutz: Ein Rückblick und Ausblick*, München: Kastner & Callwey, 1930, S. 187 – 204; Andreas Knaut, "Ernst Rudorff und die Anfange der deutschen Heimatbewegung," in Klueting, Irmgard, *Atimodemismus und Reform. Zur Geschichte der deutschen Heimatbewegung*, Darmstadt: Wiss. Buchges., 1991, S. 20 –49.

④ Dominick Ⅲ, Raymond H., *The Environmental Movement in Germany: Prophetsand Pioneers 1871 – 1971*, Bloominton; Indianapolis: Indiana University Press, 1992.

崛起后，这场运动的参与者迅速投入了它的怀抱。① 1933 年希特勒夺取政权后，德国自然保护组织一致投票同意将自己并入新的帝国人民财产与家园联盟（Reichsbund für Volkstum und Heimat）。自然资源保护者还一度在纳粹的自然资源保护机构中担任要职。在帝国林业部长赫尔曼·戈林（Hermann Goering）的领导下，纳粹德国不仅成立了一个中央自然保护部门，而且还于 1935 年通过了德国历史上的第一部国家自然保护法，将珍稀植物、动物、自然遗迹和先前建立的自然保护区都置于国家的保护下。②

二战之后，以治理某种环境污染问题为目的的左翼环保运动又逐渐发展起来。其中最著名的当属 1949—1962 年间由鲁尔地方利益集团、市民组织和市政当局共同发动的大气保护运动。这场运动的内容主要包括：

首先，鲁尔煤矿区居民联合会（Siedlungsverband Ruhrkohlenbezirk，简称 SVR）坚定地要求通过立法改善鲁尔区的大气污染状况。1952 年 8 月 27 日，鲁尔煤矿区居民联合会主席施图尔姆·克格尔（Sturm Kegel）在《西德汇报》（Westdeutsche Allgemeines）上公布了一份要求在鲁尔所属的北莱茵—威斯特伐伦州（Nordrhein-Westfalen，下文简称北威州）引入大气质量法规的报告。同年 10 月 10 日，克格尔又在鲁尔煤矿区居民联合会理事会上正式提出"工业区大气污染治理"法案。③

其次，1949—1962 年，许多鲁尔市民组织，如杜伊斯堡（Duisburg）的市民联合会（Bürgervereine），也对大气环境问题给予了高度的关注。这种民间的自发运动在 1956—1957 年后渐入高潮。例如，在 1957 年 1 月 9 日杜塞尔多夫市民联合会上，"市政当局备受质疑——他们与大工业同流合污反对受苦的人民；在这里，发言人号召反对大气污染的民众暴

---

① Schoenichen, Walther, "Das deutsche Volk muss gereinigt werden. Und die deutsche Landschaft?" In *Naturschutz*, 14. Jahrgang, Heft 11, 1933, S. 205.

② Weber, Werner, *Der Schutz der Landschaft nach dem Reichsnaturschutzgesetz: Vorträge auf der Ersten Reichstagung für Naturschutz in Berlin am 14. November 1936*, Berlin: Neumann, 1937, S. 42.

③ Reiner Weichelt, "Die Entwickelung der Umweltschutzpolitik im Ruhrgebiet am Beispiel der Luftreinhaltung, 1949 – 1962," in Bovermann, Rainer (Hrsg.), *Das Ruhrgebiet-Ein Starkes Stück Nordrhein-Westfalen*, *Politik in der Region*, *1946 – 1996*, Essen: Klartext Verlag, 1996, S. 489.

动；在这里发出了关键性的呼声：'都市上的阴霾夺走了我们的健康！'"① 在鲁尔地方市民联合会的推动下，联邦市民联合会也于 1958 年 4 月 22 日向联邦议院建议，采取明确的法律手段治理大气污染。

最后，在此期间，鲁尔区的某些市政当局和专业科研机构还展开了一系列科学调查。这些调查不仅有力地证明了鲁尔区大气污染的严重性，还确认了大气污染与居民健康之间的联系。如奥博豪森（Oberhausen）市卫生局协同盖尔森基兴（Gelsenkirchen）健康研究所曾于 1957 年夏至 1958 年秋进行了一次对矿区居民健康状况和生活质量的调查。这次调查以铁的事实表明，鲁尔工业区的大气污染对当地居民健康的危害是不容否认的。"长期以来关于大气污染是否有害健康的争执终于有了定论：鲁尔区的孩子与其他地区的同龄人相比，身材矮小，体重较轻，且常常患有佝偻病。"②

在大气保护运动的推动下，鲁尔的空气污染问题引起了联邦德国政界的普遍关注。1961 年 4 月 28 日，后来成为联邦德国总理的勃兰特发表了著名的题为"鲁尔的天空必须再度湛蓝"的演说："持续的调查结果显示，大气、水污染与白血病、癌症、佝偻病和血象变化有着密切的联系。这甚至在孩子身上就能确认。令人震惊的是，这么一个与千百万人息息相关的全局性工作直到今天为止还未能全面展开。"③

与此同时，1949—1962 年鲁尔大气保护运动还促进了联邦德国带有生态主义色彩的环保原则的形成。例如，"问责原则"（Verursacherprinzip）的产生就与鲁尔大气保护运动有关。所谓"问责原则"，就是"谁污染谁治理"的原则。在二战前出现的"工业保护区"原则下，鲁尔居民也必须分担治理大气污染的费用。但这种观念在 1949—1962 年的鲁尔区大

---

① Reiner Weichelt, "Die Entwickelung der Umweltschutzpolitik im Ruhrgebiet am Beispiel der Luftreinhaltung, 1949 – 1962," in Bovermann, Bracher Rainer（Hrsg.）, *Das Ruhrgebiet-Ein Starkes Stück Nordrhein-Westfalen*, *Politik in der Region*, *1946 – 1996*, Essen: Klartext Verlag, 1996, S. 493.

② Franz-Josef Brüggmeier, Thomas Rommelspacher, "Umwelt," in Köllmann, Wolfgang （Hrsg）, *Das Ruhrgebiet im Industriezeitalter Geschichte und Entwickelung*, Band 2, Düsseldorf: Patmos Verlag GmbH, 1990, S. 550.

③ "Ruhr Luft-Reinigung, Zu blauen Himmel," in *Der Spiegel*, 1961（33）, S. 25.

气保护运动中遭到反对和否定。因此，1962 年北威州《大气污染治理法》明确规定，"对本企业内外部设备进行审查计算的成本……由企业负担"①。与生态主义相符的问责原则后来被联邦德国确立为实施环境治理的主要原则之一。

从 20 世纪 60 年代末期开始，在鲁尔大气保护运动的推动下，受生态主义价值观影响的社民党总理维利·勃兰特，开始在全国范围内推进实用主义环保政策：

其一，1971 年，联邦政府制定了历史上首个环境规划，对"环境政策"（Umweltpolitik）做出了明确的界定。"规划"按照生态主义原则，要求采取一切必要的措施，保护人类赖以生存的健康环境，防止土壤、空气、水以及动植物受到人类的侵害，并消除已造成的伤害或不良后果。同时，提出了环境治理的三大具体原则；② 其二，初步实现国家环境治理的制度化。1972 年联邦内政部设立了专门为联邦政府制定环境政策提供科学建议的环境问题常设委员会（Rat von Sachverständigen für Umweltfragen）。1974 年，国家环境治理的业务主管部门联邦环境署（Umweltbundesamt）成立；其三，出台了一系列环保法规，如 1971 年的《飞机噪音法》（Fluglärmgesetz）、1972 年的《垃圾处理法》（Abfallbeseitigungsgesetz）及 1974 年的《联邦大气污染防治法》（Bundes-Immissionsschutzgesetz）。

除了勃兰特政府的推动之外，许多体制内相关的社会组织此时也十分关注环境议题并支持在全国范围内推行环境保护政策。如在 1969—1970 年年度报告中，德国工业联合会（Bundesverband der Deutschen Industrie，简称 BDI）就提出了自己的环保政策。德国工商业大会（Deutscher Industrie-und Handelskammertag，简称 DIHT）在 1972 年也建立了环境保护工作组（Arbeitskreis für Umweltschutz）。之所以经济界在这

---

① "Gesetz zum Schutz vor Luftereinigung Geräuschen, Erschütterung——Immissionsschutzgesetz（ImschG），" in Landesregierung Nordrhein-Westfalen（Hrsg.），*Gesetz-und Verordnungsblätter，1962*，Düsseldorf：August Bagel Verlag，1962，S. 226.

② 岳伟：《1949—1962 年的鲁尔大气保护运动及其对联邦德国环境治理的影响》，《历史教学问题》2016 年第 5 期。

一时期对环保采取支持态度，主要是它们此时还未预料到环保的巨额成本。体制内实用主义环保政策的发展，尤其是全国统一环境政策的形成和官方对生态主义环境治理原则的引入，不仅体现了当时联邦德国全社会环保意识的提高和环保热情的高涨，而且还为政治生态运动的产生提供了较为宽松的政治环境。"像德国这样的稳定下来的老左派……可以成为新社会运动的盟友。"[1]

正是在这一背景下，作为新环境运动代表的政治生态运动登上了历史舞台。与传统环境运动相比，政治生态运动是一场企图以生态主义重塑国家治理体制和社会秩序的"乌托邦"式的社会政治运动。

2. 政治生态运动的发展演变

"公民动议为新环境运动打造了基础。"[2] 20 世纪 70 年代初期，主要由新左派分化而来的左翼环保公民动议在联邦德国发展迅速。到 1972 年时，十五个环保公民动议小组在法兰克福成立了环保公民动议联盟（Bundesverbandes Büergerinitiativen Umweltschutz e. V，简写为 BBU），来自改善环境行动联合会（Aktion zur Umweltverbesserung e. V）、地球之友协会（Freunde der Erde）、生物保护联盟（Bund für Lebensschutz）、世界生物保护联盟（Weltbund zum Schutz des Lebens, e. V.）等组织的成员共同组成了联盟理事会。环保公民动议联盟的主要任务是向公众阐明环境保护的意义，影响行政机构及议会的决策，并在各公民动议小组中扮演协调者和交流者的角色。"一方面消除工业界和行政部门令人震惊的误解，另一方面发挥超越单个公民动议组织的影响力。"[3] 环保公民动议联盟积极支持同类型公民动议的发展，在一定程度上起到院外环保集团的作用。

① Kriesi, H., Koopmans, R., Duyvendak, J. W., & Giugni, M. G., *New Social Movements in Western Europe: A Comparative Analysis*, Minneapolis: University of Minnesota Press, 1995, p. 56.

② Hübner Huber, Joseph, *Allgemeine Umweltsoziologie*, Wiesbaden: VS Verl. für Sozialwiss., 2011, S. 122.

③ Rieder, B., *Der Bundesverband Bürgerinitiativen Umweltschutz. Geschichte, Struktur und Aktionsformen einer Dachorganisation der Ökologiebewegung*, Staatsexamensarbeit, Berlin, 1980, S. 23.

20 世纪 70 年代初，左翼环保公民动议在政治生态运动中首要关注的议题是如何阻止危害环境的交通设施的修建。如号称最早的公民动议"莱茵河堤岸保护联盟"（Der Verein zum Schutze des Rheinufers）曾发起反对路桥建设破坏莱茵河生态的大型抗议宣传活动。抗议行动不仅得到了不计其数的环保公民动议和德意志建筑师联盟（Bund Deutscher Architekten）的支持，还引起了地方和联邦政府的高度关注。在公民动议及其他组织的共同压力下，地方交通主管部门开始重新制定规划方案。[1] 与此同时，以"马克西近郊行动组织"（Aktion Maxvorstadt）为代表的慕尼黑公民动议小组也进行了反对修建公路的斗争。为了向市政府施加压力，这些公民动议采取以下多种形式的斗争来展现以汽车、公路为导向建设城市对环境的危害，如印刷并分发自己的传单和布告；组织集会示威活动；举办展览，与媒体合作；影响市长和市议会的选举；参加听证会等。[2]

进入 1974 年之后，70 年代初期联邦德国全社会一致推进环保的情况发生了改变。从客观上说，这主要是因为 1973 年石油危机的爆发，不仅让公众感受到了罗马俱乐部所说的能源枯竭的灾难场景，而且还让西方扭转经济衰退的压力骤增。从主观上看，则主要是因为，在勃兰特因间谍丑闻突然下台后，新上任的联邦总理赫尔穆特·施密特将保证能源安全和经济发展放在了国家战略的首要位置。而且国家的这一战略还得到了工会和经济界的支持。尤其是能源、化工、造纸、汽车等行业的工会和大企业害怕环境治理会影响自己的利益。[3] "对政府、经济界和工会来说，环保会危害就业。"[4] 随着官方在环保立场上的不断退缩，联邦德国

① Engels, Jens, *Naturpolitik in der Bundesrepublik: Ideenwelt und politische Verhaltensstile in Naturschutz und Umweltbewegung, 1950 – 1980*, Parderborn: Schöningh, 2006, S. 341 – 342.

② Esser, Stefan, "Maxvorstadt-Bewohner attackieren Stadtverwaltung," *Münchner Merkur*, November 2, 1972.

③ Huber, Joseph, *Allgemeine Umweltsoziologie*, Wiesbaden: VS Verl. für Sozialwiss., 2011, S. 125.

④ Roth, Roland, & Rucht, Dieter (Hrsg.), *Die sozialen Bewegungen in Deutschland seit 1945*, Frankfurt a. M.: Campus, 2008, S. 225.

的政治生态运动在 1974 年之后也进入一个新的发展阶段。

环保公民动议小组和体制外其他生态主义组织的蓬勃发展，是这一时期联邦德国政治生态运动迅速推进的主要标志之一。

进入 20 世纪 70 年代中期后，环保公民动议的关注焦点和行动领域都呈现出更加多样化的特征。根据 1977 年的调查，在 331 个联邦德国公民动议中，关注并活跃于能源、交通运输、景观保护等领域的分别有 40%、33% 和 32%，关注并活跃于城市规划与工业领域的也分别有 23% 和 19%。此外，垃圾管理、化学药品使用和有机农业、水污染、大气污染、噪声污染、军事设施污染等也都是公民动议关注和活跃的领域。[①]

与此同时，环保公民动议的反体制自治性也得到了进一步加强。1978 年时，环保公民动议联盟将公民动议运动的目标界定为："地球应该是所有生命的家园，世界也是如此。要消除恐惧、强迫和贫困，摒弃等级体系。"与传统的自然保护组织相比，公民动议缺少科层官僚结构和正式的组织规则。在公民动议当中，人人地位平等，权力相当，最新成立的动议甚至连固定的成员都没有。[②]

除了环保公民动议继续发展外，此时联邦德国还出现一些体制外的生态主义科研机构。与传统的自然—家园运动不同，新环境运动是一场基于科学思想的运动。因此，那些受生态主义理念影响的"对立"专家和"对立"科研机构在这场运动中发挥了重要的作用。通过科学研究结论，这些专家和研究单位不仅让民众更加信服生态主义理念，而且也推动了大企业对环保的重视。1977 年，位于弗莱堡的生态研究所（Öko-Institut）正式建立。它是之后一系列独立环境研究所的先驱，是"对立"专家们发挥作用的平台。与此同时，在英国激进技术运动和"选择性"技术中心的示范作用下，柏林理工大学也建立了"选择性技术跨学科工

---

① Engelke, Peter, *Green City Origins: Democratic Resistance to the Auto-oriented City in the West Germany, 1960 - 1990*, Washington, D. C. : Georgetown University Press, 2001, p. 142.

② Roth, Roland, & Rucht, Dieter (Hrsg.), *Die sozialen Bewegungen in Deutschland seit 1945*, Frankfurt a. M. : Campus, 2008, S. 378 - 379.

作组"（Interdiszipläre Projektgruppe Alternative Technologie）。[1]

进入 1973 年后，环保公民动议推动政治生态运动向着选择运动的方向发展，这意味着它不仅构建出了对"选择性"生活方式的认同，还强调与现有体制的对立。在这一时期的政治生态运动中，环保公民动议首要关注的是核电站风险问题。[2] 但鉴于本书将在第四章对反核能运动集中展开论述，所以笔者在此仅以反对汽车交通的斗争为例，来说明这一时期政治生态运动发展的情况。

交通是这一时期环保公民动议继核能之后第二个最关注的议题。由于汽车既是大气污染的主要来源，也是战后西德经济和技术发达的象征，所以它也成为左翼环保公民动议批判的主要对象之一。许多环保公民动议在 20 世纪 70 年代后期都将斗争的矛头指向了全德汽车俱乐部（Allgemeiner Deutscher Automobilclub，简称 ADAC）"对资源无意义的浪费和对下一代的不负责任"的交通政策。公民动议认为，汽车不仅会在废气、噪声、事故等方面给居民带来危害，而且它在城市规划中所具有的优先权，会让其他交通方式长期不受重视。因此，公民动议大力推广自行车旅行，试图借此让人们形成健康、环保的出行习惯和文化氛围。

环保公民动议还将反对汽车交通与社会平等结合起来。它们认为，个人交通的暴力是一种恐怖主义，汽车生产是杀人的交易。汽车交通的牺牲者主要是老人、儿童、妇女、穷人、步行者和自行车骑行者。开汽车是精英主义的体现，因此必须为争取平等的公路使用权而斗争。公民动议还对汽车驾驶员的粗鲁行为进行了批判。鲁尔区哈姆市的公民动议"绿色哈姆"在一份传单中写着："注意！司机，你们是用轮子行动的！"公民动议的成员要求哈姆市加强泊车收费，并将收来的钱补贴给行人和骑自行车的人。在汉诺威，斗争甚至体现出了激进的左翼阶级斗争的色

---

① Huber, Joseph, *Allgemeine Umweltsoziologie*, Wiesbaden: VS Verl. für Sozialwiss., 2011, S. 127, 123 – 124.

② Markham, William T., "Networking Local Environmental Groups in Germany: The Rise and Fall of the Federal Alliance of Citizens' Initiatives for Environmental Protection (BBU)," in *Environmental Politics*, Vol. 14, No. 5, November 2005, p. 673.

彩。该市的环保公民动议每年都要举行堵塞城市交通的自行车集会活动。① 总之，对许多左翼公民动议来说，汽车不仅是一种危害环境的交通方式，更是保守主义精英统治的象征。

除了反对汽车交通的斗争之外，这一时期左翼环保公民动议还进行了许多其他斗争。如卡尔斯鲁厄和汉诺威的公民动议主要关注的是工业排放等议题。不过，随着 20 世纪 80 年代初期绿党的崛起，以政治生态运动为代表的联邦德国新环境运动也开始走上了体制化的发展道路。绿党通过参与州与联邦议会的选举，一步一步扩大自己的影响力。在 1983 年时，它成功获得联邦议院的合法席位，成为联邦德国第四大党。② 绿党的发展将环境问题提升到了一个新的政治高度，联邦德国政坛的绿化也得到了进一步加深。在绿党成功地进入联邦议院之后，联邦德国的新环境运动也逐渐融入了国家治理体系当中。

二 新妇女运动的演进：以女性在私人领域争取权益的斗争为核心

20 世纪 70 年代，联邦德国出现了明显异于工业时代传统妇女运动的"新妇女运动"（Die Neue Frauenbewegung，又称第二次妇女运动浪潮）。如其他西方国家一样，萌生于 68 运动的联邦德国新妇女运动，也带有明显的公民权利运动和选择运动（Bürgerrechts-und Alternativbewegungen）的特点。

新妇女运动期间，各类女性主义者都重点致力于在性、身体、家庭等私人领域为广大妇女争取权益和地位。新妇女运动的首要诉求就是要让女性在私人领域获得话语权，可以自己"有权定义性、身体以及生育、母亲等"概念。因此，以家庭、生育和性为代表的私人问题，是新妇女

---

① Engels, Jens, *Naturpolitik in der Bundesrepublik*: *Ideenwelt und politische Verhaltensstile in Naturschutz und Umweltbewegung*, *1950 – 1980*, Parderborn: Schöningh, 2006, S. 384 – 386.

② Eley, Geoff, *Forging Democracy*: *The History of the Left in Europe*, *1850 – 2000*, Oxford; New York: Oxford University Press, 2002, p. 421.

运动关注的焦点。① 而为女性在私人领域争取权利的斗争，也成为这场运动中具有典型代表性的斗争。

1. 新妇女运动的形成：女性主义者对私人领域的关注

联邦德国新妇女运动的形成，与 68 运动后女性主义者关注私人领域的妇女解放问题有着直接的关系。

在工业革命后的第一次妇女运动浪潮中，无论是代表资产阶级利益和意识形态的自由主义妇女运动，还是代表无产阶级利益和意识形态的马克思主义妇女运动，都是将政治、经济和文化教育方面的男女平等作为其核心目标的。但到了 20 世纪五六十年代，西方新一代女性主义者开始将私人领域作为分析女性问题的核心。这一时期联邦德国新妇女运动中的女性主义潮流主要有两种：一是社会主义潮流，二是激进主义潮流。在 1976 年《妇女年鉴》（*Frauenjahrbuch*）中，明确将新妇女运动分为"左派"和"激进主义"两个潮流。区分的标志是反资本主义和反男权主义哪个优先。这两派都是在 68 运动后随着女性参与抗议的不断增多而发展起来的。② 社会主义潮流的代表包括西柏林社会主义妇女联盟（Sozialistischen Frauenbund Westberlins）和慕尼黑社会主义妇女组织等。而激进主义潮流的代表则主要是爱丽丝·施瓦茨。

联邦德国社会主义女性主义者虽然仍以反对资本主义为首要目标，但她们在其他西方国家女性主义思想的影响下，也关注到了女性在家庭等私人领域受到剥削和压迫的事实。

一方面，她们坚持以马克思主义作为指导女性反抗的基本理论，重新发现和宣扬传统马克思主义理论中的妇女解放学说，并将关注的焦点更多地放在了家庭等私人领域。

在 19 世纪晚期，女性社会主义者强调和同志们团结起来与资本主义

---

① Lenz, Ilse, *Die Neue Frauenbewegung in Deutschland: Abschied vom kleinen Unterschied, Eine Quellensammlung*, Wiesbaden: VS Verlag für Sozialwissenschaften, 2010, S. 97 – 98.

② Zellmer, Elisabeth, *Töchter der Revolte? Frauenbewegung und Feminismus der 1970er Jahre in München*, München: Oldenbourg Verlag, 2011, S. 203.

展开斗争，她们将自己和丈夫归入同一个阶级。虽然此时的马克思主义理论家，尤其是恩格斯和奥古斯特·倍倍尔（August Bebel）已经明确了妇女对其丈夫的依赖性，甚至提出了两者之间存在阶级对立，但由于社民党长期专注于解决工资和贫困问题，所以这一观点一直没有引起女性社会主义者的注意。①

马克思主义在初兴的新妇女运动中有着重要的影响。20 世纪 60 年代末，新左派分化出来的社会主义女性主义者重新发现了被男性社会主义者和部分传统女性社会主义者"忽略了的恩格斯等人对妇女问题的论述"。她们相信，家庭中男性类似于资产阶级，女性类似于无产阶级，两者之间的关系则类似于对立阶级之间的支配与被支配关系。因此，社会主义女性主义者试图改变二战后联邦德国社会主义运动不注重妇女解放的现状，并要求在公共和私人领域全面实现男女平等。作为该派代表的慕尼黑社会主义妇女组织在章程中就明确表示，其目标是实现妇女在经济上的、法律上的、教育上的、社会上的平等，以及联邦德国男女两性的全面解放。为了实现这一目标，要修改法律并实现社会的根本性变革。②

另一方面，联邦德国社会主义女性主义者还认为女性在私人领域中从事人口再生产和家务劳动应该被给予报酬。

家务劳动在资本主义兴起之初就已经出现。③ 联邦德国的社会主义女性主义者认为，资本主义生产关系是双重的，一是付工资的，另外一种是无工资的；后面这一种主要是针对妇女的。在家庭外存在的是资本主义雇佣关系，在家庭这一从事人口再生产的机构中则存在男权制生产

---

① Müller, Ursula G. T., *Dem Feminismus, eine politische Heimat der Linken die Hälfte der Welt*, Wiesbaden: Springer VS, 2013, S. 132.

② Zellmer, Elisabeth, *Töchter der Revolte? Frauenbewegung und Feminismus der 1970er Jahre in München*, München: Oldenbourg Verlag, 2011, S. 129.

③ Bock, Gisela, & Duden, Barbara, *Arbeit aus Liebe-Liebe als Arbeit: zur Entstehung der Hausarbeit im Kapitalismus*, Berlin: Courage-Verlag, 1977, S. 122.

关系。① 男女绝对不属于一个阶级，几乎所有女人都在男权制下以妻子或母亲的身份从事无偿的家庭劳动。拿工资的女性也受到男性的剥削。资本主义使得男权制合法。马克思认为，人口再生产无法参与社会商品交换，很难通过人口再生产的必要劳动时间来确定其价值，因此家庭中的人口再生产是非资本主义性质的。但社会主义女性主义者却表示，家庭中人口再生产本来就与社会生产一样产生价值，马克思、恩格斯的论述是不正确的。时至今日，学界对人口再生产是否与社会生产一样仍存在不同看法。②

而以施瓦茨为代表的联邦德国激进女性主义者，也在波伏娃等人的男权制理论的影响下，重点关注了女性在身体、性等私人领域受到控制和压迫的事实：

首先，激进女性主义者认为，性别不是天生的，而是社会和文化发展的结果。性别双元主义是现代社会文化的基本认同之一。而人类也就由此被封闭在两个不同的性别群体当中。在这种两性群体的分类下，女性拥有女性的身体和性，是潜在的母亲和另外的性。双元的性别封闭群体体现在社会的性、生育和身体等各个方面。③

作为一个激进女性主义者中的"社会女性主义"（Sozialen Feminismus）者，施瓦茨认为是社会条件而不是生物特征造成的男女差异。在她看来，"人首先应该是人，其次才是在生物学上被分为男人和女人。性别不能再决定命运"。生物学意义上的母亲属于女性，但社会学意义上的母亲却是男女相同。"'男性'与'女性'不是自然的，而是文化上的。在历代人中，他们都具有新的、强迫性的认同，且这种认同带有

---

① Schröder, Hannelore, "Unbezahlte Hausarbeit, Leichtlohnarbeit, Doppelarbeit. m Zusammenhänge und Folgen," In Dokumentationsgruppe der Sommeruniversität e. V. (Hrsg.), *Frauen als bezahlte und unbezahlte Arbeitskräfte*, Beiträge zur 2. Berliner Sommeruniversität für Frauen-Oktober 1977, Berlin, S. 114.

② Nave-Herz, Rosemarie, *Die Geschichte der Frauenbewegung in Deutschland*, Opladen: Leske + Budrich, 1994, S. 80 – 82.

③ Lenz, Ilse, *Die Neue Frauenbewegung in Deutschland: Abschied vom kleinen Unterschied, Eine Quellensammlung*, Wiesbaden: VS Verlag für Sozialwissenschaften, 2010, S. 98.

统治性和征服性。不是阴茎和子宫，而是权力和无权让男人和女人有区别。""人种、阶级都没有像性别一样决定人类的生活。"①

其次，女性在男权社会中遭到了压迫，而这种压迫主要体现在身体和"性"的方面。激进女性主义者相信，妇女是男权统治体制中的他者；女性在其中所受的压迫源自历史局限性的压迫和性别统治的社会结构。她们将"性"的问题看作是社会和政治问题，认为性关系所体现的是男女之间的权力关系，要求在性与身体方面实现女性的自决。深受波伏娃影响的施瓦茨认为，女性对自己的性与身体缺乏认识和自决权。对女性的性压抑也是男权统治的一部分。同时，她还借鉴精神分析的方法，将性器官赋予社会意义。男子生殖器崇拜即为男权统治的象征。②"我的主要观点是：独立于个体的男女关系是社会统治关系。男人居于统治地位，女人居于被统治地位。权力关系通过性表现出来。统治性的性别名义和性别本身是形成这种男女权力关系的工具。"③

再次，只有在社会和文化上消除性别差异，实现性别平等，才能真正实现女性的解放。激进女性主义中的"社会女性主义"相信，实现妇女解放，依赖于女性的"自我发现与实现"、社会对女性这一"他者的接受"、消除性别分化等。④ 社会女性主义者强调，性别差异不值得称赞，它使得压迫更加难以改变。她们既要求按照《基本法》实现平等，也要求在社会和私人领域保护妇女和满足妇女的要求。施瓦茨在《妇女工作与妇女解放》一书的结论中将妇女解放的根本方法归为教育，并让

---

① Alice Schwatzer, "Der kleine Unterschied (1975)," Dok. 3. 1, Lenz, Ilse, *Die Neue Frauenbewegung in Deutschland：Abschied vom kleinen Unterschied, Eine Quellensammlung*, Wiesbaden：VS Verlag für Sozialwissenschaften, 2010, S. 112, 109 – 110.

② Lenz, Ilse, *Die Neue Frauenbewegung in Deutschland：Abschied vom kleinen Unterschied, Eine Quellensammlung*, Wiesbaden：VS Verlag für Sozialwissenschaften, 2010, S. 101.

③ Alice Schwatzer, "Der kleine Unterschied (1975)," Dok. 3. 1, Lenz, Ilse, *Die Neue Frauenbewegung in Deutschland：Abschied vom kleinen Unterschied, Eine Quellensammlung*, Wiesbaden：VS Verlag für Sozialwissenschaften, 2010, S. 112.

④ Schulz, Kristina, *Der lange Atem der Provokation：Die Frauenbewegung in der Bundesrepublik und in Frankreich 1968 – 1976*, Frankfurt a. M.：Campus, 2002, S. 224.

妇女在个人和集体两个层面展开抗争；[1] 同时她又在《微小差异》中强调，只有两性平等才能真正实现女性的解放。"几乎所有的女性都害怕丈夫的不信任……如果女人对男人的爱不再被理解为当然的义务，那男人的麻烦就大了。"[2]

为了消除女性在私人领域所受到的控制和压迫，社会主义女性主义者和激进女性主义者率先将自己的斗争矛头指向了《刑法》第218条堕胎禁令。而争取堕胎权的反218条斗争，则不仅成为引发联邦德国新妇女运动的导火索，也成为这场运动前期主要的表现形式。关于反218条斗争的详情，本书将在第五章专门展开论述。

2.70年代中期后女性主义者在私人领域争取权利的斗争

20世纪70年代中期后，新妇女运动开始向着多元化的方向。下面就以抗议对女性施暴的斗争和争取性解放的斗争为例，分析从70年代中期到80年代初期女性主义者在私人领域维权斗争的发展情况。

（1）抗议对女性施暴的斗争

抗议对女性施暴（Gegen Gewalt gegen Frauen）的斗争是新妇女运动后期女性主义者在私人领域争取权利的代表性斗争形式之一。这场斗争的目标是让广大妇女有权、有能力拒绝针对自己身体的各种暴力和骚扰。

早在1971年，英国就出现了收容受迫害妇女儿童的机构。女作家艾琳·比泽（Erin Pizzey）关注贫困已婚妇女所遭受的家暴问题。她出版的《放低尖叫声否则邻居会听见》（*Scream Quietly or the Neighbours Will Hear*）一书被翻译为德文。[3] 该书对联邦德国女性反家暴意识的觉醒和反家暴斗争的兴起产生了重要的推动作用。

在联邦德国，抗议对女性施暴的斗争，首先针对的是家庭暴力。根

---

[1]　Schulz, Kristina, *Der lange Atem der Provokation: Die Frauenbewegung in der Bundesrepublik und in Frankreich 1968 – 1976*, Frankfurt a. M. : Campus, 2002, S. 212.

[2]　Alice Schwatzer, "Der kleine Unterschied（1975），" Dok. 3.1, in Lenz, Ilse, *Die Neue Frauenbewegung in Deutschland: Abschied vom kleinen Unterschied, Eine Quellensammlung*, Wiesbaden: VS Verlag für Sozialwissenschaften, 2010, S. 110.

[3]　Zellmer, Elisabeth, *Töchter der Revolte? Frauenbewegung und Feminismus der 1970er Jahre in München*, München: Oldenbourg Verlag, 2011, S. 228 – 229.

据阿伦巴赫（Allensbach）研究所的报告，1/5 的德国妇女遭受过家庭暴力。据统计，在联邦德国，每年有 10 万到 400 万妇女受到了丈夫的虐待。[①] 妇女们不仅在身体上备受摧残，精神上也处于无助和迷茫之中。相当一部分妇女在遭受暴力后，却认为是自己做得不够。而且这些妇女也没有勇气和财力离开自己的丈夫。然而，1973 年关于强奸和性骚扰的法律改革并未将婚内情况包含其中。直到 70 年代中期时，公众对这种暴力形式仍不甚了解。对家庭内部暴力的禁忌化在一定程度上加重了这种针对妇女的暴力行为。

此后，家暴问题逐渐开始受到联邦德国媒体的关注。1976 年时，来自 40 多个国家的 2000 多名妇女在布鲁塞尔举行集会，抗议针对妇女的暴力行为。联邦德国女性就是通过媒体了解到这些集会的。自这年开始，许多左翼报刊，如《明镜周刊》《时代》《星报》（Stern）等，都对家庭暴力及女性受害者进行了调查和报道。1976 年 4 月，德国公法广播联盟（Arbeitsgemeinschaft der öffentlich-rechtlichen Rundfunkanstalten der Bundesrepublik Deutschland）一台还播出了反映妻子遭受家暴和婚内强奸情况的纪录片。[②]

随着家暴问题逐渐为广大民众所知，联邦德国女性主义者在 20 世纪 70 年代中期后也开始重点关注女性遭受暴力的问题，并将女性所遭受的这些暴力视作男权统治的产物。1977 年发表于女性主义杂志《勇气》的《恐惧是我们最大的敌人》一文指出：“强奸和暴力是针对全体女性的，是一种政治行为，苏珊妮（强奸受害者）是政治犯罪的牺牲品……在联邦德国每一刻钟就有一位女性被强奸。没有警察和法院在这种暴力面前保护我们。因为这个社会的道德准则是同情和支持针对妇女的暴力的。这种男人的道德将女人看作一种财物。每个男人都有权强奸他的老婆。”[③] 为了反对男

---

① Doormann, Lottemi, *Keiner schiebt uns weg*: *Zwischenbilanz d. Frauenbewegung in d. Bundesrepublik*, Weinheim u. a. : Beltz Verlag, 1979, S. 185.

② Zellmer, Elisabeth, *Töchter der Revolte? Frauenbewegung und Feminismus der 1970er Jahre in München*, München: Oldenbourg Verlag, 2011, S. 228 – 229.

③ Haffner, Sarra, "Die Angst ist unser schlimmster Feind（1977）," Nr. 9. 3, in Lenz, Ilse, *Die Neue Frauenbewegung in Deutschland*: *Abschied vom kleinen Unterschied*, *Eine Quellensammlung*, Wiesbaden: VS Verlag für Sozialwissenschaften, 2010, S. 295 – 296.

权对女性所施加的暴力，女性主义者在 70 年代后期主要进行了以下两方面的斗争：

一方面，积极开展街头抗议活动。例如，在 1977 年讨论反对强奸和暴力总体策略的慕尼黑妇女大会期间，西德许多城市都进行了抗议强奸、警察拷问等暴力行为的大规模示威活动。许多妇女脸上涂着各种颜色在性用品商店、广场上游荡，以表明自己不再甘做暴力牺牲品的决心。示威者贴着我是强奸犯的标签，占领报馆、成人用品商店等地。这次集会借用宗教节日，被称为"沃普尔吉斯之夜"（Walpurgisnacht）。不过，在当局的严密监视下，这次示威游行活动并没有发生大规模暴力事件。[1]

另一方面，开展自助帮扶（Selbsthilfe）活动。女性主义者主要通过妇女中心、妇女之家等自治性工程开展对遭受暴力的妇女的帮扶活动。妇女中心的成员通过引导医生与当局、联系律师、组建谈话小组、开设专门的女子防身课程等方式帮助妇女反对暴力。激进的女性主义者甚至认为法庭审判中的辩护就是男权制下男性为犯罪辩护的一种表现。[2] 自 1977 年后，慕尼黑出现了妇女紧急求助电话，以及为被强奸妇女提供咨询的工作站。通过这些所谓的性别民主化工程，女性主义者希望完善妇女的自助能力和公共活动能力，以"改善妇女在警察和法官面前的状况"。除了慕尼黑之外，其他各城市，尤其是柏林、不莱梅、法兰克福、汉堡、萨尔布吕肯、斯图加特的妇女中心和妇女工程（Frauenprojekt）也都有了较快的发展。[3]

进入 20 世纪 80 年代后，有更多证据证明了男性暴力对女性身体的伤害，更多知识分子加入抗议针对女性暴力的斗争中。公众此时所关注的，已不再仅仅是家暴问题，而是反对性暴力、保护女性在公共场合免

---

[1]　Zellmer, Elisabeth, *Töchter der Revolte? Frauenbewegung und Feminismus der 1970er Jahre in München*, München: Oldenbourg Verlag, 2011, S. 232 – 234.

[2]　Lenz, Ilse, *Die Neue Frauenbewegung in Deutschland: Abschied vom kleinen Unterschied, Eine Quellensammlung*, Wiesbaden: VS Verlag für Sozialwissenschaften, 2010, S. 288.

[3]　Zellmer, Elisabeth, *Töchter der Revolte? Frauenbewegung und Feminismus der 1970er Jahre in München*, München: Oldenbourg Verlag, 2011, S. 203.

受侵害、反对第三世界的贩卖妇女交易、反对重口味色情等其他新的女性遭受暴力的问题。而在这些问题中，反对性暴力无疑是最受女性主义者关注的。这一时期激进女性主义者仍然将性别暴力当作现代男权社会对女性的压迫。[1] 联邦德国女性主义者在1982年将美国出版的《保守最严的秘密：儿童性虐》一书翻译引入，推动了对性暴力非法性的认知。随着媒体及其他各界的广泛关注，性暴力丑闻也不再是社会禁忌的话题。基本上可以说，1965年之前出生的儿童是最后一代既不知道"性暴力"的概念也没有受到相关自我保护教育的人。1982年开始，经历过性虐待的少女们开始在具有专业知识和较强动员能力的女性主义者的支持下参与反对针对女性暴力的斗争。1984年，女性主义者帮助这些少女出版了《凶手父亲：针对少女的性暴力——"回忆就像一个定时炸弹"》一书，深刻揭示了家庭性暴力对女性的伤害。[2]

（2）争取性解放的斗争

新妇女运动期间，女性主义者将性与身体的自决当成关键问题。在这场运动中，对"另外的性"的认识达到了革命性的新阶段。女性主义者如履薄冰地开辟出一个新的性别文化，并引发了一场争取女性性解放的斗争。

68运动时，联邦德国新左派曾将性解放与反思和清除纳粹余孽联系在一起。20世纪60年代后期开始，打破一切禁忌的性解放浪潮席卷整个联邦德国。许多西德人在1968年及其之后将纳粹对性的压制解释为一种犯罪。而新左派则特别认为性与政治密不可分。当性革命扩展至学生中后，这些学生们便自以为是真正的性革命先锋。他们将性压制与60年代保守主义政治联系在一起，认为对纳粹分子的姑息政策需要一种性革

---

① Lenz, Ilse, *Die Neue Frauenbewegung in Deutschland：Abschied vom kleinen Unterschied, Eine Quellensammlung*, Wiesbaden：VS Verlag für Sozialwissenschaften, 2010, S. 765 – 766.

② Barbara Kavemann, "Väter als Täter, Sexuelle Gewalt gegen Mädchen 'Erinnerungen sind wie eine Zeitbomb'," Dok. 21. 2, in Lenz, Ilse, *Die Neue Frauenbewegung in Deutschland：Abschied vom kleinen Unterschied, Eine Quellensammlung*, Wiesbaden：VS Verlag für Sozialwissenschaften, 2010, S. 778 – 784.

命来推翻。在68运动中，一切现存的制度和文化，包括传统性道德和性角色都遭到了严厉的批判。[①]

68运动后，女性主义者则在性解放方面发展出激进的反男权主义。他们认为男权社会忽视了女性对性欲的追求，并将追求女性性欲和性高潮看作是对男权社会的反抗。在争取性解放的斗争中，女性主义者要求正视和夸耀女性性器官，同时还关注和致力于改善女性性及生殖健康。

在20世纪60年代时，女性对自己的身体了解得非常少。根据1973年11月柏林妇女之家的一项调查，妇女对自己的身体，尤其是性器官的了解非常有限。而当新妇女运动浪潮来临后，性知识就得到了快速的普及，大学生对自己身体的了解已成为自然而然的事情，在媒体上也经常出现这方面的讨论。[②]

在性解放斗争中，女性主义者通过吸收最新的性学研究成果，积极开展普及性知识的活动。最先开始对女性性器官展开研究的是美国、意大利的性学家。他们都主张女性应享受性爱。之后，西德也出现了著名的妇女性学家。在性学研究的推动下，许多西德妇女群体都致力于提高妇女对性和身体的科学认识，以便为其实现身体自决和参与政治做准备。女性主义者在新妇女运动中提出"我们想成为性爱主角"的口号。她们一方面在组织内分享自己的经验，另一方面也对国家和社会处置性问题的方式进行批评。1974年面包与玫瑰小组在《妇女年鉴第一号：堕胎与避孕手段》中提出了"我们要面包，也要玫瑰"的口号，意指女性不仅要争取实际的利益，还要追求爱情、友情和快乐。[③] 在慕尼黑218行动

---

① Erickson, Bailee, "'Leave Your Men at Home': Autonomy in the West German Women's Movement, 1968–1978," A Thesis Submitted for the Degree of Master of Arts, University of Victoria, 2010, pp. 24–25.

② Lenz, Ilse, *Die Neue Frauenbewegung in Deutschland: Abschied vom kleinen Unterschied, Eine Quellensammlung*, Wiesbaden: VS Verlag für Sozialwissenschaften, 2010, S. 97.

③ Lenz, Ilse, *Die Neue Frauenbewegung in Deutschland: Abschied vom kleinen Unterschied, Eine Quellensammlung*, Wiesbaden: VS Verlag für Sozialwissenschaften, 2010, S. 101–102.

（Aktion 218）中，慕尼黑社会主义妇女组织的议题也有关于女性性解放的。[1]

在普及性科学知识的同时，妇女组织还希望提高妇女的性及生殖健康水平。1974 年出版的《妇女年鉴》（*Frauenjahrbuch*）第一号提出，通过对性器官的自我检测，可以较早发现怀孕和其他疾病。女性主义者开始系统地反对现有妇科诊疗体系，自主的妇女健康中心等也相继成立。女性主义者还向具有同情心的妇科医师建议了解女患者的经历。20 世纪 70 年代中期时，妇女健康问题已经成为新妇女运动关注的焦点问题之一。[2]

从 70 年代中后期到 80 年代早期，女性主义者关于身体与性的讨论深刻地影响到了联邦德国社会。妇女的形象和观点都发生了深刻的改变，并反映了社会上性开放思想的流行。但与此同时，这场运动的目标不是挑战原有道德体系，而是谋求《基本法》所规定的人的尊严和性别的平等。[3]

总的来说，新妇女运动之所以"新"，就是因为在这场运动中，新一代女性主义者聚焦于前辈们较少关注的私人领域的性别不公问题，并为此而发动了抗议对女性施暴、争取性解放等一系列为女性在私人领域争取权利的斗争。尽管到 70 年代中期后，女性主义者也像传统妇女运动成员那样参与政治、经济、文化等公共领域的维权斗争；但从整体来看，女性主义者为广大妇女在性、身体、家庭等私人领域争取权利的斗争，才是一直贯穿于新妇女运动始终，且让这场运动区别于传统妇女运动的斗争。

作为集体行动的高级形式，社会运动起自于"自发性动员"

---

[1] Zellmer, Elisabeth, *Töchter der Revolte? Frauenbewegung und Feminismus der 1970er Jahre in München*, München: Oldenbourg Verlag, 2011, S. 131.

[2] Erickson, Bailee, "'Leave Your Men at Home': Autonomy in the West German Women's Movement, 1968–1978," A Thesis Submitted for the Degree of Master of Arts, University of Victoria, 2010, p. 32.

[3] Zellmer, Elisabeth, *Töchter der Revolte? Frauenbewegung und Feminismus der 1970er Jahre in München*, München: Oldenbourg Verlag, 2011, S. 230.

（spontane Mobilisierung），终于"官僚制度化"（bürokratische Organisiertheit）。① 萌生于 20 世纪 60 年末的联邦德国新社会运动，在 68 运动后开始向着新环境运动、新妇女运动等不同方向发展。而到了 80 年代前期后，随着新环境运动和新妇女运动等逐步开始制度化，新社会运动也结束了以大规模对抗为特征的阶段，进入了相对平缓的发展时期。

第三节　新社会运动的指导理念

在演进过程中，始于 68 运动的新社会运动后来发展出不同的代表性分支，如新环境运动、新妇女运动等。尽管这些先后出现的各类运动的具体目标并不相同，但它们基本上都是以带有后物质主义色彩的"反体制"思想为指导的。也就是说，这些运动多关注后物质主义议题，它们希望通过自己在各个具体领域的斗争，重塑压迫、控制个人和威胁、侵犯个人生活的国家治理体制，尤其是要改变代议民主制中的精英统治。这也是新社会运动区别于以往传统左翼社会运动的主要特征之一。

一　68 运动的指导理念：新左派的"反威权斗争"理论

20 世纪 60 年代中期后，来自德国社会主义大学生联盟的著名理论家鲁迪·杜切克和克拉尔等人提出了带有后物质主义色彩的"反威权斗争"理论，从而为新左派批判联邦德国早期国家治理体制提供了重要的思想武器。在这一理论中，新左派不仅反对发达资本主义国家对个人的压迫和代议民主制，而且还要求通过所谓的"行动主义"来重塑国家治理体制。

1. 反对发达资本主义对个人的压迫和代议民主制

通过借鉴和发展法兰克福学派的相关理论，新左派将矛头对准了发达资本主义国家对个人的控制和压迫。法兰克福学派的赫伯特·马尔库

---

① Huber, Joseph, *Allgemeine Umweltsoziologie*, Wiesbaden：VS Verl. für Sozialwiss. , 2011, S. 119.

塞运用弗洛伊德的"爱欲"理论和黑格尔哲学对西方发达工业社会的自由和民主进行了系统的批判。他认为，"今天，自由和奴役的结合变得理所当然了"[①]，"在发达的工业文明中盛行着一种舒适、平稳、合理、民主的不自由现象，这是技术进步的标志"[②]。马尔库塞的思想对新左派的理论产生了巨大的影响。[③]

在法兰克福学派批判理论的引导下，新左派也相信个人在发达资本主义社会中受到了控制和压迫，只有推翻发达资本主义社会，才能真正实现人的解放。杜切克指出，发达资本主义国家在生活和工作方面对消极的受领导的大众进行了"功能性"操纵，因此需要将个人从劳动和技术的压迫中解放出来。他批判和反对发达资本主义国家的治理方式，将其斥之为"威权"统治。[④] 克拉尔也认为，所有资本主义国家都是威权性的。[⑤] 克拉尔还援引马尔库塞的"解放"理论，认为"改变人的财产关系和生产工具所有权只是短暂的解放，它不能改变个人在历史进程中形成的交往关系。解放首先不是改变工业财产关系，而是改变体现社会关系的交往组织（Verkehrsorganisation）"。他认为西方的民主社会主义背离这一解放原则，因此大城市的革命是必须的。"正如马尔库塞所说，解放不是技术机器的解放，而是社会的人的解放。在这一令人信服的理性原则下，威权国家将社会保障之中的无法忍受的压迫变得更加明显。"[⑥] 新左派认为，强迫劳动在后工业社会依然存在，只有社会层面上的自我

[①] ［美］赫伯特·马尔库塞：《爱欲与文明：对弗洛伊德思想的哲学探讨》，黄勇、薛民译，上海译文出版社1987年版，第3页，见其中1966年作者所写的政治序言。

[②] ［美］赫伯特·马尔库塞：《单向度的人——发达工业社会意识形态研究》，张峰等译，重庆出版社1988年版，第26—27页。

[③] Kauders, Anthony D., "Drives in Dispute: The West German Student Movement, Psychoanalysis, and the Search for a New Emotional Order, 1967 – 1971," in *Central European History*, Vol. 44 (4), 2011, pp. 711 – 731.

[④] Kailitz, Susanne, *Von den Worten zu den Waffen. Frankfurter Schule, Studentenbewegung und RAF*, Wiesbaden: VS-Verlag, 2007, S. 132.

[⑤] Kailitz, Susanne, *Von den Worten zu den Waffen. Frankfurter Schule, Studentenbewegung und RAF*, Wiesbaden: VS-Verlag, 2007, S. 120, 122.

[⑥] Krahl, Hans-Jürgen, *Konstitution und Klassenkampf zur historischen Dialektik von bürgerlicher Emanzipation und proletarischer Revolution*, Frankfurt/M.: Neue Kritik, 1971, S. 16.

组织和自我管理才能真正将工人阶级从强迫劳动中解放出来。

杜切克还致力于将"反威权斗争"理论应用到联邦德国社会之中。[①]他认为联邦德国经济社会体系是技术进步时代复杂资本主义体系的组成部分，该体系已深深渗入个人生活领域并用工资将人牢牢束缚在这个体系之中。因此，联邦德国已经无法解决发达资本主义的问题。"对联邦德国及西柏林社会经济状况的评价，是讨论在国际革命与反革命运动背景下德国铁幕的前提。作为寡头统治最绝望的努力，大联合（政府）试图解决结构性难题（的行为）清楚地暴露出其作用的客观局限性。"[②] 显然，在"反威权斗争"理论中，新左派关注的主要是晚期发达资本主义在经济以外领域对个人的控制和压迫，这使得他们的思想带有着明显的后物质主义倾向。

在反对发达资本主义控制和压迫个人的同时，新左派吸收了法兰克福学派和右翼学者卡尔·施密特的思想，着重对发达资本主义社会的代议民主制进行了批判。

二战之后，曾经弥漫在德国各界的"反议会主义"基本被清除干净。但这并不意味着联邦德国对西方舶来的代议民主制就不存在任何批评。实际上，联邦德国成立后，知识界对资本主义体制下的代议民主制就一直存在不同看法。新左派的反议会主义思想不仅受到法兰克福学派等左翼知识分子的影响，还受到了卡尔·施密特等右派知识分子的影响。"这并非一个简单的物极必反的事例。在德国，施密特成为左派中间的热门，因为他同自由主义和民主的决裂以及紧随决裂之后的反议会民主主义，正投合了议会外反对派的心意……更广泛地讲，战后关于社会民主的共识走向终结，而与此同时新左派渴望将似乎是自足的资产阶级社会

---

① Dutschke, Rudi, "Die Widersprüche des Spätkapitalismus, die antiautoritären Studenten und ihr Verhältnis zur Dritten Welt," in Dutschke, Rudi, Bergmann, Uwe, Lefévre, Wolfgang, & Rabehl, Bernd, *Rebellion der Studenten oder die neue Opposition*, Reinbek bei Hamburg: Rowohl, 1968, S. 33 – 94.

② Holke, Lothar, *Protestbewegungen in der Bundesrepublik*, *Eine analytische Sozialgeschichte des politischen Widerspruchs*, Wiesbaden: VS Verlag für Sozialwissenschaften, 1987, S. 261.

重新政治化，正是这一巧合为施密特的思想敞开了空间。"[1]

杜切克借用马尔库塞的理论，将代议民主制度看成是一种压迫的容忍（repressiven Toleranz），认为它掩盖了对工人的剥削并保护私有制。他在 1967 年越南民主大会上说，要让代议制民主显示其阶级属性及其威权特性，强迫它暴露出"暴力专制"的一面。[2] 同年 10 月他又提出要仿照巴黎公社的模式在西柏林建立直接民主的治理模式。[3] 杜切克还在 12 月 3 日接受电视台采访时表示："代议民主制一无是处。也就是说，我们在国会中并无人民利益的——是真正的人民利益的——代表。您现在可能会问，哪些是真正的利益？那就是'再统一、就业保障、国家财政安全、经济秩序'等，所有这些要求议会都必须满足。现在在议会代表和不成熟的、被控制的人民之间完全是分裂的。"[4] 克拉尔也表示，今天反对威权国家明天就是反对法西斯主义，联邦德国政治系统中的议会从执行机构变成了控制和掩饰机构，从而终结了民主。他认为《紧急状态法》是威权国家对工人和学生群众压迫的重要体现，是"应对经济危机的公开的恐怖主义手段，使工人在紧急状态下被血腥镇压，使学生反抗屈服于从上而下的高校改革"[5]。

杜切克进而还对与代议民主制相关的威权政党和精英政治进行了批判。在 1967 年 6 月的"抗议的条件与组织"大会上，杜切克明确表示，

---

① ［德］扬－维尔纳·米勒：《危险的心灵：战后欧洲思潮中的卡尔·施米特》，张龚、邓晓菁译，新星出版社 2006 年版，第 241 页。

② Dutschke, Rudi, "Die Widersprüche des Spätkapitalismus, die antiautoritären Studenten und ihr Verhältnis zur Dritten Welt," in Dutschke, Rudi, Bergmann, Uwe, Lefévre, Wolfgang, & Rabehl, Bernd, *Rebellion der Studenten oder die neue Opposition*, Reinbek bei Hamburg: Rowohl, 1968, S. 82.

③ Enzensberger, Hans Magnus, "Ein Gespräch über die Zukunft mit Rudi Dutschke, Bernd Rabehl und Christian Semler," in Enzensberger, Hans Magnus (Hrsg.), *Kursbuch 14: Kritik der Zukunft*. August 1968, S. 146 – 174. http://www. infopartisan. net/archive/1967/2667107. html

④ "Günter Gaus im Fernsehinterview mit Rudi Dutschke (gesendet am 3. Dezember 1967 in der Sendereihe der ARD 'Zu Protokoll'," in Lönnendonker, Siegward, & Fichter, Tilman (Hrsg.), *Freie Universität Berlin 1948 – 1973: Hochschule im Umbruch, Dokumentation, Teil V, Zeitgenössische Kommentare*, FU Berlin, 1983, S. 440.

⑤ Kailitz, Susanne, *Von den Worten zu den Waffen. Frankfurter Schule, Studentenbewegung und RAF*, Wiesbaden: VS-Verlag, 2007, S. 120 – 121.

国家暴力机器及其执行者是统治者的保护伞。必须发动学生运动对警察的镇压进行抵抗。他在 1968 年 2 月 18 日的越南大会上还指出："今天法西斯主义不再由个人或政党代表，而是孕育在威权型人格的日常教育当中，简单地说，就是在现存国家组织和机构的专制之中。"① "在德国，这些法西斯主义的人格基础不能通过外部限制来消除，它实际上被转化到了反共思潮当中。"② 被刺伤之后，杜切克已经与所有的政党划清界限，对政党精英产生怀疑。1976 年后，杜切克参与了生态主义政党的建立。他自认为是"反威权"马克思主义者，与一切脱离广大群众的精英政党划清界限。

2. 强调"行动主义"

为了实现反对发达资本主义社会和代议民主制的目标，以杜切克等人为代表的新左派十分强调所谓的"行动主义"（Aktionismus）。

杜切克谋求"通过世界革命消灭饥饿、战争和统治"。克拉尔也"拥护和渴望"革命。"尽管院外抗议运动的思想史中改良主义一直比革命主义占据上风，但在一个物质和思想总体上都是资本主义的国家中，形势却要求一场革命性变化。"杜切克提倡在大学建立行动中心，实现大学与城市的政治化，③ 并要求学生与青年工人组成统一战线，使学生与工人的生活环境融合起来，进而开展其他类型的共同的生活实验。这些思想后来被他应用到公民动议和女性主义运动之中。

基于这种革命目标，杜切克等新左派理论家提出了所谓的"行动主义"，并对法兰克福学派的纸上谈兵给予了批判。在 1967 年 6 月 2 日奥内佐格被警察枪杀后，杜切克公开反对哈贝马斯重建公共政治领域的观点，要求"建立行动中心，训练行动分子，在大学和城市里采取直接行

① Kailitz, Susanne, *Von den Worten zu den Waffen. Frankfurter Schule*, *Studentenbewegung und RAF*, Wiesbaden：VS-Verlag, 2007, S. 131, 132.

② Dutschke, Rudi, "Die Widersprüche des Spätkapitalismus, die antiautoritären Studenten und ihr Verhältnis zur Dritten Welt," in Dutschke, Rudi, Bergmann, Uwe, Lefévre, Wolfgang, & Rabehl, Bernd, *Rebellion der Studenten oder die neue Opposition*, Reinbek bei Hamburg：Rowohl, 1968, S. 58.

③ Kailitz, Susanne, *Von den Worten zu den Waffen. Frankfurter Schule*, *Studentenbewegung und RAF*, Wiesbaden：VS-Verlag, 2007, S. 122, 134.

动，和政府乃至整个社会制度作战"。克拉尔则批判阿多诺在《否定辩证法》中修正历史唯物主义，否定阶级斗争。他指出，"社会实践是目前最重要的实践，而我相信……社会实践的认识论意义未能完全在批判理论中体现"，"在认识论方面，因为阶级斗争没有加入这一理论当中，从头至尾的抽象成为批判理论致命的实践缺陷"，"阿多诺的理论经验和个人经历使其对学生运动的解释是非常自相矛盾和虚弱的"①。总体来看，新左派的行动主义具有以下特点：

第一，强调"体制内长征"（Marsch durch die Institutionen）。为了实现革命的目标，杜切克1968年2月17日提出了名为"体制内长征"的策略口号。他具体地解释了学生运动在未来应采取的做法："加深在社会不同层次（高中、假期培训学院、大学、著名的工业部门，等等）……业已存在的矛盾……以此分裂整个代议民主体制中的各部分和分支，并把他们争取过来转入革命者阵营。体制内长征意味着颠覆性地利用复杂的国家—社会机器中可能有的矛盾，以此在一个长期的过程中摧毁它。"② 他谈到要通过触及整个制度的"长征"来扩大68运动的基础，要通过"长征"建立一种对立制度。因此，虽然杜切克强调革命，但有学者却认为"体制内长征"其实是一种"颠覆制度的改革主义"（Systemabschaffenden Reformismus）。③ 克拉尔也表示，不可将行动主义的革命绝对化。

第二，强调"革命意识"在革命中的作用。在奥内佐格遇刺后，杜切克指出："生产力发展到现在这种程度，就为消除饥饿、战争和统治提供了物质上的可能。所有都取决于人的意识。人一直受到从其产生的历史中所最终形成的意识的控制，并屈从于它。"与马克思不同的是，杜切

---

① Krahl, Hans-Jürgen, *Konstitution und Klassenkampf zur historischen Dialektik von bürgerlicher Emanzipation und proletarischer Revolution*, Frankfurt/M. : Neue Kritik, 1971, S. 7, 11, 13.

② 沈汉、黄凤祝编著：《反叛的一代：20世纪60年代西方学生运动》，甘肃人民出版社2002年版，第353页。沈汉：《20世纪60年代西方学生运动的若干特点》，《史学月刊》2004年第1期。

③ Kailitz, Susanne, *Von den Worten zu den Waffen. Frankfurter Schule*, *Studentenbewegung und RAF*, Wiesbaden：VS-Verlag, 2007, S. 133.

克不认为革命取决于生产力的发展，而是取决于"革命的坚毅性"，取决于"自愿性意识形态"（voluntaristische Ideologie）。"革命战争是可怕的，但人民的忍耐更加可怕。"① 这就使得他与反对革命行动主义的哈贝马斯等法兰克福学派知识分子的观点存在分歧。1967 年 9 月，德国社会主义大学生联盟联邦代表大会让克拉尔撰写"组织机构建议"时，克拉尔又提出将切·格瓦拉的革命行动从农村引向城市这一组织策略，强调革命意识的培养是群众革命的前提。他代表新左派全力支持布拉格之春，反对华约国家对捷克的入侵。克拉尔还在其对列宁《怎么办?》的注释中认为，列宁关于群众革命意识必须通过教育和宣传才能产生的观点已经过时，群众中本来就有分散的具有革命意识的小组，可以通过抗议进一步激发这种意识。② "作为文化和社会学家凭经验和天才所塑造的阶级状态，反威权意识首先通过公民解放的内在矛盾，推动技术民主解体向传统自由主义意识形态转化，并实现议会民主与个人自治的互动。"③ 杜切克也将集会和抗议作为在"发达资本主义国家"中培养革命意识的重要途径。④

第三，反对暴力。1965 年之后，杜切克出于对形势的判断，认为联邦德国城市中的"暴力游击战"是非法行为，他要求通过静坐、占领课堂、投掷番茄等抗议手段，让"代议民主制去掉伪装，暴露其暴力独裁的阶级属性和统治特征"⑤。杜切克主张在反对资本主义的斗争中应逐渐放弃暴力。1968 年杜切克又提出，"当我们用多种形式（从非暴力公开

---

① Salvatore, Gaston & Dutschke, Rudi, "Einleitung zu CHE GUEVARA 'Schaffen wir zwei, drei, viele Vietnam'," http：//www. infopartisan. net/archive/1967/2667133. html

② Kailitz, Susanne, *Von den Worten zu den Waffen. Frankfurter Schule, Studentenbewegung und RAF*, Wiesbaden：VS-Verlag, 2007, S. 119.

③ Krahl, Hans-Jürgen, *Konstitution und Klassenkampf zur historischen Dialektik von bürgerlicher Emanzipation und proletarischer Revolution*, Frankfurt/M. : Neue Kritik, 1971, S. 19

④ Kailitz, Susanne, *Von den Worten zu den Waffen. Frankfurter Schule, Studentenbewegung und RAF*, Wiesbaden：VS-Verlag, 2007, S. 139.

⑤ Dutschke, Rudi, "Die Widersprüche des Spätkapitalismus, die antiautoritären Studenten und ihr Verhältnis zur Dritten Welt," in Dutschke, Rudi, Bergmann, Uwe, Lefévre, Wolfgang, & Rabehl, Bernd, *Rebellion der Studenten oder die neue Opposition*, Reinbek bei Hamburg：Rowohl, 1968, S. 82.

集会到暗杀）触动资本主义统治体系的中枢神经时，打破这一体系游戏规则将会揭露其暴力专制的本质。"但杜切克的暴力倾向对事不对人，[①]而且原则上他也反对在联邦德国等欧美国家采取暴力斗争的行为。1971年时他曾表示，"我们同志中没几个人幻想过1968年具备有利于革命的形势"。这与马尔库塞在1969年的判断是一致的。[②] 此外，他还与红军旅等极左恐怖主义组织划清界限。1974年11月9日杜切克在红军旅成员霍格尔·迈因斯（Holger Meins）的葬礼上举拳宣誓："霍格尔，斗争还将继续。"后来他自己解释说，这里的斗争指的是阶级斗争，而不是恐怖主义。1977年9月他写道："个人恐怖将走向个人独裁而不是社会主义。这不是我们的目标。"[③] 克拉尔也表示，必须注重理论与实践的关系，防止行动主义失控的危险。[④]

二 68运动后新社会运动的指导理念

受新左派"反威权斗争"理论的影响，68运动后在新社会运动中发挥了重要领导和推动作用的其他左翼力量也展现出明显的反体制意识。它们在后物质主义价值观的指导下，不仅反对国家对个人及其日常生活的威胁和侵犯，挑战工业时代被普遍接受的价值理念，而且还要实现以个人自决和直接民主为核心的公民自治，并希望由此重塑国家治理体制。

1. 关注后物质主义议题，反对现行国家治理体制

作为政治生态运动的核心领导力量，左翼环保公民动议也在关注后物质主义生态环保问题的同时，长期对现行国家体制秉持一种不满和拒

---

① Kailitz, Susanne, *Von den Worten zu den Waffen. Frankfurter Schule*, *Studentenbewegung und RAF*, Wiesbaden：VS-Verlag, 2007, S. 151.

② 郑春生：《马尔库塞与六十年代美国学生运动》，博士学位论文，华东师范大学，2008年，第100页。

③ Zitiert nach Treulieb, Jürgen, "Rudi Dutschke und der bewaffnete Kampf. Einspruch gegen eine unseriöse Legendenbildung," http：//www. oeko-net. de/kommune/kommune05 - 07/adutschke. htm

④ Kailitz, Susanne, *Von den Worten zu den Waffen. Frankfurter Schule*, *Studentenbewegung und RAF*, Wiesbaden：VS-Verlag, 2007, S. 123.

绝的态度。它们不仅反对经济无限增长战略，而且还反对政党国家，要求改变资本主义国家中的大工业—官僚集权主义。这既是后物质主义价值的体现，也是其本身价值认同和风格的体现。①

公民动议的出现其实是对技术和行政官僚系统掌控资源、排除公民个人意见的反抗。"政治家的长期的习惯性的忽视最极端的例子是核能，但也包括其他领域的例子：在议会决策情况披露不充分的同时，实际负责的专家却不承担政治责任。"在后工业转型进程中，由于体制内上下层之间缺少协调，所以造成了现有国家治理主体代表性不足的问题。公民动议就是要对政党、利益集团和官僚国家进行全面的抗议。②

左翼环保公民动议包括稳健派和激进派。③ 其中稳健派以环保公民动议联盟为代表。其主要特点是在主张非暴力的前提下，按照生态主义的要求，反对技术专家和官僚的统治。它在实践斗争中既利用听证会、诉讼等体制内的渠道展开活动，也坚持体制外的"公民不服从斗争"（Aktionen zivilen Ungehorsam）。环保公民动议联盟不仅明确否定了技术环保这一短视行为，而且还明确表示要实现经济和社会体制的全面变革。④ 在《自述文件》（Selbstverständnispapier des BBU）中，它明确表示，"我们不仅仅希望消除误会和阻止错误的发展方向。我们更希望实现的目标是，建立一个公正、自由、充满人性的社会秩序"。新的社会秩序不仅应该以自由、民主、和平、公正、团结为基本价值观，还应消除集权与无效、财富与贫困之间的对立，还应让人与自然的关系变得更加"人性"。要让所有社会成员都为这一新秩序的建立而共同担负责任。⑤ 虽然

---

① Grottian, Peter, & Nelles, Wilfried（Ed.），*Großstadt und Neue Soziale Bewegungen*，Basel；Boston：Birkhäuser Verlag，1983，S. 64 - 65.

② Guggenberger, Bernd, & Kempf, Udo（Hrsg.），*Bürgerinitiativen und Repräsentatives System*，Opladen：Westdeutscher Verlag，1984，S. 159，161.

③ Joppke, Christian, *Mobilizing against Nuclear Energy*：A Comparison of Germany and the United States，Berkeley u. a：Universiy of Calif. Press，1993，p. 96.

④ Engels, Jens, *Naturpolitik in der Bundesrepublik*：Ideenwelt und politische Verhaltensstile in Naturschutz und Umweltbewegung，1950 - 1980，Parderborn：Schöningh，2006，S. 336.

⑤ Guggenberger, Bernd, & Kempf, Udo（Hrsg.），*Bürgerinitiativen und repräsentatives System*，Opladen：Westdeutscher Verlag，1984，S. 417 - 418.

稳健派并不是要彻底推翻现行体制，但它们却要求从根本上消除现有国家治理体制中与后物质主义生态理念不符的成分。

而激进派则认为公民动议是阶级斗争的新形式，是民主力量的行动中心。[①] 它们将资本主义国家看作是专制和暴力的，主张以暴制暴，发挥人民运动的革命潜力。1974 年施密特上台后，激进派在左翼环保公民动议中的影响不断增大，[②] 如共产主义联盟（Kommunistischen Bund，简称 KB）就控制了下易北河环保公民动议。通过参与政治生态运动，激进派及其所控制的环保公民动议意图将生态主义与马克思主义相结合，要求反对资本主义国家统治，重塑国家治理体制。

作为后物质主义价值观的重要践行者，左翼环保公民动议试图将生态主义与反体制、反国家的思想结合在一起，通过反对国家治理中的"保守主义"倾向，重塑国家治理体制和社会文化秩序。它们参与对立文化和工程的建立，并对其提供资助和专业指导。"在 70 年代期间，公民动议关于技术规划进程的观点日益激进化，它们将其作为不民主的代表予以拒绝。"[③]

与此同时，女性主义者也关注具有后物质主义色彩的议题，她们反对现行国家体制在私人领域对妇女的控制和压迫，并试图从根本上改变对女性不公的性别秩序。

联邦德国女性主义者主张私人的也是政治的。[④] 在新妇女运动中，女性主义者关注女性在私人领域的自治权，其目的是要从根本上改变社会制度和统治关系。新妇女运动反对现有一切政治制度及其内在主体，包括现有的政党、政府和议会，还有德国妇女理事会（Deutscher

---

① Guggenberger, Bernd, & Kempf, Udo（Hrsg.），*Bürgerinitiativen und repräsentatives System*，Opladen：Westdeutscher Verlag，1984，S. 166.

② Pettenkofer, Andreas, *Die Entstehung der grünen Politik, Kultursoziologie der westdeutschen Umweltbewegung*，Frankfurt am M.：Campus Verlag，2014，S. 146.

③ Engels, Jens, *Naturpolitik in der Bundesrepublik：Ideenwelt und politische Verhaltensstile in Naturschutz und Umweltbewegung，1950 – 1980*，Parderborn：Schöningh，2006，S. 331.

④ Lenz, Ilse, *Die Neue Frauenbewegung in Deutschland：Abschied vom kleinen Unterschied, Eine Quellensammlung*，Wiesbaden：VS Verlag für Sozialwissenschaften，2010，S. 281.

Frauenrat）等传统政治性妇女组织。[①] 因此，女性主义者发动新妇女运动的根本目的是重塑国家治理体制。

社会主义女性主义者主张将男权制理论引入传统马克思主义，并将女性在私人领域的解放看作推翻资本主义制度的重要因素。在 68 运动期间，新左派将性解放看作反抗晚期资本主义威权统治的重要手段。支持 68 运动的法兰克福学派学者马尔库塞认为，统治利益锁定了性道德。性变成了劳动关系和雇佣关系。性要在社会重构中得以解放。妇女就业率的提高，妇女对生育数量的控制，性道德的解锁，都从根本上动摇了资本主义生产关系和市民社会。1968 年的德国社会主义大学生联盟集会上，女性代表曾表示："难道性高潮不应该是一个讨论的话题吗？"这些女大学生将性问题与统治问题联系在一起，她们要求改变生产和权力关系，实现私人生活领域的政治化，推动民主的发展。通过将性问题与统治问题联系起来，新左派希望将女大学生打造成为新女性的典范。[②]

68 运动后，从新左派中分化出来的社会主义女性主义者，继续将争取私人领域的妇女解放当作自己反对资本主义统治的手段。在新妇女运动中，这些社会主义女性主义者将具体的斗争目标与社会主义目标结合在一起。因此，它们的反体制诉求就变成了消灭原有的社会统治性组织结构，将家庭和社会中的男女关系看作资产阶级与无产阶级的关系，要求重组社会劳动组织和实现个人自治，并改变女性在性与生育等方面所受到的控制和压迫等。这种源自 68 运动的反体制思想就是要建立全新的国家治理体制。"在被左翼组织的男性拒绝和嘲笑之后，反抗的妇女们选择从同志们的左派组织中独立出来并开展自治运动。她们要求改革社会形态，要求女性在新的社会形态中不再受到压迫和剥削。这一思想将女

---

① Zellmer, Elisabeth, *Töchter der Revolte? Frauenbewegung und Feminismus der 1970er Jahre in München*, München: Oldenbourg Verlag, 2011, S. 243.

② Müller, Ursula G. T., *Dem Feminismus, eine politische Heimat der Linken die Hälfte der Welt*, Wiesbaden: Springer VS, 2013, S. 72, 53 – 54.

性主义与社会主义联系到一起。"①

以男权制理论为基本指导思想的激进女性主义者，则将反对对女性性与身体的控制和压迫当作推翻男权统治的关键。"20 世纪 60 年代，激进女性主义者认为女性是被压迫的阶级，并称现行社会体制是性阶级体制。男女不平等是由性别造成的，消除不平等的方式就是要破坏性别角色的分工。20 世纪 70 年代，激进女性主义者开始改变观点，从把女性地位低下归因为女性的生理状态，转变为谴责男性的生理状态……把男人当成敌人。"② 在第二次妇女运动浪潮中，激进女性主义者认识到，国家和社会对女性身体的控制，是男权社会对女性实行统治的表现。要实现女性在私人领域的自治，就要让女性有权拒绝国家和社会在私人领域对自己的控制和侵犯。要通过形成所谓的反对文化，反对男权统治关系（herrschenden Verhältnissen）。在 70 年代初，这次妇女运动就已经昭示了女性在生活环境和个性方面的特殊性。③

激进女性主义者将追求性解放和反对性暴力都看作对男权社会的反抗。1973 年 3 月 1 日建立的西柏林妇女中心在其内部自助小组所写的《女巫私语》（*Hexengefluester Frauen*，又称《魔女耳语》）中就要求在性的方面实现去男权化，在政治上主张妇女自主夺取权力，同时构建属于女性的身体与性文化。④ 1984 年出版《凶手父亲：针对少女的性暴力——"回忆就像一个定时炸弹"》也明确指出，针对妇女身体的暴力行为就是男性统治的手段和结果。⑤

---

① Müller, Ursula G. T., *Dem Feminismus, eine politische Heimat der Linken die Hälfte der Welt*, Wiesbaden: Springer VS, 2013, S. 74 – 75, 133.

② 李银河：《女性权力的崛起》，文化艺术出版社 2003 年版，第 168、170 页。.

③ Zellmer, Elisabeth, *Töchter der Revolte? Frauenbewegung und Feminismus der 1970er Jahre in München*, München: Oldenbourg Verlag, 2011, S. 142.

④ Lenz, Ilse, *Die Neue Frauenbewegung in Deutschland: Abschied vom kleinen Unterschied, Eine Quellensammlung*, Wiesbaden: VS Verlag für Sozialwissenschaften, 2010, S. 103.

⑤ Barbara Kavemann, "Väter als Täter, Sexuelle Gewalt gegen Mädchen 'Erinnerungen sind wie eine Zeitbomb'," Dok. 21.2, in Lenz, Ilse, *Die Neue Frauenbewegung in Deutschland: Abschied vom kleinen Unterschied, Eine Quellensammlung*, Wiesbaden: VS Verlag für Sozialwissenschaften, 2010, S. 778.

2. 强调"自治"

除了关注后物质主义议题、反对现行国家治理体制外，68 运动后的新社会运动还十分强调要实现以个人自决和直接民主为核心的自治，并希望以此来重塑国家治理体制。"在新社会运动的参与者看来，这场运动不仅带来了传统政治理念，尤其是唯经济增长论的变化，也带来了某些组织形式的变化。新社会运动试图改变传统左翼社会运动中制度化和特权化所带来的结构问题，希望通过取消常设代表制度来做出相应的改变。"①

在德国社会主义大学生联盟中"反威权派"的影响和参与下，68 运动后的新社会运动在组织上也是以左翼的非集权化小组为主。非集权化意味着"基层运动"和"直接民主"，意味着否定一切制度化和官僚化倾向。正是在这一背景下，一些名为"动议""工作小组""工程"的左翼自治小组快速发展成为新社会运动斗争实践的领导核心和主要形式。在这些小组内部，平等主义的决策模式和角色分配被认为是真正的民主。而且，在日常生活政治化的影响下，这些小组还将自治和平等当作了重要的政治目标。正因为如此，新社会运动呈现出明显的"草根运动"的风格。

传统自然保护组织不仅视野狭窄、成员保守，而且还都是等级分明、门槛较高的科层制官僚机构。而领导和推动政治生态运动的环保公民动议则具有明显的非集中化和多样化的特色，它们自始至终一直以一种草根组织的形式存在。

环保公民动议联盟在主观上就认为自己是一个非集权化的直接民主组织。联盟的最高决策机构是由各个环保公民动议小组推选产生的成员代表大会（Mitgliederversammlung）。而作为常设机构的理事会不仅无法直接影响成员代表大会的选举，而且理事会的成员还必须与各自所在的

---

① Rucht, Dieter, "Von der Bewegung zur Institution? Organisationsstrukturen der Ökologiebewegung," In Roth, Roland, & Ruch, Dieter (Hrsg.), *Neue Soziale Bewegungen in der Bundesrepublik Deutschland*, Frankfurt/M.: Campus, 1987, S. 240.

公民动议小组保持紧密的联系。"理事会对下属的成员组织绝对没有命令权。也就是说，每个小组在其领域内拥有完全的自治权。"① 1975 年时，环保公民动议联盟共包含 2000 多个独立公民动议组织。② 在政治生态运动发展的过程中，巴登－阿尔萨斯公民动议曾试图让公民动议向着统一组织的方向发展，但这与公民动议传统的分散自治模式发生了冲突，并引起了反对集权的非暴力行动小组的不满。总体来看，在反核能运动等政治生态运动的占领行动中，实际发挥决策作用的一直是底层的行动小组。③

1977 年，在长期担任主席的汉斯－赫尔穆特·维斯腾哈根（Hans-Helmut Wüstenhagen）去职之后，环保公民动议联盟进一步加强了其非集权化的特性。新的章程强调了环保公民动议的草根属性和地方自治，并将联盟理事会主席由一人改为三人。通过这些改革，环保公民动议联盟的"非等级化"趋势变得更加明显。直到 70 年代末期时，环保公民动议联盟才逐渐向利益集团的方面发展。但即便如此，联盟内部，尤其是那些发展得比较成熟的环保公民动议，却对此颇有异议。在一番激烈争论之后，环保公民动议联盟决定，继续在内部给予成员自治权。由于来自底层的提议过多且争论激烈，环保公民动议联盟的年会甚至都常常会陷入混乱。

正如德国学者所指出的那样，作为"新时代政治语义中的新发现"，左翼环保公民动议在其组织和行动方式上独具特色。"公民动议是松散的集合，只在个别情况下有固定的组织形式。在成员及其活动的支持下，它们大多只在地方上对明确的政治决策进程产生影响。"④

---

① Guggenberger, Bernd, & Kempf, Udo（Hrsg.）, *Bürgerinitiativen und repräsentatives System*, Opladen: Westdeutscher Verlag, 1984, S. 411.

② Andritzky, Walter, & Wahl-Terlinde, Ulla, *Umweltbundesamt: Berichte, 1978/6, Mitwirkung von Bürgerinitiativen an der Umweltpolitik*, Berlin: Schmidt, 1978, S. 36.

③ Pettenkofer, Andreas, *Die Entstehung der grünen Politik, Kultursoziologie der westdeutschen Umweltbewegung*, Frankfurt am M.: Campus Verlag, 2014, S. 154.

④ Guggenberger, Bernd, & Kempf, Udo（Hrsg.）, *Bürgerinitiativen und repräsentatives System*, Opladen: Westdeutscher Verlag, 1984, S. 157.

　　与此同时，为了让女性独立于男人及其统治的国家，联邦德国新妇女运动浪潮也追求自决和性的自治。① 自治既意味着个人的自治，也意味着对现有体制保持独立。② "在她们的前辈们得到了政治上的合法承认之后，她们谋求在所有社会领域真正实现男女平等，最终开辟出一个妇女自我发现和自我实现的空间。"③ 这次妇女运动中存在着各种自治性的小团体。它们推动各类妇女工程的实施和妇女机构的建立。④ "自治意味着对女性反对男性暴力和创造自我空间的要求，同时还意味着在这些妇女小组中没有等级差距，在领袖和追随者之间没有分裂。"⑤

　　联邦德国新妇女运动的自治性特色在组织结构方面体现得非常明显。⑥ 在新妇女运动中，不仅领导和推动这场运动的社会主义女性主义小组和激进主义女性主义小组都是自治的，女性主义者建立的妇女中心、妇女之家、妇女健康中心等妇女工程也基本上都是自治的。"新妇女运动中的组织大规模应用自治原则，每个小组都有自己的理念和策略。"⑦ 1977年，由西柏林妇女中心发展而来的健康中心为了以自助的形式来保护妇女健康，还筹建了著名的"个体经历交流小组"（Selbsterfahrungsgruppen）。⑧ 通过这些"个体经历交流小组"，参与者致力于寻找自治性和个性化的

①　Klein, Uta, *Geschlechterverhältnisse und Gleichstellungspolitik in der Europäischen Union: Akteure-Themen-Ergebnisse*, Wiesbaden: VS Verlag für Sozialwissenschaften, 2006, S. 117.

②　Cordes, Mechthild, *Frauenpolitik, Gleichstellung oder Gesellschaftsveränderung, Ziele-Institutionen-Strategien*, Opladen: Leske + Budrich, 1996, S. 107.

③　Schulz, Kristina, *Der lange Atem der Provokation: Die Frauenbewegung in der Bundesrepublik und in Frankreich 1968–1976*, Frankfurt a. M. : Campus, 2002, S. 241.

④　Cordes, Mechthild, *Frauenpolitik, Gleichstellung oder Gesellschaftsveränderung, Ziele-Institutionen-Strategien*, Opladen: Leske + Budrich, 1996, S. 117–118.

⑤　Katsiaficas, Georgy, *The Subversion of Politics: European Autonomous Social Movements and the Decolonization of Everyday Life*, Canada: Humanities Press International, 1997, p. 74.

⑥　Sichtermann, Marie, & Siegel, Brigitte, "Das Chaos ist weiblich: Organisationsentwicklung in Frauenprojekten," in Rieger, Renate (Hrsg.), *Der Widerspenstigen Lähmung? Frauenprojekte zwischen Autonomie und Anpassung*, Frankfurt am M. : Campus Verlag, 1993, S. 111, 115.

⑦　Erickson, Bailee, "'Leave Your Men at Home': Autonomy in the West German Women's Movement, 1968–1978," A Thesis Submitted for the Degree of Master of Arts, University of Victoria, 2010, p. 10.

⑧　Lenz, Ilse, *Die Neue Frauenbewegung in Deutschland: Abschied vom kleinen Unterschied, Eine Quellensammlung*, Wiesbaden: VS Verlag für Sozialwissenschaften, 2010, S. 105.

女性权利。

与此同时，为了真正实现女性自治，女性主义者还强调要在空间上给予妇女特殊的保护。[1] 许多女性主义者拒绝与男性合作，也反对男权主义的传统组织。她们组建了只属于妇女自己的咖啡馆、书店、咨询活动中心和避难所。[2] 在这些由女性建立的、只为女性服务的空间中，只存在女性之间的社会关系。通过组织结构和积极反对男性认同、男权制关系，这些组织为妇女创造了新的可选择的文化。

1967—1983 年，联邦德国新社会运动经历了从产生到高潮、再到制度化的过程。在这场运动的产生阶段，领导和推动 68 运动的新左派形成了"反威权"斗争理论，试图通过自己独特的"行动主义"，推翻发达资本主义对个人的控制和代议民主制度。68 运动后，左翼环保公民动议和女性主义者又分别在政治生态运动和新妇女运动中发展了新左派带有后物质主义色彩的反体制思想。它们关注环境保护和反对传统性别秩序等具有后物质主义色彩的问题，希望通过反对国家对个人及其日常生活的威胁和侵害，实现以个人自决和直接民主为核心的公民自治，进而重塑联邦德国的国家治理体制。新社会运动的这些带有后物质主义色彩的反体制思想，相应地分别体现在 68 运动、政治生态运动和新妇女运动的各种具体斗争之中。

联邦德国新社会运动是这一时期整个西方新社会运动的重要组成部分。虽然各国新社会运动都在理念和诉求方面不同程度地体现出后物质主义反体制色彩，但相较而言，联邦德国的此类运动更加强调自治，而且也更多地受到了西方讲坛马克思主义，尤其是法兰克福学派的影响。

---

① Schulz, Kristina, *Der lange Atem der Provokation：Die Frauenbewegung in der Bundesrepublik und in Frankreich 1968 - 1976*, Frankfurt a. M.：Campus, 2002, S. 207.

② Summers, Sarah, "Thinking Green! (and Feminist) Female Activism and the Greens from Wyhl to Bonn (Special Issue：Green Politics in Germany) (Report)," in *German Politics and Society*, Vol. 33 (4), 2015, p. 42.

第三章

联邦德国 68 运动与高校治理变革
——以西柏林自由大学为核心

在联邦德国向后工业社会转型的进程中，68 运动占有十分重要的地位。作为一场混合了公民运动、行动主义、激进文化、性别解放运动、基础民主运动、理想主义、道德主义的大规模社会抗议活动，[1] 这场运动对联邦德国的历史发展产生了极其深远的影响，以至于联邦德国学界有所谓的"漫长的 60 年代"之说法。[2]

68 运动与当时正在进行的联邦德国高校治理体制变革有着十分密切的联系。联邦德国建立之初，尽管社会制度已经发生了翻天覆地的变化，但它的高校治理模式却依然保持着 19 世纪时的洪堡传统。直到 20 世纪 60 年代时，洪堡模式才不得不走上了改革之路。正是在这场运动的推动下，联邦德国打破了长期以来教授对高校内部权力的垄断，[3] 并将教授、助教、学生等群体共同参与学校决策的"群体大学"（Gruppenuniversität）以立法的形式确立了下来。

---

[1] Strobel, Karl, & Schmirber, Gisela, *Drei Jahrzehnte Umbruch der deutschen Universität*, *Die Folgen von Revolte und Reform*, *1968 - 1974*, Vierow bei Greifswald: SH-Verlag GmbH, 1996, S. 133 - 134.

[2] Rohstock, Anne, *Von der "Ordinarienuniversität" zur "Revolutionszentrale"? Hochschulreform und Hochschulrevolte in Bayern und Hessen*, *1957 - 1976*, Berlin; Boston: R. Oldenbourg Verlag, 2010, S. 9.

[3] 直到 68 运动结束后的 1972 年，无教席教授（außerordentliche Professoren/Extraordinarien）才在联邦德国高校中获得了法律认可的教授资格。故本文中所称的"教授"主要指的是教席教授（ordentlicher Professor/Ordinarius，又译讲座教授）。参见：Ash, Mitchell, & Ehmer, Josef, *Universität-Politik-Gesellschaft*, Göttingen: Verlag V & R unipress, 2015, S. 477 - 478.

第一节　转型时期的高校治理问题与
联邦德国 68 运动的兴起

在向后工业社会转型的进程中，由于年轻一代价值观的变迁、"教育灾难"的日益深重以及新左派的崛起和推动，教授独揽大权的传统高校治理体制成为引发西柏林自由大学学生抗议、进而推动联邦德国 68 运动形成的重要因素。

一　"教授大学"及其引发 68 运动的过程

20 世纪 50 年代末期之后，经历了"十年繁荣"的联邦德国开始逐步进入所谓的后工业社会时代。正是在这一转型开始不久的时候，传统高校治理体制中所存在的教授权力过大的问题，成为引发联邦德国 68 运动的主要原因之一。

教席教授制度在德国最早起源于中世纪的海德堡大学，它最初仅指一种大学教师可从税收中获得稳定经济保障的薪俸供养制度。[①] 19 世纪时，随着威廉·洪堡大学改革的进行，教席教授逐渐在高校内部取得垄断性权力。因此德国高校传统上又被称为"教授大学"（Ordinarienuniversität）。二战之后，尽管社会制度经历了翻天覆地的变化，但教席却又重新恢复了纳粹时代被剥夺的高校控制权。因此，直到20 世纪 60 年代末 68 运动爆发之前，联邦德国的高校依旧是洪堡模式下的"教授大学"，其内部的治理结构和运行方式与 19 世纪时相比几乎没有不同。

教席教授是洪堡模式下德国高校治理的权力核心。20 世纪五六十年代，教授在联邦德国高校中所掌握的权力包括：第一，对本专业领域负全责，垄断本专业的教学和科研；第二，控制学校的各级事务的决策。

---

① Smahel, Frantisek, *Die Prager Universität im Mittelalter: Charles University in the Middle Ages*, Leiden: Brill Academic Pub, 2006, S. 114.

按专业学科建立的研究所（Institut）由其中一个教授领导和代表，不仅拥有考试和对教学内容进行调整的权力，也拥有研究项目的决定权和人事权；由多个研究所组成的院系由教授实行共决，但缺少实权；校级领导职务亦由教授垄断；没有决策权的校长和院长（系主任）也必须是教席教授；第三，在很多情况下可以直接代表学校与国家及社会发生关系。在教授大学中，几乎所有重要事务都要由教授来决定和执行，大学不过是所谓的"教授俱乐部"。"教席拥有者控制了研究所，他们在高校中的组织则控制了整个学校。"[1]

很明显，教授大学在治理结构上存在着权力过于集中的问题。"洪堡模式中的教授大学制度，使德国大学中的法定在编教授长期处于权力的核心地位。""助教、博士生、大学授课资格拥有者、编外教席，他们所有人都是教席的附庸。正如人们所看到的，研究所是围绕教席建设的，人事安排其实也是要么服从于科研的利益，要么服从个性结构的需要。受到导师青睐的人可以获得领导的提携和保护，支持本学派的人则一起建立利益和引文'卡特尔'，这都成为用人政策的重要标准。"[2] 1967 年的一项调查显示，大学教授的专制形象甚至比高级公务员和军队将领还要突出。联邦总统卡尔·吕布克（Karl Lübke）甚至称大学中教授的权力是"神授"（Gottes Auftrag an die Menschheit）的。[3] 相比之下，尽管其他西方国家的大学也实行教席制度，但教席教授的权力却远没有德国的这么大。洪堡模式传入美国时，唯有这一制度没有被美国大学所借鉴。[4]

对教授专制的不满和反抗是导致 60 年代末期联邦德国 68 运动爆发

---

① *SDS-Hochschuldenkschrift*：*Hochschule in der Demokratie*，*1961*，Frankfurt：Verlag Neue Kritik，1972，S. 84.

② Hüther, Otto, *Von der Kollegialität zur Hierarchie? Eine Analyse des New Managerialism in den Landeshochschulgesetzen*，Wiesbaden：VS Verlag für Sozialwissenschaften，2010，S. 55，59.

③ Rohstock, Anne, *Von der "Ordinarienuniversität" zur "Revolutionszentrale"? Hochschulreform und Hochschulrevolte in Bayern und Hessen*，*1957 – 1976*，Berlin；Boston：R. Oldenbourg Verlag，2010，S. 174.

④ Hüther, Otto, *Von der Kollegialität zur Hierarchie? Eine Analyse des New Managerialism in den Landeshochschulgesetzen*，Wiesbaden：VS Verlag für Sozialwissenschaften，2010，S. 55 – 56.

的重要原因之一。为了对教授大学进行改革，1961 年 10 月 8 日，西柏林
的德国社会主义大学生联盟小组向该组织联邦代表大会提交 180 页的
《民主中的高校》备忘录，首次提出了在高校中实行教授（高校教师）、
助教（含科学助手、教辅和行政人员）、学生三方对等（Drittelparität）
共决的主张。① 德国社会主义大学生联盟首先指出，联邦德国大学的基
础是中世纪时期的教授共同体。"高校内部结构还停留在早期资本主义
工业社会，学术自治制度还是两百年前普鲁士国家法所规定的。"按照
马克思主义的理论逻辑，德国社会主义大学生联盟认为，教授在工业
化的进程中成为科学生产资料的占有者。马克思所说的官僚性质也符
合高校中教授们的特点。教席的管理已经与科研和教学没有太大关系，
它只是行使统治功能的社会性工具。因此，德国社会主义大学生联盟
主张制定新的大学章程来实现高校民主化，即通过大学生、助教和教
授等三个"群体"按照对等共决的原则分别派出代表参与高校的各级
决策，来取消所有与事实不符的统治性力量和依附性关系。同时，设
立三方对等共决的高校最高决策机构——高校委员会（Hochschulrat），
在国家和社会面前代表高校成员的整体利益，并有权通过规则和制定
人事聘用政策。②

　　就在 1961 年德国社会主义大学生联盟提出三方对等共决思想的同
时，其他大学生政治团体也提出了类似的扩大学生参与权的主张。如
1957 年时，左翼的德国自由大学生联盟提出要扩大大学生自治权并参与
学校的人事招聘事务。连中右翼大学生政治组织基督教民主大学生联盟

---

　　① 传统上，德国高校的专业技术人员（或称科学工作人员）可分为高校教师
（Hochschullehrer）和中层人员（Mittelbau 或称工作人员 Mitarbeiter）两个级别。在严格的法律意
义上，只有教授（Professor，2002 年之后还有初级教授 Juniorprofessoren）才是联邦德国的高校
教师。除黑森州之外，依附于教席的讲师（Dozent）和助教（Assistant）均被称为中层人员或工
作人员（Mitarbeiter），不属于高校教师。其中具有高校授课资格（Habilitation）的讲师（传统
上分为高校讲师 Hochschuldozent 和编外讲师 Privatdozent）跟教授的立场接近。而已获得博士学
位、但却不具备高校授课资格的助教却往往和学生站在一边反对教授。

　　② SDS-Hochschuldenkschrift：*Hochschule in der Demokratie*，*1961*，Frankfurt：Verlag Neue Kritik，
1972，S. 84 - 85，144 - 145，155.

在1960年联邦代表大会时也要求在大学内部的各级学术委员会内获得共决权。[①] 受此影响,由大学生政治团体选举产生的(联邦)德国大学生联合会(Verband Deutscher Studentenschaften,简称 VDS)也提出了大学生参与高校治理的要求。在1963年4月23—27日的会议中,德国大学生联合会拟定了《大学生与新型高校》文件。该文件以大学学习制度改革为核心议题,并将目前高校改革进展缓慢的原因归咎于对科研和教学组织的不到位。因此,在教授大学的改革方面,德国大学生联合会的态度要比德国社会主义大学生联盟显得温和,它并不要求严格意义上的三方对等共决,而只是提出让教授(教师)、助教和学生等三个群体根据自身的利益和能力在不同领域和层次上共同参与高校事务。例如,在最高权力机关校学术委员会中它要求教授、助教和学生的组成比例为2∶1∶1。[②] 虽然该文件多处与德国社会主义大学生联盟的文件不一致,但他们都要求对教授大学进行改革,都要求通过建立"群体合作"制度来实现高校的民主化。两个文件"虽然带有一定情绪性,但它们是针对高校改革所做的严肃的、广泛的科学性讨论"[③]。

之后,随着形势的发展,德国社会主义大学生联盟已不满足于仅仅通过建议的方式来打破教席垄断权力。在1963年第19次代表大会上该组织明确提出,要通过组织大规模的学生抗议活动来实现自己的高校改革目标。[④] 1966年12月,德国社会主义大学生联盟在名为《德国社会主义大学生联盟想要的是什么》的文件中再次指出,"进一步实现高校改革目标的前提是清除所有阻碍大学学习机构变革的限制措施……要让绝

① Rohstock, Anne, *Von der "Ordinarienuniversität" zur "Revolutionszentrale"? Hochschulreform und Hochschulrevolte in Bayern und Hessen,1957-1976*, Berlin; Boston: R. Oldenbourg Verlag, 2010, S. 44.

② VDS, *Studenten und die neue Universität*, Beuel: Buch-und offsetdrucksei Siedl, 1966, S. 3, 8, 73-74, 83.

③ Bauß, Gerhard, *Die Studentenbewegung der sechziger Jahre in der Bundesrepublik und Westberlin*, Handbuch, Köln: Pahl-Rugenstein, 1977, S. 228.

④ "Beschlussprotokoll der 19. ordentlichen Delegiertenkonferenz des SDS," APO-Archiv, Bestand SDS-Achiv, Ordner BV. 19, DK. 1964, S. 2.

大多数学生意识到，必须通过抗议、集会和罢课才能取消这些限制措施。"①

在德国社会主义大学生联盟的带动下，西柏林自由大学等高校的大学生也变得越来越"左倾"激进化。由于特殊的建校史，自由大学的学生们拥有比其他西德大学学生更强的政治积极性。根据调查结果，自由大学的学生中有 3/4 表示对政治感兴趣，远远超过同龄人的比例，也超过西德其他高校。② 与此同时，自由大学的学生在参与学校事务方面也比其他高校的学生更有经验。因此，在高涨的政治热情驱动下，自 20 世纪 60 年代中期起，西柏林自由大学学生会（Allgemeine Studierendenausschuss/Allgemeine Studentenausschuss）率先开始在大规模抗议活动中提出变革高校内部权力结构的要求。

1966 年，当自由大学开始在两个学院实行强制注册和考试制度后，学生会便开始效仿工会的做法，企图以利益集团的身份采取紧急措施保护学生。学生们认为，大学多年来一直人满为患，强制注册和考试不会对学习的实际条件有实质性的改善。③ "大学生不想对过长的学习时间负责，他们将此归咎于财政投入的不足和高校管理的混乱。"④ 为了阻止校方在教席制度下强行推进大学学习制度改革，西柏林自由大学学生在 1966 年 6 月 22 日举行的静坐示威活动中将实现"三方对等共决"当作了重要的目标。具体做法是：建立由教授、助教和学生对等组成的三方委员会，负责学制改革的规划和执行；市教育局从国家监督的角度对强

---

① "Was will der SDS?" in Lönnendonker, Siegward, & Fichter, Tilman（Hrsg.）, *Freie Universität Berlin 1948 - 1973: Hochschule im Umbruch*, *Dokumentation*, *Teil IV*, Nr. 607, FU Berlin, 1975, S. 370.

② Friedeburg, Ludwig von, *Freie Universität und politisches Potential der Studenten : über die Entwicklung des Berliner Modells und den Anfang der Studentenbewegung in Deutschland*, Neuwied; Berlin: Luchterhand, 1968, S. 218.

③ Friedeburg, Ludwig von, *Freie Universität und politisches Potential der Studenten: über die Entwicklung des Berliner Modells und den Anfang der Studentenbewegung in Deutschland*, Neuwied; Berlin: Luchterhand, 1968, S. 313.

④ Görlich, Christopher, *Die 68er in Berlin. Schauplätze und Ereignisse*, Berlin; Homilius: K Verlag, 2002, S. 68 - 69.

制考试的合法性进行重新审查并暂时中止这一政策；同时施加政治影响，保证学制改革三方共决委员会的建立。在抗议取得初步胜利之后，学生代表大会又要求学生代表能在各级学术委员会内享有永久性的参与权和投票权，企图通过实现学生的对等共决地位来打破教授的统治。①

　　与此同时，西柏林自由大学学生会还在维护学生政治教育自治权的斗争中，进一步意识到争取高校控制权的重要性。自 20 世纪 60 年代中期开始，校方多次以校园管理和政治审查为手段，干涉和禁止大学生在校园内从事政治宣传活动。这激起了学生们的强烈不满。1966 年 2 月 16日，为了限制学生在校园内举行政治活动，学术委员会的校规制定委员会出台了《关于设立学生协会的备忘录》，要求学生的政治活动只能在小范围内或夜间在食堂举行。学生会和所有大学生政治团体对学术委员会这一决定进行了大规模抗议。② 在 1967 年 4 月 19 日的静坐抗议活动中，校方动用所谓的"校纪手段"（Disziplinarmassnahmen），要求警察进入校园驱散学生。这次事件使学生们认识到获得更多权力的重要性。"专制问题就是权力问题。"③ 之后，学生会提出了更详细的大学改革计划，要求在所有的学校权力机构中建立教师、助教和学生的群体共决机制。④

　　学生对教授大学的不满是导致这一时期以西柏林自由大学等为代表的联邦德国诸多高校爆发大规模学生抗议的重要原因。⑤ 这些在校园内所进行的抗议活动，不仅成为后来 68 运动的先驱（也有学者认为这一时

---

　　① "FU 18. Konvent, Protokolle 1966," in Lönnendonker, Siegward, & Fichter, Tilman（Hrsg.）, *Freie Universität Berlin 1948 – 1973*：*Hochschule im Umbruch*, *Dokumentation*, *Teil IV*, Nr. 558, FU Berlin, 1975, S. 334, 336.

　　② "Memorandum zur Frage der Zulassung studentischer Vereinigungen," "Pressemitteilung des AStA," in Lönnendonker, Siegward, & Fichter, Tilman（Hrsg.）, *Freie Universität Berlin 1948 – 1973*：*Hochschule im Umbruch*, *Dokumentation*, *Teil IV*, Nr. 484, Nr. 485, FU Berlin, 1975, S. 266 – 268.

　　③ Bauß, Gerhard, *Die Studentenbewegung der sechziger Jahre in der Bundesrepublik und Westberlin*, *Handbuch*, Köln：Pahl-Rugenstein, 1977, S. 251.

　　④ Leibfried, Stephan, *Wider die Untertanenfabrik*：*Handbuch z. Demokratisierung d. Hochschule*, Köln：Pahl-Rugenstein, 1967, S. 305.

　　⑤ "Beschlussempfehlung des 1. Untersuchungausschuss（V. Wahlperiode），" in Lönnendonker, Siegward, & Fichter, Tilman（Hrsg.）, *Freie Universität Berlin 1948 – 1973*：*Hochschule im Umbruch*, *Dokumentation*, *Teil V*, *Zeitgenössische Kommentare*, FU Berlin, 1983, S. 446.

期柏林自由大学发生的抗议活动是 68 运动的第一阶段），也为 68 运动提出更加激进的高校改革目标奠定了基础。

二 "教授大学"引发 68 运动的原因

那么，在传统德国高校治理中一直存在的教授专制问题，为什么会在 20 世纪 60 年代引起大学生的不满和抗议呢？

从根本上讲，这和当时联邦德国所经历的社会转型及其所处的冷战环境有关。根据马克思主义理论，经济和社会结构的变迁是导致大学生反抗教授大学的首要原因。20 世纪 50 年代末期之后，经历了"十年繁荣"的联邦德国逐步进入后工业社会时代。1961—1971 年，联邦德国产业工人的数量减少了 30%，同时，包括工人在内的中下阶层的收入却在持续增长，联 邦 德 国 也 由 此 进 入 了 所 谓 的 纺 锤 形 "富 裕 社 会"（Wohlstand-sgesellschaft）。[①] 随着工人数量的下降和部分工人成为中等收入者，原本激烈的劳资冲突逐渐趋于平和，联邦德国社会矛盾的焦点也从收入和财富分配的不公变为政治、教育等其他领域机遇分配的不公。这一变化在客观上增加了年轻学生对高校民主化问题的关注。在进行了长期的调查之后，1961 年法兰克福社会学研究所发表了《大学生与政治》研究报告，对法兰克福大学学生政治意识变化的原因进行了分析："随着公开的阶级斗争的消失，社会矛盾的根源发生了变化。它表现为：作为大众去政治化的结果，整个社会都在政治化。在此之中，国家与社会的区别缩小了，社会权力直接被政治化。由法律所规定的平等和事实上的机遇分配及政治化合作中的不平等所造成的传统矛盾在客观上不断加剧。"[②]

然而，当社会转型开始的时候，联邦德国官方却依然坚持奉行"反

---

① Mooser, Josef, "Auflösung der proletarischen Milieus: Klassenbindung und Individualisierung in der Arbeiterschaft vom Kaiserreich bis in die Bundesrepublik Deutschland," in *Soziale Welt*, 34. Jahrg., H. 3 (1983), S. 271, 273 – 274, 286 – 289. ［德］韦·阿贝尔斯豪泽：《德意志联邦共和国经济史，1945—1980 年》，张连根、吴衡康译，商务印书馆 1988 年版，第 107 页。

② Habermas, Jürgen, "Über den Begriff der politischen Beteiligung," in Friedeburg, Ludwig von, *Student und Politik. Eine soziologische Untersuchung zum politischen Bewusstsein Frankfurter Studenten*, Neuwied-Berlin: Luchterhand, 1961, S. 34.

共高压、冷战对抗"的基本政策。从国内来看，冷战分裂使得联邦德国早期一直保持着反共高压的政治态势。在美国的支持下，保守的联盟党在长期执政期间曾采取许多措施对左派的政治活动和言论自由进行限制。与此同时，左派的社民党也逐渐丧失反对党的斗争精神，它不仅支持反共反民主的《紧急状态法》的制定，还在 1966 年时与联盟党一起组成了大联合政府。

根据西方的政治机会结构理论，政权的性质，尤其是政权对社会的民主开放程度，是能否诱发社会运动的重要考量指标。自 20 世纪 50 年代末期开始，国内日益反动的政治形势便成为诱发联邦德国大学生抗议和高校治理危机的重要因素。不仅"联盟党国家对年轻一代缺少弹性"[1]，之后大联合政府的建立及其所推行的政策，也引起了年轻一代大学生群体在政治上的强烈不满。"大联合政府的建立导致了青年与知识分子抗议的爆发。"[2]顽固的冷战思维不仅造成联邦德国大学生政治观点的"左倾"激进化，还促使它们谋求更多的高校控制权，以防校方通过教授专制压制自己的政治自由。"高校危机的外部诱因首先是北半球的冷战大环境。它至少造成了联邦德国意识形态的僵化并确定了其思想的氛围。"[3]

从国际上看，这一时期西方对第三世界国家发动的侵略战争，也间接地增加了大学生对高校制度的不满。20 世纪 50 年代中期开始，法国和美国先后发动了针对阿尔及利亚和越南的战争，在联邦德国大学生中引发了强烈抗议。然而，学生们在高校内举行的抗议活动却屡屡遭到校长和学术委员会的禁止。为了争取政治自由权，学生提出的要求之一就是改革专制的教授大学体制，扩大学生自治自决的范围。

在社会转型和冷战的背景下，以下三个因素进一步促使大学生将教

---

① Roth, Roland, & Rucht, Dieter (Hrsg.), *Die sozialen Bewegungen in Deutschland seit 1945*, Frankfurt am M.：Campus Verlag, 2008, S. 69.

② Rolke, Lothar, *Protestbewegungen in der Bundesrepublik*, *Eine analytische Sozialgeschichte des politischen Widerspruchs*, Wiesbaden：VS Verlag für Sozialwissenschaften, 1987, S. 249.

③ Strobel, Karl, & Schmirber, Gisela, *Drei Jahrzehnte Umbruch der deutschen Universität*, *Die Folgen von Revolte und Reform*, *1968 – 1974*, Vierow bei Greifswald：SH-Verlag GmbH, 1996, S. 130.

席制度看成是高校专制的象征。

第一，是代际交替和年轻一代价值观的变迁。在社会转型开始的同时，对德国历史具有重要影响的一次代际交替过程也在悄然进行。20 世纪 60 年代时，由二战晚期出生的、被舍尔斯基称为"怀疑的一代"和完全在战后出生的"68 一代"组成的新一代联邦德国年轻人陆续成年。而此时仍在社会上掌握主要权力的却是他们的父辈和祖辈——那些在帝国晚期和魏玛初期出生的老一代人。处于历史转折点的这次新老交替给联邦德国带来了严重的代际冲突（Generationskonflikt）。

年轻一代大学生对先辈们所信奉的德国传统价值体系，尤其是爱国主义和服从权威的家长专制主义产生了深深的质疑。学生们认为，19 世纪末期以来德国大学里一直是一种威权统治：空洞的师道尊严；疏远的威权关系；装腔作势的面子；这些老一代的作风为简单的战后一代所不容。[①] 联邦德国大学生中的左翼激进分子甚至称这些传统风气为大学中的"法西斯路线"。学生们追究教授们在第三帝国时期的所作所为，在有些地方甚至要求发起对"法西斯教授"的抗议。"总体来看，联邦德国高校和社会的黑暗历史是 20 世纪 60 年代初期到中期产生青年批判文化的重要原因。"60 年代中期后，完全在战后出生的 68 一代进入大学校园，他们的反体制、反权威思想更加激进。与此同时，老一辈中的大多数人也对年轻大学生群体的"不安分"持怀疑和批评态度。1963 年时，一名基民盟联邦议员表示，大学生缺少成熟的心智。与美国相比，联邦德国的大学生明显幼稚。60 年代的大学生被描述为是焦虑的、敏感的、病态的一代。[②]

68 运动与工人运动等传统左翼社会运动一个重要区别在于，它并不具有典型意义上的阶级基础。参与抗议的大学生并不具有共同的经济利

---

① Strobel, Karl, & Schmirber, Gisela, *Drei Jahrzehnte Umbruch der deutschen Universität*, *Die Folgen von Revolte und Reform*, *1968 – 1974*, Vierow bei Greifswald：SH-Verlag GmbH, 1996, S. 132 – 133.

② Rohstock, Anne, *Von der "Ordinarienuniversität" zur "Revolutionszentrale"? Hochschulreform und Hochschulrevolte in Bayern und Hessen*, *1957 – 1976*, Berlin；Boston：R. Oldenbourg Verlag, 2010, S. 37, 178 – 180.

益，他们反对教授大学很大程度上是受到了后物质主义价值观的影响。"大学生当下……反对的是由目光短浅的专制所造成的无聊的生活和恶意的监护。"① 随着带有后物质主义色彩的反体制思想不断加强，年轻一代大学生不仅对国家治理中的"保守主义"倾向日渐不满，他们对传统的大学治理体系也深恶痛绝。这是 60 年代联邦德国大学生反对教授专制的重要原因。

第二，在国内外因素的共同影响下，联邦德国高校内部也出现了该国学者所说的"教育灾难"（Bildungskatastrophe），这是导致大学生将斗争矛头指向教授大学的又一重要原因。

其一，在冷战国际竞争中表现不佳。科学技术的发展不仅影响到国家的经济和军事实力，还关系到该国的政治和意识形态的稳定。根据当时公布的一份数据，苏联的高等教育发展速度要远远快于联邦德国。1958 年时，在野的社民党议员批评国家对高等教育投入不足，东德的洪堡大学学生与教授比为 8.3∶1，而西德的平均水平只有 22∶1。② 其二，学术人才缺乏。60 年代上半期，联邦德国工业界就埋怨本国学术人才的缺乏。联邦内政部长在 1960 年收到的一份报告声称，到 1970 年时，联邦德国将会出现 3 万名工程师的缺口。由于联邦德国大学中教席制度的存在，年轻教师和科研人员很难获得晋升机会，工作积极性不高。许多前往国外留学的优秀人才甚至都不愿回国在高校内当"助教"。其三，大学在校生人满为患。随着中等收入家庭的增加，越来越多的年轻人希望能够进入大学深造，通过大学入学资格考试（Abitur）的人不断增加。再加上战后出生高峰的原因，联邦德国的大学在 60 年代出现了严重超员的现象。法兰克福大学学生会主席形容情况是"不可忍受"的。图宾根大学在 60 年代初期甚至实行分批使用图书馆的政策。慕尼黑大学的学生

---

① Rolke, Lothar, *Protestbewegungen in der Bundesrepublik*, *Eine analytische Sozialgeschichte des politischen Widerspruchs*, Wiesbaden: VS Verlag für Sozialwissenschaften, 1987, S. 270.

② "Stenografische Berichte, 23. Sitzung des Deutschen Bundestages vom 18.4.1958," in *Verhandlungen des Deutschen Bundestages*, *3. Wahlperiode*, *Band 40*, Bonn: Bonner Universität-Buchdruckerei, 1958, S. 1226.

会在 1961 年冬季学期向大学新生们发出了学习资源紧张的警告。很多学生无法按时毕业。大学学习甚至成为一项危险的行动。[1] 1961 年已经有 47% 的学生报告因为超员而耽误了学业。[2]

"教育灾难"的出现也在一定程度上增加了大学生对教授大学的不满。一方面，"教育灾难"直接导致了学生对教授专制的不满。"高校生源过剩危机和相比外国的落后增加了对教授大学陈旧结构的不满。"[3] 随着大学生人数的飞速增长，大学中非教席教授以外的教学人员的增长比例远远超过了教席教授。教席制度明显成为一种科学界的"寡头制"，与大学教学和科研共同体的性质和大学教师之间的传统同事关系明显不符。[4] 与此同时，学生精英色彩的减退和教席制度下大学改革进程的缓慢，也进一步增加了大学生们的不满情绪。由于学术理想和就业现实之间的差距，大学生出现了"光环散去的困惑"（heillose Konfusion）。[5] 仅有 8% 的学生能经常和教授讨论专业问题，而有 48% 的学生从来没有和教授讨论过。[6] 1965 年海德堡的一位心理学家报告说，在联邦德国，有 67% 的学生对他们的学习失望，有 52% 的学生在学习中感到无助，有 36% 的学生感到神经紧张和压抑，有 17% 的学生报告说他们"受到侵

---

[1] Rohstock, Anne, *Von der "Ordinarienuniversität" zur "Revolutionszentrale"? Hochschulreform und Hochschulrevolte in Bayern und Hessen, 1957－1976*, Berlin; Boston: R. Oldenbourg Verlag, 2010, S. 27.

[2] "Das geistiger Bild der student, 1961," in Bauß, Gerhard, *Die Studentenbewegung der sechziger Jahre in der Bundesrepublik und Westberlin, Handbuch*, Köln: Pahl-Rugenstein, 1977, S. 228.

[3] Rohstock, Anne, *Von der "Ordinarienuniversität" zur "Revolutionszentrale"? Hochschulreform und Hochschulrevolte in Bayern und Hessen, 1957－1976*, Berlin; Boston: R. Oldenbourg Verlag, 2010, S. 42

[4] Hüther, Otto, *Von der Kollegialität zur Hierarchie? Eine Analyse des New Managerialism in den Landeshochschulgesetzen*, Wiesbaden: VS Verlag für Sozialwissenschaften, 2010, S. 59.

[5] Rohstock, Anne, *Von der "Ordinarienuniversität" zur "Revolutionszentrale"? Hochschulreform und Hochschulrevolte in Bayern und Hessen, 1957－1976*, Berlin; Boston: R. Oldenbourg Verlag, 2010, S. 38.

[6] Bauß, Gerhard, *Die Studentenbewegung der sechziger Jahre in der Bundesrepublik und Westberlin, Handbuch*, Köln: Pahl-Rugenstein, 1977, S. 228.

犯"①。"大学学生数量翻倍,教师不足……大学中的教授被视为不民主的精英,是专制的掌权人,战后的余孽。大学学习位置和讲师位置的不足,以及教授的优越待遇引起了人们的不满。"②

另一方面,科学政策制定者(Wissenschaftpolitiker)为应对"教育灾难"而强行推行的改革政策,则进一步引发了大学生对教席制度的不满和反抗。大多数科学政策制定者主张根据社会及经济需要和绩效原则进行功能主义改革,反对改变教席制度。1963年时,时任欧洲大学校长会议主席的路德维希·赖泽尔(Ludwig Raiser)认为,"效率与民主化之间的冲突"和"实行高校自治所引发的冲突"才是目前联邦德国大学出现问题的重要原因。③ 将民主制度引入高校会影响科研水平。④ 因此,决策者们在进行大学治理时很少真正考虑学生的意见。1965年和1966年,西德大学校长协会(Rektorenkonferenzen)和科学委员会(Wissenschaftsrat)先后通过了对大学生注册和考试制度进行改革的建议,企图以强制注册和考试的方式缩短大学学习时间,提高学习效率。此项改革在联邦德国大学生中引起强烈不满。

第三,德国社会主义大学生联盟不仅率先提出三方对等共决方案,还积极引导大学生通过抗议斗争来实现这一主张。因此,德国社会主义大学生联盟这一新左派组织在高校中的形成和发展,也是推动20世纪60年代联邦德国大学生反对教授专制的重要条件之一。

新左派既是信奉后物质主义价值观的年轻一代在政治上的代表,也是68运动的先驱者、领导者和推动者。以德国社会主义大学生联盟为代

---

① Fraser, Ronald, *1968: A Student Generation in Revolt*, New York: Pantheon Books, 1988, p. 125.

② Strobel, Karl, & Schmirber, Gisela, *Drei Jahrzehnte Umbruch der deutschen Universität, Die Folgen von Revolte und Reform, 1968 – 1974*, Vierow bei Greifswald: SH-Verlag GmbH, 1996, S. 118.

③ Strobel, Karl, & Schmirber, Gisela, *Drei Jahrzehnte Umbruch der deutschen Universität, Die Folgen von Revolte und Reform, 1968 – 1974*, Vierow bei Greifswald: SH-Verlag GmbH, 1996, S. 132.

④ Rohstock, Anne, *Von der "Ordinarienuniversität" zur "Revolutionszentrale"? Hochschulreform und Hochschulrevolte in Bayern und Hessen, 1957 – 1976*, Berlin; Boston: R. Oldenbourg Verlag, 2010, S. 47.

表的新左派认为，社民党和工会所代表的老左派只从财产关系的变化就认为联邦德国已经不再是传统意义上的资本主义社会的论调是错误的。新左派坚持在马克思主义的指导下展开斗争，但却又并不指望资本主义经济危机和随之而来的革命，而是专注于解决高校民主化等现实问题。①随着新老左派斗争的加剧，1961年11月8日，德国社会主义大学生联盟正式在组织上与社民党脱离关系，开始以独立的政治姿态参与和领导院外抗议运动。

之后，随着社会形势的发展，德国社会主义大学生联盟在大学生中获得了越来越多的同情和支持。其一，自1966年开始，"德国社会主义大学生联盟在西柏林的队伍迅速壮大"②，其在法兰克福和慕尼黑大学中的影响也有了明显的加强。68学生运动开始后，更是有大量的新成员加入。组织成员从1966年秋的1200人上升至1967年秋的2500人。③小组数量也增加到80个。④德国社会主义大学生联盟的快速发展为大学生发动争取高校改革的斗争提供了重要的组织基础。

其二，在校方的压制下，其他大学生政治团体的政治态度与新左派日益接近。60年代时，联邦德国"大学生政治团体出现整体上突然向左转的情况"。早在60年代初，德国自由大学生联盟就明确警告，自由民主派不应与联盟党"专制和不民主"的领导同流合污。⑤1964年5月的联邦代表大会上，社会主义高校联盟决定接受德国社会主义大学生联盟

① Richter, Pavel A. , "Die Außerparlamentarische Opposition in der Bundesrepublik Deutschland 1966 bis 1968," in *Geschichte und Gesellschaft*, Sonderheft, Vol. 17, 1968-Vom Ereignis zum Gegenstand der Geschichtswissenschaft (1998), S. 35 – 55.

② Merritt, Richard, "The Student Protest Movement in West Berlin," in *Comparative Politics*, Vol. 1, No. 4 (Jul. , 1969), p. 521.

③ Rolke, Lothar, *Protestbewegungen in der Bundesrepublik*, *Eine analytische Sozialgeschichte des politischen Widerspruchs*, Wiesbaden: VS Verlag für Sozialwissenschaften, 1987, S.265.

④ Rohstock, Anne, *Von der "Ordinarienuniversität" zur "Revolutionszentrale"? Hochschulreform und Hochschulrevolte in Bayern und Hessen, 1957 – 1976*, Berlin; Boston: R. Oldenbourg Verlag, 2010, S.172.

⑤ Rohstock, Anne, *Von der "Ordinarienuniversität" zur "Revolutionszentrale"? Hochschulreform und Hochschulrevolte in Bayern und Hessen, 1957 – 1976*, Berlin; Boston: R. Oldenbourg Verlag, 2010, S. 53.

的观点，承认奥德—尼斯河边界。一周后，社会主义高校联盟决定，以后要在德国大学生联合会和各大学学生会选举中与同为左派的德国社会主义大学生联盟和德国自由大学生联盟采取一致行动，共同影响高校政策。1967 年初，社会主义高校联盟召开历史上首次特别代表大会，认为社民党已经不再是一个"改革党"，而成为一个维持现状的党。同时，在《紧急状态法》和越南战争的问题上，社会主义高校联盟也和德国社会主义大学生联盟、德国自由大学生联盟站在一起，反对大联合政府。① 1967 年 6 月 2 日大学生奥内佐格被警察枪杀后，西柏林自由大学的所有大学生政治团体都对这一事件表示强烈谴责，他们在学生会内部实现了高度的团结。② 这些主流大学生政治团体在反对教授大学的斗争中扮演着新左派同盟者的角色。

其三，德国社会主义大学生联盟及其他左翼大学生政治团体在各级学生会中的影响也不断扩大。1965 年时，德国社会主义大学生联盟已经认识到通过德国大学生联合会进行动员，可以非常有效地提高自己在高校改革方面的影响力。③ 此后，其成员便积极与其他大学生政治团体展开合作，扩大自身在各高校学生会中的影响力。以西柏林自由大学为例，1961 年 12 月 12—14 日学生代表大会选举时，66 个席位中右翼基督教民主大学生联盟共夺得 7 席，而左翼的社会主义高校联盟和德国社会主义大学生联盟分别只夺得 1 席。而 1966 年 12 月 6—9 日第 19 届学生代表大会选举中，左派在 78 个席位中获得 46 个，达到历史最好水平。④ 除自由大学外，新左

---

① Albrecht, Willy, *Der Sozialistische Deutsche Studentenbund* (*SDS*): *vom parteikonformen Studentenverband zum Repräsentanten der Neuen Linken*, Bonn: Dietz, 1994, S. 450 – 452, 457.

② Hager, Jens, *Die Rebellen von Berlin*: *Studentenpolitik an der Freien Universität*, Köln u. a.: Kiepenheuer & Witsch, 1967, S. 156 – 168.

③ Rohstock, Anne, *Von der "Ordinarienuniversität" zur "Revolutionszentrale"? Hochschulreform und Hochschulrevolte in Bayern und Hessen, 1957 – 1976*, Berlin; Boston: R. Oldenbourg Verlag, 2010, S. 59 – 60.

④ "Zeittafel," in Lönnendonker, Siegward, & Fichter, Tilman (Hrsg.), *Freie Universität Berlin 1948 – 1973: Hochschule im Umbruch, Dokumentation, Teil III*, FU Berlin, 1974, S. 41, Lönnendonker, Siegward, & Fichter, Tilman (Hrsg.), *Freie Universität Berlin 1948 – 1973: Hochschule im Umbruch, Dokumentation, Teil IV*, FU Berlin, 1975, S. 129.

派在法兰克福大学等高校也取得了很大的影响力。德国社会主义大学生联盟的成员频繁出任学生会领导职务。

成员的增加和其他大学生政治团体的接近，使德国社会主义大学生联盟在西柏林自由大学等高校中从一个少数激进分子组成的学生团体逐渐发展成为学生中具有重要影响的力量。这就为该组织在68运动中通过这些大学的学生会实现自己的高校改革目标奠定了基础。在68运动期间，甚至有学生组织的发言人表示，新左派的高校政策90%都获得了支持。[①] 正是在新左派的大力推动下，"教授大学"成为西柏林自由大学等高校学生们宣泄不满和发起抗议的主要对象之一。

第二节　左派大学生在68运动中争取高校治理变革的斗争

1967年6月2日，西柏林大学生抗议伊朗国王巴列维访问期间，26岁的学生本诺·奥内佐格不幸被警察局长卡尔·库拉斯（Karl Kurras）击毙。这一事件成为1967—1969年联邦德国68运动的导火索。而争取高校改革的斗争，则是68运动的主要组成部分之一。

一　左派大学生争取高校治理变革的目标

68运动的主要目标之一，就是要取消教授对高校内部事务的控制权，并借此重塑联邦德国的国家治理体制和社会秩序。

新左派在这场运动中将矛头指向"教授大学"，主要是为了从根本上改变联邦德国的政治制度，推动整个国家在民主化的道路上继续前进。到68运动兴起时，以鲁迪·杜切克为代表的德国社会主义大学生联盟领导人就已经在法兰克福学派的影响下发展出一整套激进的"反威权斗争"

---

① Rohstock, Anne, *Von der "Ordinarienuniversität" zur "Revolutionszentrale"？Hochschulreform und Hochschulrevolte in Bayern und Hessen, 1957 - 1976*, Berlin; Boston: R. Oldenbourg Verlag, 2010, S. 243.

理论，企图通过所谓的"体制内长征"，在联邦德国基层组织中建立和完善民主制度，并以此来推翻发达资本主义的威权统治。[①]

受这一理论影响，新左派对"教授大学"的批判蒙上了浓厚的政治色彩。1967 年 9 月，德国社会主义大学生联盟联邦委员会表示，大学在专制国家中的功能主要是"意识形态控制"，应将大学看作发达资本主义威权统治的堡垒，是国家威权的代表。60 年代科学委员会、各州文教部长联席会议（Konferenz der Kultusminister der Länder in der Bundesrepublik Deutschland）和西德大学校长会议以及各州所进行的改革都是"威权改革"，其目的是使大学"企业"符合发达资本主义的绩效需求。国家出于经济生产的需求公开地、单方面地、大规模地培养可替代的专业傻瓜，大学其实就是"专业傻瓜生产机器"和"臣民制造工厂"。在新左派看来，大学教育普遍缺少批判性，这是统治者对大学非政治化的产物。[②] 有学者认为，谋求高校改革的这些大学生并不都是为了改善自己的大学学习条件，而是为了"突破代议制总理民主的限制并在政治实践中搜寻社会民主化之路"。他们参与高校民主化的激情，一方面来自历史上的榜样，尤其是以工人自治为目标的社会主义直接民主和中央集权主义运动；另一方面也来自要求从工作空间和技术方面得到解放的国际工人运动新潮流。[③]

根据所谓的"体制内长征"的思想，新左派认为要想重塑国家治理体制和社会秩序，首要的就是要改变高校中的统治关系，完全实现大学产生公民社会和再生产公民社会的能力。杜切克将大学作为新左派开展行动的基地和进行社会革命的练兵场、策源地。他一再强调，大学要承担将大学生抗议者培养成职业革命家的重任。在杜切克的领导和影响下，

---

① Newman, Karl, *Politisch-soziologische Problematik der außerparlamentarischen Opposition*, Opladen: Westdeutscher Verlag, 1974, S. 128.

② "Rechenschaftsbericht des Bundesvorstands auf 22. DK des SDS," September 1967, Ordner 22. DK des SDS, FUB/ZI 6/APO-Archiv.

③ Nitsch, Wolfgang, *Hochschule in der Demokratie: kritische Beiträge zur Erbschaft und Reform der deutschen Universität*, Berlin-Spandau u. a.: Luchterhand, 1965, S. 3 – 5.

德国社会主义大学生联盟也要求在高校中实现学生的全面自治，并以此推动国家治理体制的重构。①

此外，其他左翼大学生政治团体在 68 运动爆发后，也纷纷表达了废除教授特权、重塑国家民主治理体制的强烈愿望。积极投身这场运动的社会主义高校联盟希望在建立高校对等共决治理机制的同时，还要求提高高等教育的批判性和实践性，防止教授利用狭窄的专业知识来进行"威权"统治。不过，社会主义高校联盟只希望高校民主化能推动联邦德国民主体制的完善，并不希望彻底颠覆现有的国家制度。"民主的大学应该反映其在民主中扮演的角色，要积极参与民主法治国家的形成。"②此外，1967 年 6 月 24 日，西柏林德国自由大学生联盟小组也召开会议，要求消除高校内部的专制结构，并认为虽然高校改革首先是高校内部的问题，但与此相对应的社会变革也是必不可少的。③

不难看出，虽然政治指导思想不同，但新左派和社会主义高校联盟、德国自由大学生联盟等其他左翼大学生政治团体对高校治理体制改革的要求却是类似的：它们都希望通过废除教席原则，重塑联邦德国的国家治理体制，推动整个社会在民主化的道路上继续前进。

二　左派大学生争取高校治理变革的斗争实践

为了实现自己的目标，部分联邦德国高校的左派大学生不仅纷纷在原有高校治理体制之外建立起了"批判大学"（Kritische Universität）、"卡尔·马克思大学"等所谓的"对立大学"（Gegenuniversität），而且还要求在校内不同级别的管理机构中实现教授、助教和学生的三方对等共决。

---

① Hertal, Gerhard, & Schlaffke, Winfried, *Dienstjubiläum einer Revolte 1968 und 25 Jahre*, München: Hase und Koehler, 1993, S. 135 – 136.

② SHB, " Sozialdemokratischer Hochschulbund, Eine demokratische Universität," in Lönnendonker, Siegward, & Fichter, Tilman（Hrsg.）, *Freie Universität Berlin 1948 – 1973: Hochschule im Umbruch*, *Dokumentation*, *Teil V*, Nr. 820, FU Berlin, 1983, S. 262.

③ Lönnendonker, Siegward, & Fichter, Tilman（Hrsg.）, *Freie Universität Berlin 1948 – 1973: Hochschule im Umbruch*, *Teil V*, FU Berlin, 1983, S. 31.

1. 创办"对立大学"

在奥内佐格被杀害之前，联邦德国的大学生抗议活动一直主要集中在西柏林自由大学当中。此后，该校仍是许多全国性大学生抗议的发源地和汇聚地，并且还涌现出杜切克等一批杰出的新左派学生运动领袖。68 运动期间，在左翼大学生政治团体，尤其是新左派的主导下，为了打破教授对高校内部事务的控制，并推动联邦德国在民主化的道路上继续前进，西柏林自由大学学生会率先在现有高校治理体制之外建立了名为"批判大学"的"对立大学"。

早在 1967 年 1 月 7 日，德国社会主义大学生联盟的西柏林州委员会就指出，"原先所设定的（三方对等共决的）高校民主化的目标是不够的"，新左派既不能无条件地认同制度性的东西，也不能拒绝与其合作。不能仅依靠制度性的学生代表大会，而要在政治上发动学生群众。[1] 68 运动爆发后，西柏林自由大学学生会在德国社会主义大学生联盟推动下于 7 月初公布批判大学的"临时教学活动目录"（*Provisorisches Veranstaltungsverzeichnis der Kritischen Universität*）。目录指出，批判大学是西柏林的大学生和助教们在高等学校和专业学校内建立的自由组织。这所大学开设的课程面向所有有兴趣参与的学生、工人、职员和教师、学者，其目标是促进其成员和公共生活的政治教育，即利用科学知识来塑造民主和法制国家的关系。[2] 批判大学共建有 33 个研究小组，其中有 15 个小组研究中学和高校的组织问题。[3] 1967 年 11 月 1 日，批判大学正式举行成立大会。

"批判大学"在打破教授专制方面具有如下特点：首先，强化学生

---

[1]　"5. Resolution zur Politik des SDS Landesverbandes Berlin," in Lönnendonker, Siegward, & Fichter, Tilman（Hrsg.）, *Freie Universität Berlin 1948 - 1973: Hochschule im Umbruch, Dokumentation, Teil IV*, Nr. 625, FU Berlin, 1975, S. 383 - 384.

[2]　"Provisorisches Veranstaltungsverzeichnis der Kritischen Universität, Juli 1967," in Lönnendonker, Siegward, & Fichter, Tilman（Hrsg.）, *Freie Universität Berlin 1948 - 1973: Hochschule im Umbruch, Dokumentation, Teil V*, Nr. 780, FU Berlin, 1983, S. 219.

[3]　Bauß, Gerhard, *Die Studentenbewegung der sechziger Jahre in der Bundesrepublik und Westberlin, Handbuch*, Köln: Pahl-Rugenstein, 1977, S. 256.

和助教的共决权。批判大学计划不仅要求教授与学生和助教在教学计划和人事政策方面分享决策权，且三者都可在一定条件下自主举行教学活动和邀请客座学者来校进行短期有酬讲学。学生甚至还可以与学者共同组成行动委员会来举行学术活动。① 1968 年夏季，批判大学还成立专门工作小组对大学内部民主化改革情况进行调查和评价。② 批判大学可以说是将直接民主的思想在高校中应用的一种尝试。这一方式深受美国伯克利大学和法国五月风暴中大学生的影响③。学生对国家和高校一拖再拖高校改革的做法产生了怀疑，要求将改革控制在自己手中。④

其次，批判大学还要求加强大学课程的实践性，以打破教授们在教学过程中的"专业性"压迫。根据"反威权斗争"理论，在教学活动中，大学生受到了专业性的威权压迫。因此必须要消灭教授的支配性力量和科学与经济的卡特尔，废除教授大学和"专业白痴制造工厂"⑤。学生们认为，自己受限制的状况和当年的企业代表会、工商业行会等同业公会的性质是一样的。《基本法》保证了科学自由，也就保证作为社会实践的科学有利于社会的解放。大学生在科学知识学习中是参与者，必须要能够将所学与所用结合起来。⑥ "教授们处处利用技术性文化政策来

① "Argumente für eine von Studenten selbst organisierte Kritische Universität in der FU," in Lönnendonker, Siegward, & Fichter, Tilman（Hrsg.），*Freie Universität Berlin 1948–1973: Hochschule im Umbruch*, *Dokumentation*, *Teil V*, Nr. 766, FU Berlin, 1983, S. 201.

② AstA der FU Berlin, *Kritische Universität*, *Sommer 68*, *Berichte und Programm*, FU Berlin, 1985, S. 66.

③ 20 世纪 60 年代加州大学伯克利分校的学生抗议活动和 1968 年的"五月风暴"分别是美、法两国后工业转型时期大学生运动的代表。两国大学生均在斗争中提出了学生直接参与高校治理的民主化改革诉求。

④ Bauß, Gerhard, *Die Studentenbewegung der sechziger Jahre in der Bundesrepublik und Westberlin*, *Handbuch*, Köln: Pahl-Rugenstein, 1977, S. 254.

⑤ Rohstock, Anne, *Von der "Ordinarienuniversität" zur "Revolutionszentrale"? Hochschulreform und Hochschulrevolte in Bayern und Hessen*, *1957–1976*, Berlin; Boston: R. Oldenbourg Verlag, 2010, S. 167.

⑥ Friedeburg, Ludwig von, *Freie Universität und politisches Potential der Studenten: über die Entwicklung des Berliner Modells und den Anfang der Studentenbewegung in Deutschland*, Neuwied; Berlin: Luchterhand, 1968, S. 417.

压迫他们的同事及学生。"① 批判大学将通过对教育改革不断地进行批判与实践，使所学的课程更有意义，避免出现专业学习与个人兴趣的断裂与疏离现象。

再次，为未来的社会变革做好准备。"批判大学动议的出发点就是废除教席制度，并实现由大学生直接领导下的大学任务的政治化……学生们应自己组织起来去完成他们自己有能力完成的专业学习任务。实现批判大学就是一个开始。"② "批判大学是院外反威权抗议运动在科学、教育和知识分子中的培养器……它是批判理论的产物，也是经验分析方法的应用。""大学生有许多政治实践任务需要有理论的准备。"③ 临时教学活动目录也指出，批判大学的主要任务之一就是进行"永久性的批判和大学学习改革，进而拓展和加强大学生政治团体、学生代表及批判大学自身作为行动中心的政治实践"④。"批判大学是高校改革创新的实践形式和永久性的高校批判。"⑤

继西柏林之后，汉堡、法兰克福、吉森（Gießen）等地的大学也纷纷在新左派的推动下建立起了类似于批判大学的"对立大学"。值得注意的是，虽然对立大学最初的提出者是德国社会主义大学生联盟，但它却是以学生会的名义公布的。在建立对立大学的各个城市中，激进的高校改革思想已经影响到几乎所有的大学生政治团体。

---

① "Provisorisches Veranstaltungsverzeichnis der Kritischen Universität, Juli 1967," in Lönnendonker, Siegward, & Fichter, Tilman（Hrsg.）, *Freie Universität Berlin 1948 – 1973：Hochschule im Umbruch*, *Dokumentation*, *Teil V*, Nr. 780, FU Berlin, 1983, S. 220.

② Hertal, Gerhard, & Schlaffke, Winfried, *Dienstjubiläum einer Revolte 1968 und 25 Jahre*, München：Hase und Koehler, 1993, S. 137.

③ "Argumente für eine von Studenten selbst organisierte Kritische Universität in der FU," in Lönnendonker, Siegward, & Fichter, Tilman（Hrsg.）, *Freie Universität Berlin 1948 – 1973：Hochschule im Umbruch*, *Dokumentation*, *Teil V*, Nr. 766, FU Berlin, 1983, S. 201.

④ "Provisorisches Veranstaltungsverzeichnis der Kritischen Universität, Juli 1967," in Lönnendonker, Siegward, & Fichter, Tilman（Hrsg.）, *Freie Universität Berlin 1948 – 1973：Hochschule im Umbruch*, *Dokumentation*, *Teil V*, Nr. 780, FU Berlin, 1983, S. 221.

⑤ Bauß, Gerhard, *Die Studentenbewegung der sechziger Jahre in der Bundesrepublik und Westberlin*, *Handbuch*, Köln：Pahl-Rugenstein, 1977, S. 257.

2. 争取实现三方对等共决

在西柏林等地纷纷建立对立大学之时，新左派还继续在高校中谋求实现教授、助教和学生的"三方对等共决"机制，并将此当作自己反对教授大学、实现"反威权斗争"理想的重要途径。

在 68 运动期间，新左派的三方对等共决思想得到了其他左翼大学生政治团体的大力支持。身为汉堡大学学生会主席、社会主义高校联盟及德国大学生联合会代表的迪特勒夫·阿尔贝斯（Detlef Albers）不仅喊出了"长袍之下：1000 年腐朽的味道"这句著名的口号来讽刺教席制度，① 还在 1967 年 6 月写了题为《高校的民主化：关于三方对等共决的观点》的小册子来宣传左翼学生群体的高校改革理念。② 西柏林社会主义高校联盟对高校结构改革的要求是：所有成员都可以独立参加自由的科学及政治讨论；以科学的合作形式代替封闭专制的教席原则，以打破学科专业之间的狭窄界限；为保证基层参与决策，要在各级机构中分配各利益集团的选票。③

在新左派等左翼大学生政治团体的推动下，德国大学生联合会也将三方对等共决当作了自己高校改革的目标。1968 年 3 月 4—10 日，德国大学生联合会在第二十次代表大会上通过的《高校民主化》决议要求：取消教席原则；对教授实行公开招聘；取消获得大学授课资格的考核，以新的方式协调助教、学术委员会和校长的关系；学习自由，在学习目标、专业设计和考试成绩方面保证学生的自主决定权。在 6 月 24 日的声明中，德国大学生联合会重申了自己的这些要求，并表示，"如果不能保证学生在平等环境中与教授和助教展开协商，就反对所有形式的州《高

---

① Rohstock, Anne, *Von der "Ordinarienuniversität" zur "Revolutionszentrale"? Hochschulreform und Hochschulrevolte in Bayern und Hessen, 1957 – 1976*, Berlin；Boston：R. Oldenbourg Verlag, 2010, S. 169.

② Albers, Detlev, *Demokratisierung der Hochschule：Argumente zur Drittelparität*, Bonn；Beuel：Verl. Studentenschaft, 1968, S. 1 – 65.

③ SHB, "Sozialdemokratischer Hochschulbund, Eine demokratische Universität," in Lönnendonker, Siegward, & Fichter, Tilman（Hrsg.）, *Freie Universität Berlin 1948 – 1973：Hochschule im Umbruch, Dokumentation, Teil V*, Nr. 820, FU Berlin, 1983, S. 262 – 263.

校法》和改革计划"[1]。"作为30万联邦德国大学生的代表，德国大学生联合会要求在全国高校中贯彻三方对等共决。"[2] 德国大学生联合会还表示，将学生参与权限制度化在学生事务中是不可接受的。"教授一直都拥有高校的决策权，而高校其他成员包括学生其实一直只有旁听权。"[3]

随着新左派的三方对等共决思想得到了大学生群体的普遍认同，各高校争取三方对等共决的斗争也迅速高涨。在自由大学，谋求实现三方对等共决的行动主要有以下特点。

首先，积极参与和推动立法进程，试图在新的《高校法》中取消教授对高校事务的控制，实现校内各群体的对等共决，同时让大学生承担起改造社会的政治使命。

68运动爆发后，柏林市政当局被迫公开了《高校法》修订草案，并要求各方对此发表意见。自由大学学生会代表要求在新的《高校法》中引入对等共决制度，消除教授对高校教学和政治活动的控制。1967年6月3日，学生会发表声明，认为《高校法》不仅要实现高校结构改革和民主化，还要成为改变政治错误和白色恐怖的工具。[4] 同年7月，德国社会主义大学生联盟成员、自由大学学生会主席克努特·内费尔曼（Knut Nevermann）又发表文章，要求在新《高校法》中，扩大由教授、讲师、助教和学生共同组成的学校代表大会（Konzil）的权力，并希望在校学术委员会下属的学习改革委员会中学生能拥有对等共决权。[5]

---

① Jacobsen, Hans-Adolf, & Dollinger, Hans, *Die Deutschen Studenten*, *Der Kampf um die Hochschulreform*, München: Verlag Kurt Desch, 1968, S. 289.

② Rohstock, Anne, *Von der "Ordinarienuniversität" zur "Revolutionszentrale"? Hochschulreform und Hochschulrevolte in Bayern und Hessen, 1957–1976*, Berlin; Boston: R. Oldenbourg Verlag, 2010, S. 244.

③ Jacobsen, Hans-Adolf, & Dollinger, Hans, *Die Deutschen Studenten*, *Der Kampf um die Hochschulreform*, München: Verlag Kurt Desch, 1968, S. 304–305.

④ "AstA der FU Berlin: 2. Vorsitzender, Presseerklärung," 03. Juni 1967, Flugblätter, FUB/ZI 6/Akte E0702 /FU/TU.

⑤ Knut Nevermann, "Ansätze zur Demokratisierung," in Lönnendonker, Siegward, & Fichter, Tilman (Hrsg.), *Freie Universität Berlin 1948–1973: Hochschule im Umbruch*, *Dokumentation*, *Teil V*, Nr. 776, FU Berlin, 1983, S. 216–217.

1967 年 12 月 1 日，学生会制定《学生会想要什么？第二号文件》，认为新的《高校法》中对教授的"去特权化"（Entprivilegierung）是不够的，教授们在许多高校事务中都保留有最终决定权。文件希望《高校法》能彻底废除教授对大学教学内容的控制，并将此作为大学生开展民主抗议活动的重要条件。"法律只允许教大学生解决技术性问题，拒绝承认大学生的政治使命。""在如此组织起来的高校中，缄默、秩序和教授居于统治地位；教育只是基于社会需要培养学术白痴。"① 1968 年 7 月 27 日，西柏林科学与艺术局局长在接受《每日镜报》采访时也表示，学生们在讨论新《高校法》时所提出的三方对等共决要求，其实是"政治要求的一部分"②。

其次，重点推进研究所章程的制定，试图通过在高校基层组织中贯彻对等共决原则，来消除教授对高校内部事务的控制权，并推动国家的民主进步。1968 年 5 月，西柏林自由大学学生会制定《学生会想要什么？第三号文件》，明确表示"学生运动进行高校改革的阻力不仅来自'教授大学'，也来自发达资本主义社会的'威权'统治。这是眼下造成学生们在各研究所的改革受挫的主要原因"。"人们一直以来要求废除教席制下的'教授专制'，包括教授对研究所财务、人事和科研的控制；但现在还必须进一步获得对科学研究本身的决定权……因此学生的共决权必须重新定义：不仅要正式地参与决策进程，还必须促使科学积极地服务于（社会的）解放。"文件要求让基层研究所的所有成员都可以参与本所的决策，并特别提出要在研究所的教学、预算、科研、人事、考试规则等委员会中建立教学人员（教授及讲师）、助教、教辅人员和大学生的对等共决制度。③

---

① "Zeittafel," in Lönnendonker, Siegward, & Fichter, Tilman（Hrsg.）, *Freie Universität Berlin 1948 – 1973*：*Hochschule im Umbruch*, *Dokumentation*, *Teil V*, FU Berlin, 1983, S. 57 – 58.

② "Resume eines Semesters, Interview mit Senator Stein," *Der Tagesspiegel*, 27. Juli 1968, S. 9.

③ "Was will der AstA？Nr. 3," in Lönnendonker, Siegward, & Fichter, Tilman（Hrsg.）, *Freie Universität Berlin 1948 – 1973*：*Hochschule im Umbruch*, *Dokumentation*, *Teil V*, Nr. 883, FU Berlin, 1983, S. 316 – 318.

1968 年 5 月 30 日，德国社会主义大学生联盟和社会主义高校联盟的自由大学小组向该校奥托—祖尔政治学研究所（Otto-Suhr-Institut，以下简称政治学研究所）代表大会递交了新的研究所章程草案，并与研究所全体成员在贯彻三方对等共决原则的问题上达成初步共识。[①] 政治学研究所的改革活动为自由大学其他基层研究单位进行类似的斗争树立了榜样。1968 年底，德国社会主义大学生联盟的代表在第 20 届学生代表大会上表示，为了在对等共决方面取得更大的成果，各研究所在制定章程方面要加强合作。[②] 此后，学生们立即着手在自由大学的文学、法学、经济学、新闻学等研究所推广这一模式。[③]

最后，68 运动爆发后，除了在体制内使用和平手段外，以占领课堂为代表的更加激进的抗议方式，也成为左翼大学生推动三方对等共决制度建立和发展的重要途径。"占领的目的是将科学从政治强制及其为非政治化所作出的牺牲中解放出来。"[④]

政治学研究所的"三方对等共决"章程草案就是新左派在 1968 年 5 月 23—29 日的占领课堂活动中草拟形成的。[⑤] 1968 年 7 月 8 日，《明镜周刊》以"转折点"为题报道了西柏林自由大学左翼大学生占领大学校长办公室和罢课的行为，学生们甚至喊出了"所有教授都是纸老虎"的口号。"学生首先要获得的是在大学中独立的共决权。"[⑥] 两天后，为了

[①] "Beschluß der Vollversammlung des OSI vom 30. Mai 1968," in *Studentische Politik*, Nr. 1/68, Dokumente, S. 26.

[②] "Programmatische Rede von Sigrid Fonius vor dem 20. Konvent der Freien Universität," in Lönnendonker, Siegward, & Fichter, Tilman（Hrsg.）, *Freie Universität Berlin 1948 – 1973: Hochschule im Umbruch*, *Dokumentation*, *Teil V*, Nr. 874, FU Berlin, 1983, S. 308 – 309.

[③] "Studenten der FU am Wendepunkt," *Der Spiegel*, 1968（28）, S. 47.

[④] "Was will der AstA? Nr. 3," in Lönnendonker, Siegward, & Fichter, Tilman（Hrsg.）, *Freie Universität Berlin 1948 – 1973: Hochschule im Umbruch*, *Dokumentation*, *Teil V*, Nr. 883, FU Berlin, 1983, S. 316.

[⑤] Daum, Hanna, "Zwei Jahrzehnte nach der Revolt die Rückkehr zur Nomalität," in SFB, *Vor 20 Jahren*, *Studentenrevolte und Hochschulreform in Berlin*, Sender Freies Berlin, 1987, S. 20.

[⑥] "Studenten Freie Universitat Am Wendepunkt," in Lönnendonker, Siegward, & Fichter, Tilman（Hrsg.）, *Freie Universität Berlin 1948 – 1973: Hochschule im Umbruch*, *Dokumentation*, *Teil V*, Nr. 897, FU Berlin, 1983, S. 335.

抗议校学术委员会否决政治学研究所的新章程，数百名大学生冲击了校长办公室，他们烧毁办公物品，捣乱文件并用家具堵住了楼梯口。新左派领导的学生会在事后宣称，政治学研究所的新章程将成为全校进行民主化的样板，学生们已经无法继续容忍高校改革的拖延。①

1968 年冬季学期起，联邦德国其他的高校研究所也陆续出现了不少占领抗议活动，其主要目的是"为了实现类似于政治学研究所新章程中所确定的（三方对等）共决原则"②。1968 年 12 月初，柏林电影学院的学生提出三方对等共决的方案，③ 2000 名自由大学学生发动占领课堂行动表示支持。为了反对《高校法》的通过，1969 年 6 月 18 日，自由大学经济社会学院的 400 名学生决定举行一周的罢课。26 日学生们又决定，如果《高校法》不贯彻对等共决原则、不赋予所有群体参与校纪委员会的权力，罢课将一直持续下去。④ 在法兰克福大学，原先在社会主义高校联盟学生会主席领导下"小步"进行高校改革的方式遭到了德国社会主义大学生联盟的严厉批判，"民主光靠协商是不行的，要靠斗争才能实现"。在德国社会主义大学生联盟的推动下，法兰克福大学法学院出现了多次占领课堂事件，其数量甚至超过了哲学、社会学等传统的"革命专业"。此外，在慕尼黑、纽伦堡、马尔堡等地都出现了大量的占领课堂活动。⑤

总之，在德国社会主义大学生联盟的推动下，68 运动中的左翼大学生们不仅通过建立对立大学来实现对教授大学的"自我改造"，还采取

① AstA der FU, "Presseerklärung, 10. Oktober 1968," in Lönnendonker, Siegward, & Fichter, Tilman（Hrsg.）, *Freie Universität Berlin 1948 – 1973: Hochschule im Umbruch*, *Dokumentation*, *Teil V*, Nr. 899, FU Berlin, 1983, S. 336.

② Bauß, Gerhard, *Die Studentenbewegung der sechziger Jahre in der Bundesrepublik und Westberlin*, *Handbuch*, Köln: Pahl-Rugenstein, 1977, S. 281.

③ "Studenten über ihre Probleme, Herr Benda und die Filmstudenten," in Lönnendonker, Siegward, & Fichter, Tilman（Hrsg.）, *Freie Universität Berlin 1948 – 1973: Hochschule im Umbruch*, *Dokumentation*, *Teil V*, Nr. 929, FU Berlin, 1983, S. 360.

④ "Resolution zum Hochschulgesetz," SS. 69, FUB/Privatakten/Standort/Archiv ZI 6/Akte R.

⑤ Rohstock, Anne, *Von der "Ordinarienuniversität" zur "Revolutionszentrale"? Hochschulreform und Hochschulrevolte in Bayern und Hessen, 1957 – 1976*, Berlin; Boston: R. Oldenbourg Verlag, 2010, S. 181, 225.

多种策略力争使"三方对等共决"以法律的形式固定下来。在争取高校治理体制改革的斗争中，西柏林自由大学学生会起到了重要的示范带头作用。68 运动期间，该校学生会不仅创办了联邦德国首个"对立大学"，还将政治学研究所打造为基层三方对等共决的典范。正是在以自由大学为代表的这些联邦德国高校中，左派大学生的反抗斗争将教授握有垄断性权力的传统高校治理体制推到了改革的风口浪尖之上。

第三节　68 运动推动下的高校治理变革

在 68 运动的影响下，随着一系列法律规章的通过，联邦德国高校也逐渐从"教授大学"向"群体大学"转变。

所谓群体大学就是以群体合作为主要治理原则的大学。其主要特点包括：大学成员被划分为教授、助教、学生等若干个利益群体，各群体互不相属、自治自决；各群体不仅在教学和科研事务中进行合作，还可以按照一定的比例选举相应的代表参与学校的行政管理。改革后高校内部治理体系最大的变化是助教和学生地位的提升及权力的扩大。1969 年时甚至在慕尼黑大学，助教还当选了大学副校长。"群体大学意味着教授作为全权决策者的至高无上的法律地位的终结。"它不仅对联邦德国高校治理的内部结构和权力关系产生了重要影响，而且还将统一的组织原则引入高校，并间接地加强了高校内部的行政管理和国家对高校的统一规划及控制。[①]

但与此同时，在群体大学中，教授只是失去了往日的垄断权力，其在教学、科研的决策中仍然占有优势地位。

一　群体大学原则的确立

在联邦德国高校治理变革的过程中，68 运动起到了比较重要的推动作用。这场运动兴起后，不仅很多高校的研究所和院系制定了新的章程，

---

① Hüther, Otto, *Von der Kollegialität zur Hierarchie? Eine Analyse des New Managerialism in den Landeshochschulgesetzen*, Wiesbaden: VS Verlag für Sozialwissenschaften, 2010, S. 61, 63 – 64.

各州也陆续通过或修订了《高校法》。新的法律规章中所确立的群体合作原则，撼动了自洪堡时代以来在德国根深蒂固的教授大学传统，并促进联邦德国高校开始向群体大学转变。"教授大学部分地受到了科学职员（wissenschaftlich Angestellten）和大学生的双重钳制，在社会和政治民主化的双重推动下，群体大学制度终于在大学中得以建立。""学生运动以迅雷不及掩耳之势横扫整个联邦德国的高校，学校和教授们对此几乎毫无准备。68 运动不仅使高校从封闭的象牙塔中逐步走出，还使校内受压抑的弱势群体获得了解放。与此同时，68 运动还为进一步实现高校民主化铺平了道路。"①"抗议运动的巨大影响在高校中体现出来。"1977 年 1 月 15 日在西柏林召开的"大学未来"国际代表大会指出，在过去十几年中联邦德国的高校迅速地实现了民主化。②

68 运动进一步推动了助教和教授对群体大学的支持。这场运动爆发后，助教们不仅完善了自身的各级利益代表组织，还全力支持大学生和自己一起参与高校决策。1968 年 3 月，联邦德国的助教们建立了德国历史上首个全国性助教组织——联邦助教协会（Bundesassistentenkonferenz），并在该组织的成立大会上"迫切要求实现助教对高校事务及高校改革的全面参与"，让"大学中的助教职位获得全新的权力"③。1969 年 6 月 5 日，自由大学的助教们在讨论西柏林《高校法》时，也对教授必须在决策机构中保持多数的观点进行了批判。④ 与此同时，哥廷根、康斯坦茨等大学的助教们也纷纷发表声明，要求打破教授在高校中的权力垄断。⑤ 助教

---

① Hartmer, Michael, & Detmer, Hubert (Hrsg.), *Hochschulrecht. Ein Handbuch für die Praxis*, Heidelberg: Müller, 2004, S. 179.

② Hertal, Gerhard, & Schlaffke, Winfried, *Dienstjubiläum einer Revolte 1968 und 25 Jahre*, München: Hase und Koehler, 1993, S. 123, 133.

③ Jacobsen, Hans-Adolf, & Dollinger, Hans, *Die Deutschen Studenten*, *Der Kampf um die Hochschulreform*, München: Verlag Kurt Desch, 1968, S. 221.

④ Vertretung der Wissenschaftlichen Assistenten der Freien Universität, "Presseinformation," 05. Juni 1969, *Berliner Universitäten*, *Flugblätter März-Juni 1969*, FUB/Archiv ZI 6/Akte 12.12. /A 13.

⑤ Jacobsen, Hans-Adolf, & Dollinger, Hans, *Die Deutschen Studenten*, *Der Kampf um die Hochschulreform*, München: Verlag Kurt Desch, 1968, S. 218, 234.

们在这一时期所展现出来的斗争"风格"明显受到了 68 运动的影响。[①]

在 68 运动的冲击下，大多数教授也支持将联邦德国高校改造为群体大学。虽然很多教授并不接受学生的对等共决要求，但面对 68 运动的压力，他们也同意对高校治理体制进行民主化。如 1968 年签署《马尔堡宣言》的 1500 名教授，在批判 68 运动和三方对等共决的同时也明确指出，他们欢迎改革，同意"保证高校所有成员——除教授之外还有助教和学生——按照他们目前的科学文化水平和经验分层次参与高校生活"[②]。

为了平息学生们的不满，维护自身的利益，不少自由大学的教授也都同意将群体大学以立法的形式固定下来。在政治学研究所，自由派教授甚至同意在新的章程中引入对等共决制度，以防激进的学生们将该所变成"院外抗议活动"的中心。[③] 1969 年 6 月 24 日，自由大学 25 名教授在支持社民党所提出的《高校法》草案时也表示，高校治理体制的改革势在必行，而社民党的草案既可以保障教授在未来高校管理中占有优势地位，又能"平息学生们的愤怒"。"在公开的协商机制建立后，高校冲突将会被平息。"[④]

除助教和教授外，群体大学原则当然也得到了大多数学生的支持。而且，随着"怀疑的一代"在 20 世纪 60 年代末加入年轻学者的队伍，部分编外讲师和作为高校教学人员利益代表组织的教育与科学工会（Gewerkschaft Erziehung und Wissenschaft）也倾向于打破教授在高校中的

---

① Rohstock, Anne, *Von der "Ordinarienuniversität" zur "Revolutionszentrale"? Hochschulreform und Hochschulrevolte in Bayern und Hessen 1957 – 1976*, Berlin; Boston: R. Oldenbourg Verlag, 2010, S. 248 – 249.

② Jacobsen, Hans-Adolf, & Dollinger, Hans, *Die Deutschen Studenten*, *Der Kampf um die Hochschulreform*, München: Verlag Kurt Desch, 1968, S. 205.

③ Skuhr, Werner, "Das Reformexperiment am OSI," in Lönnendonker, Siegward, & Fichter, Tilman (Hrsg.), *Freie Universität Berlin 1948 – 1973: Hochschule im Umbruch*, *Dokumentation*, *Teil V*, Nr. 890, FU Berlin, 1983, S. 326.

④ "25 FU-Professoren unterstützen SPD-Entwurf," in Lönnendonker, Siegward, & Fichter, Tilman (Hrsg.), *Freie Universität Berlin 1948 – 1973: Hochschule im Umbruch*, *Dokumentation*, *Teil V*, Nr. 989, FU Berlin, 1983, S. 411.

权力垄断。① 这些相关群体的支持，为 68 运动推动高校治理体制的变革提供了重要的条件。

与此同时，尽管对严格意义上的三方对等共决持怀疑和否定态度，但出于安抚学生和稳定校园秩序的需要，大多数科学政策的制定者也都同意建立群体大学。

社民党联邦委员会认为，大学生的抗议与高校改革的拖延有关。"对过时的高校结构进行改革是唯一出路……在 5 到 8 年的时间里，学生一直被限制在一种依附关系之中。他们反对自身依附于教授、研究所和学院。正在走向成熟的学术后辈对自我负责的共决权及其实现条件的要求与工人类似且在不断提高，而社会对他们这些要求的适当回应却被僵化的、成文或不成文的高校章程所阻碍。为此必须进行改革。"② 除社民党外，联盟党以及各州文教部长常设会议、大学校长协会等参与制定科学政策的专业机构，均在 68 运动爆发后明确表示支持学生和助教参与高校决策，实现高校治理的民主化。③

在这一背景下，许多州的行政当局也都希望通过在新的《高校法》中加入与群体大学相关的内容，来平息这些地区的大学生抗议。68 运动爆发后，社民党控制的西柏林科学与艺术局匆忙公布了《高校法》修订草案。"草案一方面表现出官方安抚学生和消除误解的愿望，另一方面也明显表现出要防止学生控制整个学校的企图。"④ 1969 年 1 月 7 日，该局局长明确表示，制定《高校法》的目的之一就是要在无政府

---

① Jacobsen, Hans-Adolf, & Dollinger, Hans, *Die Deutschen Studenten*, *Der Kampf um die Hochschulreform*, München: Verlag Kurt Desch, 1968, S. 187 – 189. 在联邦德国，具有高校授课资格的讲师大都只是编外讲师（Privatdozent），他们虽属于高校教学人员（Lehrkräfte），但并非法律意义上的高校教师（巴登—符腾堡州除外）。

② "Vorwort zum Initiativ-Entwurf der SPD-Fraktion für das Universitätsgesetz," in *Berliner Stimme*, Sonderausgabe zu Hochschulfragen, Sondernummer 3. April 1969.

③ Jacobsen, Hans-Adolf, & Dollinger, Hans, *Die Deutschen Studenten*, *Der Kampf um die Hochschulreform*, München: Verlag Kurt Desch, 1968, S. 298, 304 – 305, 381.

④ Bauß, Gerhard, *Die Studentenbewegung der sechziger Jahre in der Bundesrepublik und Westberlin*, *Handbuch*, Köln: Pahl-Rugenstein, S. 271 – 274.

主义者和乌托邦主义者面前保护学生。[①] 就连西柏林自由大学学生会代表也认为，新的《高校法》"充分考虑了学生的意见，承认高校是由具有不同利益和使命的群体组成"[②]。

　　为了安抚躁动的学生，其他各州也在 68 运动的推动下陆续开始制定或修改自己的《高校法》。"1968 年时，几乎所有州对高校改革的讨论都比以前变得更加迫切。各种改革小组和机构也纷纷建立并召开会议。在巴登—符腾堡等州，都是在学生提出大学改革计划后，官方立即出台《高校法》草案。"[③] 1969 年 10 月，新一任联邦政府总理维利·勃兰特在首份政府声明中也提到，为了结束高校目前的混乱状态，联邦政府要制定统一的教育政策和《高校总纲法》，以改变学校中"过时的统治模式"[④]。

　　在 68 运动的推动下，助教、教授等校内相关利益群体和科学政策的制定者就打破教授权力垄断和建立群体大学达成了共识。"自 1966—1967 年以来由'68 运动'引发的高校民主化讨论和行动可谓一石激起千层浪。虽然存在很多不同意见，但学生们在高校决策中的共决权还是得到了原则上的肯定……大多数研究所章程和《高校法》草案都是为了平息这场运动。"[⑤]

　　在 68 运动的推动下，许多大学的基层组织——研究所或院系一级——都建立了群体合作机制。这是 68 运动自身治理绩效的主要体现。[⑥]

---

①　"Erklärung des Senators für Wissenschaft und Kunst zur Situation an den Berliner Hochschulen vom 7. Januar 1969," in *FU-Information*, Jg. 5, Nr. 2, 1969, S. 2.

②　Knut Nevermann, "Ansätze zur Demokratisierung," in Lönnendonker, Siegward, & Fichter, Tilman (Hrsg.), *Freie Universität Berlin 1948 – 1973: Hochschule im Umbruch, Dokumentation, Teil V*, Nr. 776, FU Berlin, 1983, S. 217.

③　Bauß, Gerhard, *Die Studentenbewegung der sechziger Jahre in der Bundesrepublik und Westberlin, Handbuch*, Köln: Pahl-Rugenstein, 1977, S. 271.

④　Brandt, Willy, "Regierungserklärung, 20. Oktber 1969," in Wolther von Kieseritsky, *Willy Brandt, Dokumente, Band 7, Innen und Gesellschaftpolitik, 1966 – 1974*, Bonn: Verlag J. H. W. Dietz Nachf, 2001, S. 222.

⑤　Bauß, Gerhard, *Die Studentenbewegung der sechziger Jahre in der Bundesrepublik und Westberlin, Handbuch*, Köln: Pahl-Rugenstein, 1977, S. 270.

⑥　有些西方学者认为，新左派领导的社会运动可以在"国家之外找到有效的治理体制"。参见［英］基思·福克斯《政治社会学：批判性的介绍》，陈崎等译，华夏出版社 2008 年版，第 81 页。

其中，西柏林自由大学政治学研究所等甚至还形成了三方对等共决制。1968 年 5 月底，该所的代表大会通过了由德国社会主义大学生联盟等提出的决议，将研究所的最高决策机关由所学术委员会改为代表大会，"宣告了教席制度的终结"①。

根据这一方案，政治学研究所代表大会于 1968 年 6 月 14 日正式颁布了新的章程。章程规定，研究所一级的权力分别由代表大会、所委员会和所领导行使。代表大会由研究所全体成员组成，负责听取所领导的报告，商议本所和学校的重大问题，并有权要求所委员会等提供建议。所委员会由教授、学生和其他人员的三方代表按对等原则组成。其中其他人员的代表由助教、讲师和行政服务人员按 3 : 2 : 1 选举产生。所委员会的职能主要有：按照学科统一原则决定教学计划和协调科研计划；通过预算建议；讨论人事建议，决定教席之下的人力事务，按照公开原则提供聘用名单建议；决定考试规定；每年选举委员会主席和所领导。②尽管新章程遭到了柏林自由大学学术委员会的否决，但在柏林市政当局的支持下，三方对等共决制度还是在政治学研究所顺利地建立了起来。③除自由大学外，还有其他一些高校的研究所也在 68 运动的推动下通过了类似的群体合作方案或章程。如慕尼黑大学的社会学研究所、马尔堡大学的教育研讨组（研究所）、法兰克福大学的政治教育研讨会等。④

与此同时，在 68 运动的推动下，各州——尤其是在社民党—自民党

---

① "Beschluß der Vollversammlung des OSI vom 30. Mai 1968," in Lönnendonker, Siegward, & Fichter, Tilman（Hrsg.），*Freie Universität Berlin 1948 – 1973：Hochschule im Umbruch*, *Dokumentation*, *Teil V*, Nr. 882, FU Berlin, 1983, S. 314.

② Otto-Suhr-Institut, "Satzung des Otto-Suhr-Instituts an der Freien Universität Berlin," in Lönnendonker, Siegward, & Fichter, Tilman（Hrsg.），*Freie Universität Berlin 1948 – 1973：Hochschule im Umbruch*, *Dokumentation*, *Teil V*, Nr. 888, FU Berlin, 1983, S. 322 – 323.

③ Daum, Hanna, "Zwei Jahrzehnte nach der Revolt die Rückkehr zur Nomalität," in SFB, *Vor 20 Jahren*, *Studentenrevolte und Hochschulreform in Berlin*, Sender Freies Berlin, 1987, S. 20 – 21.

④ Bauß, Gerhard, *Die Studentenbewegung der sechziger Jahre in der Bundesrepublik und Westberlin*, *Handbuch*, Köln：Pahl-Rugenstein, 1977, S. 280, Jacobsen, Hans-Adolf, & Dollinger, Hans, *Die Deutschen Studenten*, *Der Kampf um die Hochschulreform*, München：Verlag Kurt Desch, 1968, S. 160 – 163.

执政的州——都迅速通过了《高校法》，将群体合作原则用法律的形式固定下来。1967 年 6 月 19 日，奥内佐格被杀两周后，西柏林科学与艺术局局长提出了《高校法》草案。① 1969 年 3 月 20 日，柏林州社民党将修正过的《高校法》草案递交市议会，规定校学术委员会将由教授、助教和学生三个群体按照 2∶1∶1 的比例组成。② 1969 年 7 月 9 日，社民党占多数的市议会终于颁布了新的柏林《高校法》。新制定的《高校法》规定学术委员会由 11 名教授、6 名助教、5 名学生和 1 名其他工作人员的代表组成，在一定程度上实现了 68 运动中所提出的群体合作要求。③

在西柏林州新《高校法》出台的同时，其他各州也在 68 运动的推动下陆续制定或修改了自己的《高校法》。④ 各州《高校法》中都写入了保障学生和助教参与学校决策的群体合作的条款。如 1970 年 5 月 5 日三读通过的《黑森州高校法》第 15 条规定学术委员会的组成为：校长、3 名副校长、所有专业负责人及助教和学生代表若干。其中助教和学生代表的人数分别为所有专业负责人总数的 3/5 和 2/5。⑤ 到 1971 年时，学生和助教已经通过立法在 8 个州获得了法定的共决权。在下萨克森等州，甚至将三方对等共决原则也写入了《高校法》。1973 年联邦宪法法院的判决和 1976 年出台的《高校总纲法》也明确规定了大学生和助教有权参与高校治理的决策和运行，并在联邦范围内确认了群体大学的法律地位。"1973 年联邦宪法法院判决使群体大学成为公认的高校组织原则之一。"

---

① "Entwurf des Universitätsgesetz," in Lönnendonker, Siegward, & Fichter, Tilman（Hrsg.），*Freie Universität Berlin 1948 – 1973*：*Hochschule im Umbruch*, *Dokumentation*, *Teil V*, Nr. 770, FU Berlin, 1983, S. 206 – 211.

② "Vorwort zum Initiativ-Entwurf der SPD-Fraktion für das Universitätsgesetz," in Lönnendonker, Siegward, & Fichter, Tilman（Hrsg.），*Freie Universität Berlin 1948 – 1973*：*Hochschule im Umbruch*, *Dokumentation*, *Teil V*, Nr. 962, FU Berlin, 1983, S. 388.

③ "Gesetz über die Universitäten des Landes Berlin," in Lönnendonker, Siegward, & Fichter, Tilman（Hrsg.），*Freie Universität Berlin 1948 – 1973*：*Hochschule im Umbruch*, *Dokumentation*, *Teil V*, Nr. 992, FU Berlin, 1983, S. 414.

④ Hüther, Otto, *Von der Kollegialität zur Hierarchie? Eine Analyse des New Managerialism in den Landeshochschulgesetzen*, Wiesbaden：VS Verlag für Sozialwissenschaften, 2010, S. 62.

⑤ Jacobsen, Hans-Adolf, & Dollinger, Hans, *Die Deutschen Studenten*, *Der Kampf um die Hochschulreform*, München：Verlag Kurt Desch, 1968, S. 90.

"1976 年《高校总纲法》的出台则可看作是德国教授大学的正式终结和群体大学在全国范围内的建立。"①

二 教授优势地位的保留

群体大学的确立，使联邦德国战后开始进行的民主化从政治、经济和社会领域扩展至教育文化领域。因此，68 运动不仅推动了高校治理体制的民主化，也对联邦德国整个国家治理体系的完善起到了一定的推动作用。不过，群体大学只是打破了教授在高校中的权力垄断，它并未从根本上改变以教授为核心的高校治理体制。从整体上看，除部分基层研究所外，教授在大多数高校决策中仍占有明显的优势。实际上，68 运动所谋求的高校治理体制改革目标并未实现；其所制定的高校治理体制改革方案，如创办对立大学、全面实现三方对等共决等也大都遭到了失败。因此，这场运动对联邦德国高校治理体制变革的影响其实是非常有限的。那么，为什么轰轰烈烈的 68 运动，不能从根本上改变教授在高校治理中的特权地位，并借此进一步促进联邦德国的政治民主化呢？

这首先是因为，68 运动为高校治理体制改革所设定的政治目标太过激进，且混淆了教育改革与政治改革的界限，无法为广大高校师生和当局所接受。

68 运动爆发后，新左派难以对高校改革产生重大影响，恰恰就是因为它不仅想要改变大学，还想要颠覆整个国家制度。不要说科学政策的制定者和绝大多数教授，就连很多大学生其实也并不赞同将激进的政治革命目标与高校改革问题联系在一起。② 即使是在 68 运动内部，其他左翼大学生政治团体也对新左派的政治目标持有不同看法。1967 年 6 月 24

---

① Hüther, Otto, *Von der Kollegialität zur Hierarchie? Eine Analyse des New Managerialism in den Landeshochschulgesetzen*, Wiesbaden: VS Verlag für Sozialwissenschaften, 2010, S. 61, 57.

② Rohstock, Anne, *Von der "Ordinarienuniversität" zur "Revolutionszentrale"? Hochschulreform und Hochschulrevolte in Bayern und Hessen 1957 – 1976*, Berlin; Boston: R. Oldenbourg Verlag, 2010, S. 247 – 248.

日，德国自由大学生联盟曾明确指出，新左派所谋求的高校绝对民主化（absolute Demokratisierung）是不可能实现的。1968 年 1 月 23 日，西柏林的社会主义高校联盟主席也表示，他的组织与新左派在高校改革的政治目标和实现手段方面有分歧。[①]

自由大学学生会虽然并未明确要求颠覆现行国家制度，但它也一直将重塑国家政治体制作为谋求高校治理体制改革的政治目标，并因此而致力于创办批判大学并企图通过立法废除教授对高校内部事务的控制权。然而，在教授们和当局看来，批判大学"并非获得批判性科学方法的手段，而是激进政治行动的变异形式"，它只会损害学术自由和教师的独立性，[②] 对高校和大学学制改革没有积极作用。[③] 教授们和当局还否认教授是高校的"统治阶级"，坚决反对在法律规章中将高校改革与改造社会的政治目标联系在一起。[④]

68 运动影响有限的第二个原因在于，它试图将对等共决原则引入高校治理；而这一违背高校教学科研基本规律的做法，也令绝大多数教授和政策的制定者难以接受。

除哈贝马斯等少数左派教授外，绝大多数教授都反对在高校的各级各类学术机构中全面贯彻对等共决原则。1968 年 6 月，1500 名联邦德国教授签署了《马尔堡宣言》，明确提出如果按照对等原则在高校中采用比例代表制，将会造成高校治理机构的严重超员并降低工作效率，进而

---

① "Zeittafel," in Lönnendonker, Siegward, & Fichter, Tilman（Hrsg.）, *Freie Universität Berlin 1948 - 1973：Hochschule im Umbruch*, *Dokumentation*, *Teil V*, FU Berlin, 1983, S. 67, 31.

② "Der Senator für Wissenschaft und Kunst an den Vorsitzenden des AstA der FU Berlin, 11. September 1967," in Lönnendonker, Siegward, & Fichter, Tilman（Hrsg.）, *Freie Universität Berlin 1948 - 1973：Hochschule im Umbruch*, *Dokumentation*, *Teil V*, Nr. 789, FU Berlin, 1983, S. 229.

③ "Gutachten der Professoren Georg Knauer und Fritz Borinski zur Kritischen Universität, 18. September 1967," in Lönnendonker, Siegward, & Fichter, Tilman（Hrsg.）, *Freie Universität Berlin 1948 - 1973：Hochschule im Umbruch*, *Dokumentation*, *Teil V*, Nr. 792, FU Berlin, 1983, S. 230.

④ "Wie heiß wird der Sommer an der Universität?," in Lönnendonker, Siegward, & Fichter, Tilman（Hrsg.）, *Freie Universität Berlin 1948 - 1973：Hochschule im Umbruch*, *Dokumentation*, *Teil V*, Nr. 968, FU Berlin, 1983, S. 392 - 393; Gamillscheg, Franz, "Bildungspolitik verhöhnte Demokratie," in *Der Arbeitgeber*, Nr. 8, 09. Mai 1969, S. 276 - 279.

会给国家带来沉重的负担。① 自由大学的大多数教授也认为，如果让学生与他们平起平坐，就会"忽视能力和责任的区别"，甚至还会危害学术自由和绩效。②

科学政策的制定者们也认为对等共决会损害学术自由和高校的发展。68 运动爆发后，联邦德国主要政党及西德大学校长协会均在不同场合明确表示，反对大学生按照对等原则参与高校所有事务的决策。实际上，除黑森等个别州外，包括西柏林在内的绝大多数州并未将对等共决原则列入《高校法》之中。1973 年时，联邦宪法法院也明确规定，在群体大学的教学决策中，教授要拥有"权威性影响力"；而在群体大学的科研和人事聘任决策中，教授则必须拥有"决定性影响力"。

最后，以占领课堂为代表的激进抗议活动，也常常因为遭到校内外各方的坚决反对，而难以助力于 68 运动实现自己的高校改革目标。

在教授中，不仅保守派对此类非法抗议活动一直持坚决反对的态度，就连一直支持废除教授特权的哈贝马斯等左派都将其斥之为"左翼法西斯主义"。很多学生也对占领课堂的激进行为表示不满。他们常常采取与教师一起更换教室或赶走闹事学生的方式维持教学秩序。③ 在西柏林自由大学、慕尼黑大学等许多高校，为了阻止左派学生推动高校改革的过激行为，校方和地方当局甚至多次动用了法纪手段。④ 勃兰特当选联邦总理后，也毫不犹豫地呼吁国家对学生破坏法制的激进抗议活动给予严惩。⑤ 事实上，许多学生会激进成员都因为占领课堂等行为而受到过法律、校纪的惩处。总的来看，尽管大规模抗议能引起人们对高校治理问

① "Das Marburger Manifest vom 17. April 1968," in *Der Tagesspiegel*, 12. Juli 1968, S. 9.

② "Um die Zukunft der FU," in *Der Tagesspiegel*, 27. April 1969, S. 17.

③ Rohstock, Anne, *Von der "Ordinarienuniversität" zur "Revolutionszentrale"? Hochschulreform und Hochschulrevolte in Bayern und Hessen 1957 – 1976*, Berlin; Boston: R. Oldenbourg Verlag, 2010, S. 199 – 203, 246.

④ "Den Extremisten wirksam entgegentreten," in *Berliner Stimme*, 07. Dezember 1968, S. 23.

⑤ Brandt, Willy, "Wir brauchen eine Koalition der Reformwilligen, März 1969," in Wolther von Kieseritsky, *Willy Brandt, Dokumente, Band 7, Innen und Gesellschaftpolitik, 1966 – 1974*, Bonn: Verlag J. H. W. Dietz Nachf, 2001, S. 177 – 178.

题的重视，但它也会破坏校园秩序，并招致广大师生的不满及当局的弹压。这也是 68 运动无法对高校治理体制变革产生决定性影响的原因之一。

自 19 世纪初洪堡改革后，"教授治校"就成为德国高校治理的基本原则。然而，20 世纪 60 年代联邦德国开始向后工业社会转型后，这一存在了百余年的原则却遇到了巨大的挑战。当时，随着教育危机的日益深重，信奉后物质主义反体制思想的年轻一代大学生在新左派的领导和推动下，将斗争矛头指向了高校中教授的特权地位。68 运动爆发后，受控于激进左翼大学生政治团体，尤其是新左派的西柏林自由大学等高校的学生会，则试图通过打破教授对高校内部权力的垄断，来推动联邦德国在民主化的道路上继续前进。68 运动虽然未能从根本上动摇教授在高校中的核心地位，但它还是在一定程度上改变了传统的"教授治校"原则，并让战后联邦德国的民主化从政治、经济和社会领域扩展到了文化教育领域。

席卷西方的 68 运动对英、法等其他国家的高校治理体制也产生了不同程度的冲击。在法国，自拿破仑时代后就建立起集权式的高校治理体制。因此，"五月风暴"期间，巴黎大学生重点提出了减少国家对高校控制的要求，并迫使中央教育部在《高等教育方向指导法》（The Orientation of Higher Education Act）中将自治确立为高校办学的主要原则之一。而在联邦德国，由于很多教授曾直接或间接地服务于纳粹政权，而且国家很少干涉教授对高校内部事务的控制，所以大学生们便将斗争矛头指向了教授们在高校中的特权地位。受 68 运动的影响，联邦德国不仅在高校中确立了学生的共决权，还加强了国家对高校内部事务的管理和干涉。正是历史发展道路和高等教育管理体制的不同，导致了联邦德国大学生谋求高校改革的方向和影响呈现出与法国不同的特点。

第四章

联邦德国反核能运动与环境治理变革
——以 1973—1983 年环保公民动议为核心

1973 年石油危机爆发后，随着联邦德国政府将民用核能的发展置于了比环境保护更为优先的地位，正处于后工业化进程中的联邦德国爆发了由左翼环保公民动议领导和组织的大规模反核能运动（Anti-Atomkraftbewegung）。这场运动不仅减少了国家和社会对核能的支持，扩大了生态主义价值观在联邦德国的影响，而且它们还通过促进环保公民动议的制度化和完善能源与环境领域的民主协商机制，改变了联邦德国环境治理的体制。

第一节　反核能运动的产生

1973 年之后反核能运动的快速发展不是偶然的。在联邦德国向后工业社会转型的进程中，随着社会结构的变化和年轻一代的成长，作为后物质主义（Post-materialism）价值观主要代表之一的生态主义日益流行，由 68 运动中新左派分化而来的左翼环保公民动议也在生态主义、马克思主义和反体制思想的影响下迅速崛起，成为 20 世纪七八十年代"政治生态运动"的领导者和组织者。与此同时，由于石油危机的爆发和经济下行压力的增加，联邦德国不再像勃兰特执政初期那样大力推进全国统一环保政策，而是将经济发展及技术进步放在了国家战略的优先位置。这一违背生态主义价值观的做法引起了左翼环保公民动议的强烈不满，并最终在联邦德国引发了大规模的反核能抗议。

一　1973 年后的核能扩张与反核能运动的兴起

在后工业转型过程中，由于石油危机暴露出联邦德国对中东石油的依赖，联邦政府决心大力发展核能，导致环境风险倍增，这是引发 1973—1983 年反核能运动的主要原因之一。[①]

20 世纪五六十年代，随着马歇尔计划的实施和币制改革的顺利完成，联邦德国工业进入了又一个迅猛发展的时期，环境污染问题也随之不断加重。与此同时，随着后工业社会转型的开始，联邦德国国家治理也进入一个新的调整时期。国家的规划和控制能力得到了加强。面对日益严重的环境问题，不仅民间的不满情绪日益高涨，决策者在制定国家政策时也不得不仔细考虑应对之策。1969 年上台的维利·勃兰特政府通过制定全国性环境保护政策，开启了联邦德国环境政治史上崭新的一页。

全国性环境保护政策的推行和体制内实用主义环保政策的发展，为公民动议参与环境治理和协商民主制度的发展提供了一定的条件。通过撰写报告和推广项目，公民动议可以在许多层面，尤其是地方治理中打破官僚机构的权力垄断，参与政策的制定和执行。根据哈贝马斯等人的解释，公民动议是变化了的意识形态的产物。"当社会成员获知，自我规范的社会再生产这一想当然的逻辑与自我需求是自相矛盾的时候，他们就会认为，对社会进程的有意识的控制和调节对保卫他们的利益是必要的。"[②]

然而，20 世纪 70 年代初期体制内实用主义环保政策的发展，并不意味着联邦政府已全面接受了生态主义价值观。虽然社民党—自民党政府在一定程度上做出了积极的姿态，但它仍无法完全摆脱工业时代物质主义价值观的影响。1973 年石油危机爆发之后，联邦德国重新回到了以

①　Roth, Roland, & Rucht, Dieter（Hrsg.）, *Die sozialen Bewegungen in Deutschland seit 1945*, Frankfurt am M.：Campus Verlag, 2008, S. 225.

②　Andritzky, Walter, & Wahl-Terlinde, Ulla, *Umweltbundesamt：Berichte, 1978/6, Mitwirkung von Bürgerinitiativen an der Umweltpolitik*, Berlin：Schmidt, 1978, S. 43.

"保经济、促增长"为首要任务的战略轨道上来。面对石油危机带来的挑战，继任总理赫尔穆特·施密特也开始推行所谓的"供给侧"景气政策。1975年，社民党联邦委员会颁布新的十年纲领，明确发展经济优先于提高生活质量，纠正勃兰特时期的激进改革措施。[①] 1976年竞选时，施密特领导的社民党阵营公开宣传"德国模式"，即一种将工会融入国家治理体系、持续维持币值稳定、将出口导向型经济和政府景气政策融合在一起的新合作主义。1977年3月，时任联邦经济部长的汉斯·弗里德里希斯（Hans Friderichs）也明确表示："零增长将毁灭民主。"[②] 对社民党政府来说，发展核能不仅可以取得能源独立，还是实现良性经济与社会结构转型的关键。

在第三次科技革命中，核能成为重要的替代能源。二战之后，盟国本来是不允许德国独立发展核技术的。直到1952年之后，联邦德国才从盟国手中获得发展民用核能的许可。1961年建成第一座核电站。1973年之后，由于石油危机暴露出联邦德国对中东石油的依赖，联邦政府决心大力发展核能。1973年10月，联邦政府制定了它的首个能源规划，在减少石油、煤炭等矿物能源在国内能源消费中所占比重的同时，大幅提高核能所占比重。"联邦政府认为，用核能来保障能源长期供应的安全是有必要的。到1985年核电装机容量要达到40000兆瓦。"[③] 同年11月，联邦议院通过《能源安全法》（Energiesicherungsgesetz），要求厉行节约，保障能源安全。[④] 1974年1月发布的国防白皮书，认为"欧洲政策与其他大洲的发展紧密相连，特别是与近、中、远东的变化有关，这些地区

---

① *Die wirtschaftpolitische Grundsatzprogrammatik von CDU und SPD seit 1945*, S. 13 – 14. https：//www. bundestag. de/resource/blob/434018/58548bc457b77f432e43636419dac089/wf-v-182-05-pdf-data. pdf.

② Joppke, Christian, *Mobilizing against Nuclear Energy：A Comparison of Germany and the United States*, Berkeley u. a：Universiy of Calif. Press, 1993, pp. 92, 93.

③ "Unterrichtung durch die Bundesregierung：Die Energiepolitik der Bundesregierung," BT-Drs. 7/1057, in *Verhandlungen des Deutschen Bundestages*, 7. *Wahlperiode*, Bonn：Bonner Universität-Buchdruckerei, 1973, S. 10.

④ "Energiesicherungsgesetz Vom 9. November," in *BGBl*, Nr. 89, Köln：Bundesanzeiger Verlag, 1973, S. 1585 –1588.

的国家拥有 50% 左右的石油储藏。西方国家，尤其是欧洲必须找出一条
出路，让原油供应不再受制于政治和经济因素"[1]。

　　赫尔穆特·施密特继任后，仍旧希望以核能来支撑自己的经济复兴
计划。施密特认为，只有保障能源供应才能保证国家经济发展和社会稳
定。[2] 1974 年 10 月 23 日，施密特政府颁布能源发展第一补充计划，要
求加快核电站建设，到 1985 年时装机容量要达到 45000 兆瓦。"联邦政
府要竭尽所能实现目标。否则将必然会对能源供应带来不利影响。"[3]

　　但与此同时，联邦政府却对核能潜在的环境风险不够重视。1974 年
3 月内政部就明确表示要加快能源投资项目的审批程序。时任外长汉
斯–迪特里希·根舍尔（Hans-Dietrich Genscher）也认为"环保只是政
治工具"。自 1974 年中期开始，联邦总理府就多次提出要减轻企业的环
保负担。1974 年 10 月，施密特在给联邦经济部长和内政部长的信中表
示，"要广泛而合法地为发电厂、炼油厂和化工厂的发展制定计划；考虑
到环保解释程序，必须加快选址的审批"。同时，政府还在重订能源规划
时，加入如下要求："保证能源供应、确保德国经济发展居于最优先地
位，加快核能、天然气和褐煤的开发。"1975 年 7 月，施密特又提出，
不能保证在所有的情况下都能完全符合公布的环保标准。反核能运动兴
起后，施密特还在 1976 年 12 月的政府声明中明确表示："核能发展不可
能取消。"[4] 可以说，"施密特蔑视环保并不是秘密"[5]。

　　在石油危机的打击下，劳资利益集团也转而对环境治理持消极态度。

---

　　[1] Schulz-Walden, Thorsten, *Anfänge globaler Umweltpolitik, Umweltsicherheit in der internationalen Politik (1969 – 1975)*, München：Oldenbourg Verlag, 2013, S. 316.

　　[2] Schmidt, Helmut, *Kontinuität und Konzentration*, Bonn-Bad Godesberg：Neue Gesellschaft, 1976, S. 10, 24, 29.

　　[3] "Erste Fortschreibung des Energieprogramms der Bundesregierung," BT-Drs. 7/2713, in *Verhandlungen des Deutschen Bundestages*, 7. Wahlperiode, Bonn：Bonner Universität-Buchdruckerei, 1973, S. 15.

　　[4] Schulz-Walden, Thorsten, *Anfänge globaler Umweltpolitik, Umweltsicherheit in der internationalen Politik (1969 – 1975)*, München：Oldenbourg Verlag, 2013, S. 321 – 322.

　　[5] Uekötter, Frank, *Deutschland in Grün：Eine zwiespältige Erfolgsgeschichte*, Göttingen：Vandenhoeck & Ruprecht, 2015, S. 133.

1974 年时，有石油公司就趁当局在环保政策上松动之机，控诉环保法律严重阻碍了投资。1975 年，在与联邦总理施密特的谈话中，工会和工业界代表也明确表示，严格的环境政策会造成投资不足，并威胁能源供应，甚至会对经济效率和就业产生危害。①

自 1973 年起，各州开始按照联邦的规划大力发展核电。这些罔顾环境风险、违反生态主义价值观的做法引起了民众的强烈不满和反抗。能源危机爆发后，巴登—符腾堡州政府与巴登能源康采恩集团（Energiekonzern Badenwerk）谋划在南巴登上莱茵地区的维尔（Wyhl）修建核电站，遭到 75% 的当地居民和地方环保公民动议的反对。② 1973 年，北德电力公司准备在石勒苏益格—荷尔施泰因州的布罗克多尔夫（Brokdorf）修建大型核电站，并对其所在的易北河谷进行工业化开发。虽然此举遭到了大多数居民的反对，但当地市议会却为了税收和投资而同意了这一计划。此后，当地民众就开始在下易北河环保公民动议（Bürgerinitiativ Umwelt Unterelbe）的组织下采取实际行动阻碍核电站的修建。③ 1977 年下半年开始，下萨克森州在戈尔莱本（Gorleben）的核电站及核废料站修建计划则引起了全国性的大规模抗议活动。

面对风起云涌的反核能运动，本就对新左派及其分化产生的左翼力量抱有敌视态度的联邦德国当局采取了高压态势。施密特政府不仅严格执行 1972 年颁布的禁止反宪法分子担任公职的法令，还根据新制定的《反恐法》建立了较为完善的公民电子监视系统。"基层参与突然被看成是浪费时间和金钱的，并且会威胁到经济复兴和充分就业。公民动议不再受到执政者的宠爱，而成为一种公共祸害。""收紧的国内安全政策将公民动议的成员变成了极端主义者和激进主义者。"④

---

① Roth, Roland, & Rucht, Dieter (Hrsg.), *Die sozialen Bewegungen in Deutschland seit 1945*, Frankfurt am M.: Campus Verlag, 2008, S. 225.

② Joppke, Christian, *Mobilizing against Nuclear Energy: A Comparison of Germany and the United States*, Berkeley u. a: University of Calif. Press, 1993, p. 98.

③ "Brokdorf: Eis ohne Energie," in *Der Spiegel*, 1976 (11), S. 115 - 120.

④ Joppke, Christian, *Mobilizing against Nuclear Energy: A Comparison of Germany and the United States*, Berkeley u. a: Universiy of Calif. Press, 1993, p. 38, pp. 44 - 45, 94 - 95.

在 1973 年维尔占领事件后，国家对反核能运动中的违法暴力行为给予了严厉的镇压。[①] 1977 年，联邦德国出现了极左恐怖主义活动的高潮——德国之秋（Deustche Herbst），接连出现的暗杀、劫机等恐怖活动引起了施密特政府的警觉和严厉镇压。国家为维护社会稳定而采取的一系列有针对性的治安强化措施，进一步激起了反核能抗议者的不满和反抗。"核电站不仅反映出国家暴力，也为反核电站共同体的形成奠定了基础。暴力镇压出现的地方，反抗精神就更强。它不仅导致了抗议者和国家代理人的互动，还同时对抗议运动的发展进程产生了交叉影响。抗议运动的动力不仅来自其内部关于话语权的争夺，也来自其整体认同意识的提高。"[②] 在官方的高压之下，由核能扩张所引发的反核能运动出现了进一步升级的态势。

二　核能扩张政策引发反核能运动的原因

那么，为什么此时大力发展核能的政策会在联邦德国引发反核能运动的浪潮呢？

首先，从根本上说，这是因为在后工业转型的过程中，年轻的新中间阶层迅速崛起，他们通过积极参与环保公民动议，极大地推动了联邦德国反核能运动的发展。

自 20 世纪 60 年代初期开始，联邦德国社会进入新的转型时期。从事脑力劳动的中等收入人群不断扩大，而在传统产业中从事低收入体力劳动的人则不断减少。相对于来自社会底层的人来说，来自社会中层的人具有更高的社会参与意识和专业知识，较少受到失业的威胁，且一般来说更少通过工会等传统利益集团组织来满足自己的诉求。[③]

---

① Joppke, Christian, *Mobilizing against Nuclear Energy*: *A Comparison of Germany and the United States*, Berkeley u. a: Universiy of Calif. Press, 1993, p. 96.

② Pettenkofer, Andreas, *Die Entstehung der grünen Politik*: *Kultursoziologie der westdeutschen Umweltbewegung*, Frankfurt am M.: Campus Verlag, 2014, S. 206.

③ Andritzky, Walter, & Wahl-Terlinde, Ulla, *Umweltbundesamt*: *Berichte*, *1978/6*, *Mitwirkung von Bürgerinitiativen an der Umweltpolitik*, Berlin: Schmidt, 1978, S. 117 – 119.

在就业和收入结构转变的过程中，以 68 一代为代表的年轻群体日渐成为社会中坚力量。许多学者将政治生态运动称为新一代的抗议运动。[①]政治学家弗兰克·富尔曼（Frank Fuhrmann）指出："自 60 年代末期以来的冲突类型，是由带有主观经验和思想变化痕迹的政治参与决定的。因此，政治表达的形式和内容都与以往不同。特别是青年群体此后变成了具有独立社会改革诉求的政治主体。"[②]

在传统的自然—家园保护运动中，发挥主导作用是右翼保守的城市中产阶级。[③] 而到了 20 世纪 70 年代之后，新中间阶层，尤其是年轻的市民阶层则成为推动反核能运动的中坚力量。发起和领导反核能运动的环保公民动议主要就是由这些年轻的新兴中间阶层组成的。根据西柏林的一项调查，受访的公民动议成员中，47% 属于律师、建筑师等自由职业者，31% 属于白领职员，而工人只有 8%。[④] 社会运动史专家迪特·鲁赫特也认为，公民动议的参与者，主要来自受过较多教育的年轻中间阶层。其中尤以 25—40 岁之间的公务员和职员为主。[⑤]

其次，此时反核能运动的兴起还与后物质主义生态价值观的发展有很大的关系。

在工业社会时代，核心价值观一般被认为是"物质主义"的，这种价值观以经济增长为基本取向，将自然视为为经济服务的资源，人类可以任意从中索取。物质主义将效率作为分配的基本标准，强调科学技术的进步性。英国社会学家斯特凡·科特格罗夫（Stephen Cotgrove）认为，

① Brand, Karl-Werner, & Rucht, Dieter（Hrsg.）, *Aufbruch in eine andere Gesellschaft：Neue Soziale Bewegungen in der Bundesrepublik*, Frankfurt a. M.：Campus, 1986, S. 102, 136, 179, 217.

② Herzog, Dietrich（Hrsg.）, *Konfliktpotentiale und Konsensstrategien Beitrage zur politischen Soziologie der Bundesrepublik*, Opladen：Westdeutscher Verlag, 1989, S. 147.

③ Williams, John Alexander, "The Chords of the German Soul are Tuned to Nature：The Movement to Preserve the Natural Heimat from the Kaiserreich to the Third Reich," in *Central European History*, Vol. 29, No. 3, pp. 333 – 384.

④ Guggenberger, Bernd, & Kempf, Udo（Hrsg.）, *Bürgerinitiativen und repräsentatives System*, Opladen：Westdeutscher Verlag, 1984, S. 306.

⑤ Engels, Jens, *Naturpolitik in der Bundesrepublik：Ideenwelt und politische Verhaltensstile in Naturschutz und Umweltbewegung, 1950 – 1980*, Parderborn：Schöningh, 2006, S. 324 – 325, 327.

物质主义是工业社会的道德价值标准，它让基于市场经济的竞争成为既定规则，并得到政治制度和法律的认可。[1] 瑞士社会学家福尔克尔·博恩席尔（Volker Bornschier）也提出，工业时代西方社会的基本共识是追求效率和公平。[2] 然而，到20世纪60年代后期时，后物质主义价值观却逐渐开始在联邦德国新一代中流行了起来。许多年轻人已经不再相信进步，因为他们看到了技术进步的风险。随着后物质主义的日渐流行，作为其重要组成部分的生态主义理念也开始在联邦德国得到了越来越多的认同。

反核能运动与后物质主义中防范技术风险、注重生活质量的思想有着密切的联系。参与这场运动的人中，很多都希望科学家能解决核能威胁，对核能安全的担忧才是他们参与这场运动的主要动机。当时，罗伯特·容克（Robert Jungk）的《原子国家》（*Der Atomstaat*）、京特·瓦尔拉夫（Günther Wallraff）的《彻底沉沦》（*Ganz unten*）等一系列著作的出版引起了公众对核能潜在危险的关注。[3] 因此，乌尔里西·贝克（Ulrich Beck）在其著名的"风险社会"理论中指出，经济分配的风险是现代工业社会的风险，而反核能斗争则是后工业社会时期风险冲突的典型代表。[4]

反核能运动的兴起在很大程度上是由文化的变迁，尤其是社会价值观的变化引起的。在生态主义成为社会主流价值观的过程中，它难免会与工业时代的物质主义价值观发生矛盾，这是导致联邦德国在核电站建设问题上出现大规模社会冲突的重要原因。"新的价值观不仅仅是一种自

---

[1] Cotgrove, Stephen, *Catastrophe or Cornucopia: The Environment, Politics and the Future*, Chichester u. a.: Wiley, 1982, p. 27.

[2] Bornschier, Volker, *Westliche Gesellschaft im Wandel*, Frankfurt u. a.: Campus, 1998, S. 1 – 85.

[3] Pettenkofer, Andreas, *Die Entstehung der grünen Politik: Kultursoziologie der westdeutschen Umweltbewegung*, Frankfurt am M.: Campus Verlag, 2014, S. 138.

[4] Engels, Jens, *Naturpolitik in der Bundesrepublik: Ideenwelt und politische Verhaltensstile in Naturschutz und Umweltbewegung, 1950 – 1980*, Parderborn: Schöningh, 2006, S. 347 – 348.

卫，更是一种进攻，它促使全社会在经济和生态利益之间不得不做出取舍。"① "反核能运动所代表的'选择运动'形成了一种风格化的文化和异见政治。它们共同的原则是反对现有的价值、生活方式及其内容。"参加维尔占领运动的35—50岁的教师、药剂师等白领中，很多人的动机就是为了防止出现一个"上莱茵的鲁尔污染区"②。

最后，以环保公民动议联盟为代表的左翼环保公民动议在反核能运动兴起和发展的过程中起到了重要的组织和推动作用。

二战之后，与保守主义联系紧密的自然—家园保护运动式微，但这一运动的环保理念却为其他利益相关阶层所继承。在20世纪五六十年代，无论是保守的农民，还是鲁尔等工业区的市民，都对与切身利益相关的环境威胁发起了抗议行动。60年代末期开始，由68运动中新左派分化而来的左翼环保公民动议开始在反核能运动中崭露头角。尤其是在乡村环境保护中，原先反对核电站最强烈的当地农民，此时却与公民动议建立了"不牢固"的联盟，并在左翼环保公民动议联盟的领导下统一展开行动。③

在反核能运动的早期阶段，首先形成的是针对单个现有或计划中的核电站的公民动议。这些动议小组之间不存在联系，或只存在地方层面的联系。不过，它们往往是为了反对周边地区的核电站工程，才会与其他的公民动议小组发生联系。这些分散的反核能公民动议小组一般并不反对整个核能发展计划。之后，虽然针对单个核电站的公民动议仍在继续发展，但公民动议之间的联合也在不断加强。如1972—1973年，就成立了"上莱茵反对核电站破坏环境联合行动委员会"（Oberrheinisches

---

① Weßels, Bernhard, *Erosion des Wachstumsparadigmas: Neue Konfliktstrukturen im politischen System der Bundesrepublik?* Opladen: Westdeutscher Verlag GmbH, 1991, S. 17.

② Engels, Jens, *Naturpolitik in der Bundesrepublik: Ideenwelt und politische Verhaltensstile in Naturschutz und Umweltbewegung*, *1950 - 1980*, Parderborn: Schöningh, 2006, S. 378, 356.

③ Miller, Kyle T., "The Bavarian Model? Modernization, Environment, and Landscape Planning in the Bavarian Nuclear Power Industry, 1950 - 1980," A Dissertation Presented to The Faculty of the Graduate School University of Missouri-ColumbiaIn Partial Fulfillment of the Requirements for the Degree Doctor of Philosophy, 2009, p. 373.

Aktionskomitee gegen Umweltgefährdung durch Kernkraftwerke）。

进入 1973 年后，维尔核电站公民动议组织（Bürgerinitiative Atomkraftwerk Wyhl）、下易北河环保公民动议等地方性左翼公民动议小组开始针对具体核电站工程举行大规模抗议活动。[①] 在维尔事件中，各地左翼人士纷纷声援或直接参与抗议，各种反核能的公民动议也陆续建立。例如弗莱堡的反核能动议组织和非暴力行动组织就参加了巴登 - 阿尔萨斯公民动议国际委员会的成立大会。

1977 年之后，环保公民动议联盟也开始在反核能运动中扮演重要的领导角色。[②] 1972 年建立的环保公民动议联盟到 1974 年之后发展十分迅速。1977 年时，该联盟共有 30 万成员，1500 万联系人。[③] 参加它的大型公民动议组织也从 1975 年的 110 个增加到 1980 年的 250 个。整个 70 年代，核能安全问题一直是环保公民动议联盟关注的核心议题。[④] 1976—1977 年间，环保公民动议联盟中的公民动议绝大多数都是反核能动议。[⑤]

环保公民动议联盟在反核能运动中的作用主要包括：一方面，它是将各种抗议力量凝聚和团结起来的核心。环保公民动议联盟会调和反核能运动内部不同思潮和派别之间的矛盾，并促使其实现从生态基层民主到实际干预政治的转变；另一方面，它还直接参与和指导集会。环保公民动议联盟在这方面发挥作用的方式包括：召开成员代表大会；发表演讲，散发传单，召开新闻发布会；发出请愿信，干预立法进程；以环境组织的身份发起集体诉讼等。据统计，在整个政治生态运动中，带有极

---

① Roth, Roland, & Rucht, Dieter (Hrsg.), *Die sozialen Bewegungen in Deutschland seit 1945*, Frankfurt am M.：Campus Verlag, 2008, S. 259.

② Guggenberger, Bemd, Kempf, Udo (Hrsg.), *Bürgerinitiativen und repräsentatives System*, Opladen：Westdeutscher Verlag, 1984, S. 406.

③ Bieber, Horst, "Nummer Eins der Bürgerinitiativen：Aufwiegler mit bürgerlichen Skrupeln, 18. 2. 77," in *Zeit*, Nr. 09, 1977, S. 17.

④ Roth, Roland, & Rucht, Dieter (Hrsg.), *Die sozialen Bewegungen in Deutschland seit 1945*, Frankfurt am M.：Campus Verlag, 2008, S. 259.

⑤ Engels, Jens, *Naturpolitik in der Bundesrepublik：Ideenwelt und politische Verhaltensstile in Naturschutz und Umweltbewegung, 1950 – 1980*, Parderborn：Schöningh, 2006, S. 334 – 335.

端主义倾向的右翼团体只占2%。[①] 因此，联邦德国反核能运动在政治上主要是一种由左翼环保公民动议组织和发动的社会运动。[②]

总之，联邦德国不顾环境风险大力推进核能发展的做法，引起了信奉生态主义理念的左翼环保公民动议的强烈不满。反核能运动在石油危机爆发后出现了明显的政治化和激进化的趋势。在这种情况下，自20世纪70年代初期开始，以大规模反核能运动为代表的政治生态运动，开始取代传统的自然—家园保护运动和针对某一具体环境领域的运动，成为联邦德国环境运动的主流。

第二节　1973—1983年反核能运动的目标与实践

在向后工业社会转型的进程中，联邦德国出现了以后物质主义生态价值观为指导的新环境运动。作为新环境运动中的主要潮流，"政治生态运动"希望通过生态主义的环境保护斗争来反对专家和官僚的统治，扫除危害个人生活质量的环境风险，重塑国家治理体制和社会秩序。而1973—1983年的反核能运动，则是这一时期联邦德国政治生态运动的主要表现形式之一。

一　左翼环保公民动议在反核能运动中的目标

1973年石油危机爆发后，联邦德国先后在维尔、布罗克多尔夫和戈尔莱本等地爆发了一系列大规模反核能运动。在这些反核能运动中，虽然也有少数右派的影子，但左派却是其中占绝对优势的推动力量。反核能运动的环境治理思想与新左派的"反威权斗争"理论有着千丝万缕的联系。作为"新社会运动"的代表之一，反核能运动在政治上被理解为

① Zundel, Achtelik Rolf, "Keine Gefahr von rechts? Der Blick auf militante Außenseiter ergibt ein falsches Bild: Extremismus ist längst in die politische Auseinandersetzung eingegangen, 8. 5. 1981," in *Zeit*, Nr. 20/1981, S. 4.

② Langguth, Gerd, *Entwicklung*, *Niedergang*, *Renaisance*, *Die Neue Linke Seit 1968*, Köln: Verlag Wissenschaft und Politik, 1983, S. 235.

左派的院外抗议运动，"但它并不认同现存的苏联社会秩序，而只是对资本主义社会秩序进行批判，并认为将斗争矛头仅仅指向财产方面是错误的"。这场运动"首先是要改变日常生活……除继承了无政府主义思想的遗产外，文化批判和马克思主义因素都扮演了重要的角色，另外还混杂有生命哲学和存在主义的内容"①。

由于公民动议并不是一个统一的集权组织，各地公民动议基本都处于完全自治状态，所以在反核能运动中，各类左翼公民动议的政治诉求并不完全相同。"反核能运动"将众多左翼环保公民动议集合在一起，其中既有反对无限经济增长和技术利用的，也有在国家面前反对"资产阶级改良主义"的，还有反对政党政治的。② 总体来看，除部分要求推翻"资本主义国家"的激进派小组以外，左翼环保公民动议的地方小组大都深受非暴力行动小组和非教条派的影响。这些小组虽然也反对技术专家和官僚的精英统治，并要求实现经济和社会体制的全面变革，但他们同时也拥护《基本法》的理念，反对暴力革命。③ 环保公民动议联盟也长期处于稳健派的控制之下。在 1977 年的环保公民动议联盟选举中，稳健派就挫败了暴力激进派共产主义联盟的夺权企图。④

积极组织和参与反核能运动的左翼环保公民动议将后物质主义中的生态主义与直接民主思想结合起来，希望通过废止核能发展计划和核电站的修建，在联邦德国贯彻生态主义理念，重塑国家治理体制。从总体上来看，左翼环保公民动议在反核能运动中的目标主要包括：

首先，终止核能民用，消除核能风险。左翼环保公民动议反对将私

---

① Langguth, Gerd, *Protestbewegung*: *Entwicklung*, *Niedergang*, *Renaissance*; *die Neue Linke seit 1968*, Köln: Verl. Wissenschaft und Politik, 1983, S. 235.

② Brand, Karl-Werner, & Rucht, Dieter（Hrsg.）*Aufbruch in eine andere Gesellschaft*: *Neue Soziale Bewegungen in der Bundesrepublik*, Frankfurt a. M.: Campus, 1986, S. 93.

③ Joppke, Christian, *Mobilizing against Nuclear Energy*: *A Comparison of Germany and the United States*, Berkeley u. a.: Universiy of Calif. Press, 1993, p. 96, Pettenkofer, Andreas, *Die Entstehung der grünen Politik*: *Kultursoziologie der westdeutschen Umweltbewegung*, Frankfurt am M.: Campus Verlag, 2014, S. 140 – 159.

④ Pettenkofer, Andreas, *Die Entstehung der grünen Politik*: *Kultursoziologie der westdeutschen Umweltbewegung*, Frankfurt am M.: Campus Verlag, 2014, S. 217.

人核能企业的经济利益置于大众公共福利之上，要求加强国家能源政策制定中的国会控制和透明度，杜绝核能军民共用的出现。同时，左派还认为发展核能成本过高。除了研发和运营的经济开支外，核电站还有着巨大的事故风险，因而没有寻找其他可替代能源经济实惠。而且核电站会给周围乡村环境和当地气候会带来不利影响，尤其对农产品的损害可能会更大。①

另外，抗议者还特别担忧核事故所带来的经济和人身伤害，以及放射性燃料及废料可能带来的间接威胁，如引发航空事故、地震、战争和恐怖主义活动等。1979 年，环保公民动议联盟要求停止所有在联邦德国修建的轻水反应堆工程，并要求彻底改组反应堆安全委员会和放射保护委员会。在环保公民动议联盟散发的传单中，该组织宣称统计出了1965—1977 年间核电站平均每三天就会出一次故障的结果，这与联邦科研部的统计大相径庭。②

其次，左翼环保公民动议领导和参与反核能运动，还是为了反对唯经济增长论，以贯彻自己的生态主义理念。在 1975 年的反核能抗议中，作为环保公民动议喉舌的《草根革命》就将原本的核能批判转向了生态主义。"无论何时谈到核能责任的时候总有这样的观点：我们需要电、需要收音机、洗碗机、电动剃须刀……我们的消费、扩张的经济、过度使用的技术和物欲横流的世界相生相随。为了认识到全世界所受到的威胁，我们可以想象，在一个有限的系统中，无限增长是不可能的。""增长的极限应成为核心价值理念。"③

反核能运动爆发后，激进派和稳健派均表示，只有改革现行国家制度，摒弃优先追求经济发展和技术进步的思想，才能从根本上解决核电站所带来的风险和危机。激进派认为"每一项如核电站这样的技术进步

---

① Roth, Roland, & Rucht, Dieter（Hrsg.）, *Die sozialen Bewegungen in Deutschland seit 1945*, Frankfurt am M.：Campus Verlag, 2008, S. 256.

② Rieder, B., *Der Bundesverband Bürgerinitiativen Umweltschutz. Geschichte, Struktur und Aktionsformen einer Dachorganisation der Ökologiebewegung*, Staatsexamensarbeit, Berlin, 1980, S. 16.

③ "Ökologie und strukturelle Gewalt," in *graswurzelrevolution*, Nr. 16, August 1975, S. 3.

都是资本主义追求利益最大化的产物"①。因此不是核电站发电本身，而是对技术上可行但却没有任何利润的防护措施的犯罪性忽视使得人民陷入危险境地，是资本主义的唯利是图和无序混乱损害了公平，并让人民陷入危险境地。在《联邦德国生态理念的需求目录》中，受稳健派控制的环保公民动议联盟也提出了详细的生态主义社会改造方案："目前社会市场经济已经不再能够解决眼前的问题了。各种危机不仅是副作用和副产物，而且是限制现有系统正常运作的根本条件。"为此环保公民动议联盟提出了循环生态经济的概念，并要求"根据真实的消费和生产需求非集中化地生产产品"②。

最后，左翼环保公民动议参与反核能运动，还是为了与国家暴力和精英统治进行对抗，进而建立更加完善的公民参与机制和更加公平的社会秩序。1975 年时，《草根革命》曾明确指出，在抗议增加的情况下，国家镇压也在加强。"国家建设核电站的根本利益也在其中体现出来……制度化的暴力仅仅是专制结构的最初体现。"③

激进派明确将核能与国家暴力和精英统治联系。他们在《灾难性计划的证明：百万人将被杀害》（Katastropheneinsatzpläne beweisen：Millionen Tote eingeplant）一文中认为，核能是政治精英强加到老百姓头上的，"表现出西德资产阶级相当的残暴和泯灭人性，正如他们在二战和纳粹统治期间所做的"④。"联邦政府和基督教激进分子极尽统治之能事，从愚蠢的心理战引导到联邦边防军公开的暴力威胁，现在又毫不掩饰地要解决掉'内部敌人'。60 年代基民盟和社民党匆忙通过的《紧急状态法》现在正在现实条件下经受着考验。边防军根据《紧急状态法》条款镇压波恩和基尔的抗议。内部抗议现在可以第一次以合法的暴力手段予

① Pettenkofer, Andreas, *Die Entstehung der grünen Politik：Kultursoziologie der westdeutschen Umweltbewegung*, Frankfurt am M. : Campus Verlag, 2014, S. 182.

② BBU wissenschaftliches Institut, *Forderungskatalog für ein Öko-Konzept in der BRD*, Karlsruhe, o. J. , S. 3 - 6.

③ *graswurzelrevolution*, Nr. 16, August 1975, S. 3.

④ Strohm, Holger, *Friedlich in die Katastrophe：Eine Dokumentation über Kernkraftwerke*, Hamburg：Verlag Association, 1977, S. 278.

以镇压……专制国家已经准备好了。"① "反对核电站的斗争，必然会引发反对西德帝国主义及其核能政策的斗争。"② 共产主义联盟的宣传册《为什么我们要进行反对核电站的斗争》也是将西德的帝国主义与核电站联系在一起。③ 弗赖堡反核电站公民动议领导人瓦尔特·莫斯曼（Walter Moßmann）原本是德国社会主义大学生联盟的成员，他在维尔占领事件中表示，这次抗议主要是一次人民群众运动，而不仅仅是环境保护运动。④

1977年3月，弗莱堡非暴力行动小组也公布了针对核电站的"灾难防护计划"，要求仅仅出于预防原则就要停止核电站建设。他们将核事故中的牺牲者比作纳粹统治下的牺牲者。"不仅是镇压，就连核电站本身也被比作纳粹统治的象征。在建设工地立着一块巨大的牌子写着'新奥斯威辛'，将核技术所带来的灾难与纳粹大屠杀并论。"⑤ 1977年，罗伯特·容克在《明镜周刊》接受采访，提出了"千年核帝国"的说法。⑥ 环保公民动议联盟也接受了这一概念，将技术批判与国家批判结合在一起。在《联邦德国生态理念的需求目录》中，"环保公民动议联盟提出……要更多的共决、公民参与及自治"⑦。"经济目标与政治领域的变化将被联系起来，也就是说，除了长期的人类生产和自然生态的安全之外，要消除结构性的和个人性的暴力行为，要抹平阶级鸿沟，要最大限度地引入公民的自决和共决，要消除政治、经济和社会领域的集权化。"⑧ 环保公民动议联盟并

① *graswurzelrevolution*, Nr. 25 – 26, Dez. 1976, S. 6.

② KKW-Brokdorf, "Rundbrief des Leitenden Gremiums des KB, 9. 11. 76," in AK Politische Ökologie in der BUU Hamburg, *Zur kleinbürgerlichen Politik*, Hamburg, 1977, S. 17.

③ *Warum kämpfen wir gegen Atomkraftwerke*, Hamburg: Verlag J. Reents, 1976, S. 1 – 8.

④ *Kursbuch 39*, 1975, S. 129.

⑤ Pettenkofer, Andreas, *Die Entstehung der grünen Politik: Kultursoziologie der westdeutschen Umweltbewegung*, Frankfurt am M.: Campus Verlag, 2014, S. 209 – 210.

⑥ Jungk, Robert, "Vom 1000 jährigen Atomreich," in *Der Spiegel*, 1977 (11), S. 46 – 47.

⑦ BBU wissenschaftliches Institut, *Forderungskatalog für ein Öko-Konzept in der BRD*, Karlsruhe, O. J., S. 3.

⑧ Guggenberger, Bernd, & Kempf, Udo (Hrsg.), *Bürgerinitiativen und repräsentatives System*, Opladen: Westdeutscher Verlag, 1984, S. 418 – 419.

不否定《基本法》对民主的表述，但坚持要求修正现行的代议民主制并打破政党对国家权力的垄断。[①]

总之，反核能运动不仅是反对核能，而且还是对政治和社会系统的批判。左派认为，大力推广核能技术的国家有走上威权道路的可能。公民应该对科学掠夺自然资源的行为进行监督。核电站是威权国家、精英政治、技术独裁、工业力量的体现。因此，警察等国家暴力机关才会镇压示威者。学者容克甚至认为核能发展中的技术至上主义有可能使联邦德国倒退回纳粹专制状态。[②] 反核能运动将技术灾难和压迫人权联系在一起，认为罔顾核风险是国家对基本公民权的践踏。[③]

二 左翼环保公民动议在反核能运动中的斗争实践

为了实现自己的目标，环保公民动议在反核能运动中采取了多种斗争形式。据统计，环保公民动议中有89%经常进行集会，79%散发过传单，69%召开过新闻发布会，63%进行过签名征集活动，44%参加过听证会，35%进行过团体诉讼，52%曾参与立法。[④] 在20世纪70年代中期，有150万公民动议成员参加了实际活动，1000万人参加了签名活动。如在维尔占领事件中，活动的形式包括法院起诉、评价、参与批准程序、公开集会、抗议信、决议、签名征集、占领场地、围攻官员等。[⑤]

1975年，左翼环保公民动议联盟共向联邦内政部递交了17个意见声明，参与了4次联邦议院听证会，并与各部门及媒体进行了多次协商对话。1977年9月，左翼环保公民动议联盟领导50000人进行了非暴力抗

① Rieder, B., *Der Bundesverband Bürgerinitiativen Umweltschutz. Geschichte, Struktur und Aktionsformen einer Dachorganisation der Ökologiebewegung*, Staatsexamensarbeit, Berlin, 1980, Anhang II.

② Jungk, Robert, "Vom 1000 jährigen Atomreich," in *Der Spiegel*, 1977 (11), S. 46.

③ Nössler, Bernd, & Witt, Margret de (Hrsg.), *Wyhl. Kein Kernkraftwerk in Wyhl und auch sonst nirgends. Betroffene Bürgerberichten*, Freiburg: Otto-Suhr-Institut inform-Verlag, 1976, S. 109.

④ Andritzky, Walter, & Wahl-Terlinde, Ulla, *Umweltbundesamt: Berichte, 1978/6, Mitwirkung von Bürgerinitiativen an der Umweltpolitik*, Berlin: Schmidt, 1978, S. 243, 95 – 96.

⑤ Engels, Jens, *Naturpolitik in der Bundesrepublik: Ideenwelt und politische Verhaltensstile in Naturschutz und Umweltbewegung, 1950 –1980*, Parderborn: Schöningh, 2006, S. 327, 366.

议。1979 年举行了 30 次新闻发布会，并直接参与政党选举。左翼环保公民动议联盟还在抗议运动中逐渐扮演领导者的角色。许多左翼环保公民动议联盟的领导人都亲临集会抗议现场，由于当局决定继续批准修建核电站并允许核电站临时存放核废料，1979 年 10 月，左翼环保公民动议联盟与其他组织一起在波恩发动规模空前的反核能抗议活动，有 15 万人参加。到 80 年代初，左翼环保公民动议联盟为反对在戈尔莱本修建核电站还发动了全国范围内的媒体造势运动。

总体来看，左翼环保公民动议在 1973—1983 年反核能运动中所采取的斗争方式和策略主要具有以下几个特点：

首先，深受新左派"反威权斗争"理论影响的左翼环保公民动议主要采用非暴力的形式开展抗议活动。因此，又有德国学者认为公民动议其实是"资产阶级"性质的。[①]

在左翼环保公民动议中，稳健派反对在反核能运动中大规模使用暴力。该派虽然着眼于国家批判，但却希望以非暴力的斗争手段实现自己的目标。如弗莱堡非暴力行动小组报告说："1974 年夏我们听说了在法国阿尔萨斯发生了占领铅化工工厂的活动。我们也参与了这一占领活动，我们的头脑里满是甘地、马丁·路德·金。"[②]

主要受稳健派控制的环保公民动议联盟在反核能运动中也强调非暴力原则。1977 年特别成员代表大会上，环保公民动议联盟正式将非暴力作为公民动议的行动策略。"我们认为非暴力的理性行动是实现目标的最好方法。""我们相信，手段和目标是不可分割的，也就是说，和平不能通过战争手段、非暴力不能通过暴力的手段来实现。"[③] 环保公民动议联

---

① Brand, Karl-Werner, & Rucht, Dieter（Hrsg.），*Aufbruch in eine andere Gesellschaft*: *Neue Soziale Bewegungen in der Bundesrepublik*, Frankfurt a. M. ：Campus, 1986, S. 104.

② Nössler, Bernd, & Witt, Margret de（Hrsg.），*Wyhl. Kein Kernkraftwerk in Wyhl und auch sonst nirgends. Betroffene Bürgerberichten*, Freiburg: inform-Verlag, 1976, S. 212.

③ Rieder, B. , *Der Bundesverband Bürgerinitiativen Umweltschutz. Geschichte*, *Struktur und Aktionsformen einer Dachorganisation der Ökologiebewegung*, Staatsexamensarbeit, Berlin, 1980, S. 76.

盟在接受新成员时，坚持非暴力原则是重要筛选标准之一。[①] 当反核能运动中出现了暴力抗议时，环保公民动议联盟联邦委员会还专门发文表示与此划清界限。[②]

在反核能运动的实践中，左翼环保公民动议大多数时候也都把非暴力当作进行抗议的基本原则。如维尔抗议就吸取了当时法国反核能运动的和平非暴力特色。[③] "我们常常被要求在集会时充当秩序维持者，最终我们很幸运地找到了正确的非暴力意识形态。我们多次充当非暴力灭火队。"[④] 维尔占领事件后，左派开始探讨继续进行非暴力抗议的可能。《草根革命》发表《自由意志之歌与非暴力革命》一文，认为非暴力斗争模式应该得到广泛地推行。[⑤] 此后，在布罗克多尔夫、戈尔莱本等地的反核能抗议中，环保公民动议联盟和地方公民动议小组中占据主流的稳健派基本都秉持着非暴力原则。1979 年 3 月，戈尔莱本居民们在公民动议的召集下进行了"向汉诺威行军"的活动，企图通过合法途径对修建核电站的国际听证会施加影响。即使是在 1980 年 6 月 4 日警察对非法占领戈尔莱本核废料垃圾场的人实行暴力清场时，占领者依然在环保公民动议联盟的要求下拒绝使用暴力还击。

虽然左翼环保公民动议中的激进派主张在反核能运动中采取以暴制暴的手段，但从实际情况来看，这场运动中真正诉诸暴力的情况还是不多的。

其次，采用非法与合法斗争相结合的方式。在坚持非暴力原则的同

① Guggenberger, Bernd, & Kempf, Udo（Hrsg.）, *Bürgerinitiativen und repräsentatives System*, Opladen：Westdeutscher Verlag, 1984, S. 409.

② Joppke, Christian, *Mobilizing against Nuclear Energy：A Comparison of Germany and the United States*, Berkeley u. a：University of Calif. Press, 1993, p. 106, 109.

③ Pettenkofer, Andreas, *Die Entstehung der grünen Politik Kultursoziologie der westdeutschen Umweltbewegung*, Frankfurt am M.：Campus Verlag, 2014, S. 171.

④ Nössler, Bernd, & Witt, Margret de（Hrsg.）, *Wyhl. Kein Kernkraftwerk in Wyhl und auch sonst nirgends. Betroffene Bürgerberichten*, Freiburg：inform-Verlag, 1976, S. 213.

⑤ "Freiwilliges Leiden und gewaltlose Revolution," in *graswurzelrevolution*, Nr. 20 – 21, Juni 76, S. 18.

时，环保公民动议联盟并未说抗议活动一定是合法的。① 在 1977 年左右的环保公民动议联盟《行动目录》中，将这种非法行动形容为公民不服从的"大炮"②。公民动议具有强烈的政治参与意愿，且拥有诸多财政支持，它们常常会因采取非法手段而与当局发生冲突，并以此推动当局制定和执行某些政策。③

反核能运动爆发后，占领核电项目的建设工地是左翼环保公民动议常用的斗争方法之一。1975 年 2 月 18 日，地方公民动议便组织民众占领了维尔的核电站工地。占领者要求，在法院判决生效之前，不得开工。这些占领者甚至模仿 68 运动时期的大学生喊出了"维尔，伟大的占领行动！"这样的口号。同年 12 月，下易北河环保公民动议等也发布"北德公民动议与生活保护组织告人民书"（*Erklärung der norddeutschen Bürgerinitiativen und Lebensschutzverbände an die Bevölkerung*），决定"一旦开工建设，我们将占领布罗克多尔夫核电站工地"④。1980 年 5 月 3 日，数千名示威者还占领了下萨克森州戈尔莱本和特雷伯尔河（Trebel）之间的核废料站工地。示威者甚至还在该地区建立了"温德兰德（Wendland，名字源自古代定居于此的凯尔特部落）自由共和国"。环保公民动议联盟在政治和组织上支持占领行动。它不仅频频在各种媒体上发表支持言论，其理事会成员约尔格·杨宁（Jörg Janning）还成为占领的领导者和发言人之一。

不过，环保公民动议只是在合法途径难以引起官方注意的情况下才采取非法手段。而且在采取非法手段的同时，公民动议也还努力通过请愿、对话、诉讼等合法手段来达到自己的目标。1975 年 1 月 12 日，维尔地方环保公民动议先以向当局请愿的方式通过并递交了反对修建核电站

① Guggenberger, Bernd, & Kempf, Udo（Hrsg.），*Bürgerinitiativen und repräsentatives System*, Opladen：Westdeutscher Verlag, 1984, S. 419.

② Bundesverbandes Buergerinitiativen Umweltschutz e. V, *Aktionskatalog des Bundesverbandes Bürgerinitiativen Umweltschutz e. V.：Diskussionsgrundlage*, Karlsruhe, 1977, S. 1 - 80.

③ Brand, Karl-Werner, & Rucht, Dieter（Hrsg.），*Aufbruch in eine andere Gesellschaft：Neue Soziale Bewegungen in der Bundesrepublik*, Frankfurt a. M：Campus, 1986, S. 90.

④ Pettenkofer, Andreas, *Die Entstehung der grünen Politik：Kultursoziologie der westdeutschen Umweltbewegung*, Frankfurt am M.：Campus Verlag, 2014, S. 159, 177.

的公民决议（Bürgerentscheid）。在请愿和警告无效的情况下，抗议民众才占领了工地。占领运动的参与者多次与警察发生冲突，但他们大多数人还是寄希望于通过合法途径解决这一问题。下易北河环保公民动议也是首先企图从合法渠道阻碍核电站的修建。在合法请求遭到了联盟党控制的州政府拒绝后，[①] 公民动议才筹划占领行动。不过，1976 年 3 月 1 日，下易北河环保公民动议又向州食品、农业及森林部长和核能公司发出公开信，一方面保证不采取暴力行动，另一方面则坚决要求进行对话。[②] 1980 年 5 月 29 日，在抗议者占领戈尔莱本核废料站的建设工地后，约尔格·杨宁也致信下萨克森州内政部长，要求当局应该尽快与占领者展开对话。

最后，在与工人发生冲突的同时，新左派在反核能运动中更加注重农民的作用。反核能运动在某种形式上延续了 68 运动的某些特征。如青年人渴望社会尤其是工人的承认。[③] 但是，维尔的反核能运动却无法得到工会的支持。尽管这场运动打出了阶级斗争的旗帜，但工人们首先关注的却是关闭核电站所造成的饭碗问题。[④] "当弗赖堡左派准备人民斗争时，工人们开始谩骂他们。"[⑤] 工会反对公民动议及其推动的反核能运动，并与企业界保持密切合作，共同对抗日益壮大的环保公民动议。在企业的大力支持下，工会举办各种活动支持核电站的修建。[⑥] 1973 年时，左翼环保公民动议联盟理事会就曾经批判工会与企业沆瀣一气。1977 年 9 月，工会还在波恩举行支持核能发展的大规模游行。总体上看，在反核能运动高涨的时候，工会——尤其是产业工人工会——主要关注的仍

---

①　"Brokdorf: Eis ohne Energie," in *Der Spiegel*, 1976 (11), S. 115 – 117.

②　Bürgerinitiativ Umwelt Unterelbe, Brokdorf, *Der Bauplatz muß wieder zur Wiese werden*! Hamburg, 1977, S. 83 – 84.

③　*Kursbuch 50*, Dez. 1977, S. 9.

④　Pettenkofer, Andreas, *Die Entstehung der grünen Politik Kultursoziologie der westdeutschen Umweltbewegung*, Frankfurt am M.: Campus Verlag, 2014, S. 157.

⑤　*Kursbuch 39*, 1975, S. 142.

⑥　Andritzky, Walter, & Wahl-Terlinde, Ulla, *Umweltbundesamt: Berichte, 1978/6, Mitwirkung von Bürgerinitiativen an der Umweltpolitik*, Berlin: Schmidt, 1978, S. 97 – 98.

是就业问题，"到目前为止还未将环保看作是一项主要的社会任务"。进入80年代后，左翼环保公民动议联盟着力与工会改善关系，因为"左翼环保公民动议联盟认识到，如果工会不站在我们这边，任何环境政策都不可能推行"。直到反核能运动高潮过后，随着左翼环保公民动议联盟与工会最大的分歧消除，双方关系才得到了实质性改善。[①]

在与工人就核能发展问题发生矛盾的同时，左翼环保公民动议却和农民达成了某种形式的合作。20世纪70年代初，南巴登的上莱茵地区爆发了一系列反核能运动。在该地长期执政的保守派联盟党试图开发乡村地区，引发了当地农民的强烈不满。早在1972年9月16日，当地就曾发生过居民用560辆拖拉机阻止核电站修建的抗议。维尔事件期间，很多城市公民动议都将农民的斗争看作是其对剥削和压迫的反抗。[②] 在反对戈尔莱本核电站的斗争中，左翼环保公民动议联盟再次将城市左翼和农民团结在了一起。

"城市与农村，确切地说是大学生与农民在维尔结成了行动联盟。在60年代院外抗议中，大学生想与工人组成联盟，但却未能成功。如今知识分子却与农民站在了一起。"[③] 为了团结农民，一些左派抗议者开始研究为什么农民会参与抗议。他们认为南巴登地区的农民在历史上本来就具有反抗精神。农民在政治生态运动中扮演了工人阶级应该扮演的革命角色，因此要用新的公民理念来看待这些参与抗议的农民。

第三节　反核能运动推动下的环境治理变革

在1973—1983年反核能运动的冲击下，联邦德国环境治理在后工业

---

① BBU wissenschaftliches Institut, *Forderungskatalog für ein Öko-Konzept in der BRD*, Karlsruhe, o. J. , S. 101.

② Engels, Jens, *Naturpolitik in der Bundesrepublik: Ideenwelt und politische Verhaltensstile in Naturschutz und Umweltbewegung, 1950 - 1980*, Parderborn: Schöningh, 2006, S. 361 - 362.

③ Pettenkofer, Andreas, *Die Entstehung der grünen Politik Kultursoziologie der westdeutschen Umweltbewegung*, Frankfurt am M. : Campus Verlag, 2014, S. 166.

社会转型过程中出现了重大变革：在理念方面，以生态主义为代表的后物质主义价值观进一步得到了国家和社会的认可；随着生态主义在与工业时代唯经济增长论和技术至上思想的斗争中日益占据上风，联邦德国环境治理进入所谓的"生态时代"；在治理结构方面，随着绿党的崛起和公民参与的多方协商机制的完善，权力非集中化的基层直接民主成为传统代议民主制度的补充。

一　能源与环境治理政策的变革

在反核能运动的冲击下，当局改变了能源危机以来优先发展民用核能的政策，并提升了环境优先的生态主义理念在国家战略中的位置。

反核能运动爆发后，环保公民动议联盟对联邦政府中两大执政党的环境政策产生了一定影响。1977 年时，环保公民动议联盟决定要与执政的自民党和社民党理事会展开合作，以加强两党中反对核能、支持环保的力量。"这些对话常常会对已达成的基本共识产生影响。"[1] 在环保公民动议联盟的影响下，自民党领导人不仅通过对话认同了左翼环保公民动议的反核能要求，还在 1979 年不莱梅党代会后推出了自己的环保战略。部分自民党议员还将环保公民动议联盟的意见作为自己的重要信息来源和决策依据之一。社民党在抗议运动的压力下也决定限制核能发展。[2]

在反核能运动中，环保公民动议联盟除提升执政党的环保意识外，还试图在联邦层面影响国家环境政策的实施。环保公民动议联盟与联邦内政部下辖的环境治理部门和位于西柏林的联邦环境署都保持联系并支持其工作。联邦科技部也在"核能公民对话"（Bürgerdialog Kernenergie）的框架内与环保公民动议联盟展开合作。环保公民动议联盟的领导人甚

---

① Rieder, B., *Der Bundesverband Bürgerinitiativen Umweltschutz. Geschichte*, *Struktur und Aktionsformen einer Dachorganisation der Ökologiebewegung*, Staatsexamensarbeit, Berlin, 1980, S. 98.

② Joppke, Christian, *Mobilizing against Nuclear Energy*: *A Comparison of Germany and the United States*, Berkeley u. a: Universiy of Calif. Press, 1993, pp. 118 – 119.

至还出任了联邦环境署的官员。此外，环保公民动议联盟还根据联邦议院中专门委员会的结构设立了相对应的工作组。1974 年通过的《辐射防护条例》曾遭到环保公民动议联盟的强烈抨击，这是该法律后来得以修改的重要原因之一。1978 年联邦政府中止制定《放射性生态条例》也与环保公民动议联盟的大力反对有关。联盟党对公民动议及其抗议行动持怀疑态度，但这种态度随着 1976—1977 年年轻一代政治家的成长而变得有所缓和。

在反核能运动的影响下，联邦政府在一定程度上改变了 1973 年之后大力发展核能的政策，并加强了对核电站项目的环境风险管控。1977 年12 月 14 日，联邦政府颁布第二个能源发展补充规划，明确要求将节约能源放在首位，并降低核能的发展速度，如将 1985 年核电装机容量由原先的 40000 兆瓦降低至 24000 兆瓦。① 1981 年 11 月 4 日，联邦政府公布第三个能源发展补充规划，对核电站建设提出更加严苛的环评条件。②

除了影响联邦政策外，反核能运动还直接阻止或延缓了核电站工程的实施，并改变了州政府的核电发展计划。在抗议者占领了维尔的核电站修建工地后，巴登—符腾堡州政府被迫让步，暂停修建核电站的计划。1976 年 3 月，弗莱堡行政法院裁决政府修建核电站的行为非法，此次事件以公民动议的胜利而告终。"州政府强调，维尔占领事件的调解是联邦德国历史上的唯一一次政府在群众非法行动的压力下，被迫向所谓的人民代表做出的妥协。"③ "占领运动及后来州政府的处理措施给了其他公民动议以勇气。"④ 在布罗克多尔夫抗议爆发后，为了防止冲突进一步升

① Deutscher Bundestag, "Zweite Fortschreibung des Energieprogramms der Bundesregierung," BT-Drs. 8/1357, in *Verhandlungen des Deutschen Bundestages*, 8. *Wahlperiode*, Bonn: Bonner Universität-Buchdruckerei, 1977, S. 14.

② Deutscher Bundestag, "Dritte Fortschreibung des Energieprogramms der Bundesregierung," BT-Drs. Drucksache 9/983, in *Verhandlungen des Deutschen Bundestages*, 8. *Wahlperiode*, Bonn: Bonner Universität-Buchdruckerei, 1981, S. 19.

③ Pettenkofer, Andreas, *Die Entstehung der grünen Politik Kultursoziologie der westdeutschen Umweltbewegung*, Frankfurt am M.: Campus Verlag, 2014, S. 165.

④ Brand, Karl-Werner, & Rucht, Dieter (Hrsg.), *Aufbruch in eine andere Gesellschaft: Neue Soziale Bewegungen in der Bundesrepublik*, Frankfurt a. M.: Campus, 1986, S. 94.

级，石勒苏益格地方行政法院也于 1976 年 12 月 15 日裁决暂停修建该地的核电站。这一判决有效地阻止了州政府的暴力镇压行为和核能发展计划。1979 年 3 月，在左翼环保公民动议召集戈尔莱本居民们进行了"向汉诺威行军"的活动之后，下萨克森州州长也决定终止该地核电站工程。"由于其必要性和安全性难以为广大群众所信服，州政府决定推迟重启设备。"①

尽管反核能运动彻底废除民用核能的目标至今尚未完全实现，但是"它在 20 世纪 70 年代大幅度消减了核能发展计划，并将联邦德国核能发展阻滞在了 80 年代的水平"②。面对由政界、工业界、技术界联合组成的强大阵线，反核能运动能取得这些成就实属不易。它大大增加了联邦德国发展核电的成本，为日后该国彻底放弃核电奠定了基础。因此，反核能运动不仅影响了联邦德国的能源政策，也对其环保政策产生了深远的影响。

二　环境治理机制的完善

首先，1973—1983 年的反核能运动完善了公民直接参与环境治理的渠道和机制。70 年代联邦德国公共生活领域最引人注目的一个变化就是新的公民政治参与形式的出现。反核能运动兴起后，公民直接参与能源与环境治理的渠道和机制也随之得到了改善。

领导和组织反核能运动的环保公民动议本身就是公民参与能源环境治理的重要渠道。与传统的自然—家园保护组织相比，左翼环保公民动议在组织结构方面呈现出明显的非集权化和分散化特点。公民动议本来就是具有某种特定目标而没有正式组织的公民小组。正如 P. 迈尔－塔施所指出的，公民动议是"或多或少的一群公民，他们为了自主实现某个

① Joppke, Christian, *Mobilizing against Nuclear Energy: A Comparison of Germany and the United States*, Berkeley u. a.: Universiy of Calif. Press, 1993, p. 126.

② Roth, Roland, & Rucht, Dieter (Hrsg.), *Die sozialen Bewegungen in Deutschland seit 1945*, Frankfurt am M.: Campus Verlag, 2008, S. 264.

特定目标或整体目标而采取行动，并在社区、地区或跨地区层面上对政治决策进程产生影响"①。

环保公民动议联盟在组织上的非集中化原则通过其结构体现出来。为了实现"草根运动"的目标，每个公民动议都要以独立的身份加入环保公民动议联盟。环保公民动议联盟在 1975 年包括 2000 多个独立公民动议小组。② 成为其成员的条件包括，以环保为目的，独立于政党或其他组织，具有持久性等。③ 尽管 70 年代末环保公民动议联盟出现了制度化倾向，但左翼环保公民动议在整体上依然保持着非集中化的结构特征。这种非集中化的组织形式，为公民通过公民动议直接参与环境治理奠定了基础。

同时，反核能运动还提高了公民的专业环保知识，为公民参与能源和环境治理创造了有利条件。参与这场运动的公民动议成员认为，通过学习可以使自己成为所谓的"对立专家"。这使得他们可以更好地参与当局的审批程序（Genehmigungsverfahren），并将规划自身生活环境的权力从官僚手中接管过来。由于当局和经济界常常以缺少专业依据为由拒绝公民动议的要求，所以公民动议还采取了类似于 68 运动中"对立大学"的做法，通过所谓的"对立性行政管理"（Gegenverwaltung）来进行斗争。其中最著名的当属"维尔森林国民学校"，其主要功能是向大众普及核能的基本风险知识并就应对措施展开讨论，为专家和大众的沟通架起一座桥梁。在调查中，3/4 的公民动议都提出了自己与当局或经济界不同的环境规划，扮演了所谓的"对立性行政管理"的角色。许多反对核能的专家也积极参与公民动议的活动，出版专业性研究资料，普及核能风险，并参加政府举办的听证会。在戈尔莱本举行的听证会中，政府

① Andritzky, Walter, & Wahl-Terlinde, Ulla, *Umweltbundesamt : Berichte*, 1978/6, *Mitwirkung von Bürgerinitiativen an der Umweltpolitik*, Berlin : Schmidt, 1978, S. 33.

② Andritzky, Walter, & Wahl-Terlinde, Ulla, *Umweltbundesamt : Berichte*, 1978/6, *Mitwirkung von Bürgerinitiativen an der Umweltpolitik*, Berlin : Schmidt, 1978, S. 36.

③ Guggenberger, Bernd, & Kempf, Udo (Hrsg.), *Bürgerinitiativen und repräsentatives System*, Opladen : Westdeutscher Verlag, 1984, S. 414, 409. Roth, Roland, & Rucht, Dieter (Hrsg.), *Neue Soziale Bewegungen in der Bundesrepublik Deutschland*, Frankfurt a. M. : Campus, 1986, S. 253.

就是出于技术原因而不是政治原因中止了核电站的修建。①

此外，反核能运动的压力还迫使当局完善了能源与环境领域的民主对话协商机制。在20世纪70年代早期，联邦德国就出现了由公民动议、国家和经济界共同参与的与能源相关的对话机制。但是，由于公民动议缺少能源企业在媒体和科研方面的优势，对话受到了阻碍。公民动议代表强调，分歧并不是在细节问题上，而是公民缺少整体的、主要的政治参与权。在核能领域出现大规模冲突后，为了安抚左翼环保公民动议，联邦科技部在1975年启动了"核能公民对话"，与公众就和平利用核能问题展开讨论，并承认核能政策不能违背多数意愿。反核能运动中公民动议多次通过这一机制将自己的观点递交联邦政府。

尽管公民动议可以通过对话在多个层次上参与环境治理的过程，但在实践中，行政部门往往依据《行政程序法》（Verwaltungsverfahrungsgesetz），以涉密为由，即以信息公开或公民参与决策会危害行政决策为由，拒绝公民的参与。总体来看，只有不到半数的公民动议成员认为自己能够对政党成员产生积极的影响。② 只有在某些事件中，公民动议才能和行政部门结成联盟。行政部门还会将参与非法集会的公民动议成员列入黑名单，并因此而影响到他们与相应的公民动议之间的合作。

其次，反核能运动促进了部分左翼环保公民动议向绿党的转变，这不仅改变了环境治理的政党政治结构，也有利于生态主义价值观在联邦德国的传播。1978年之后，公民动议出现了政党化趋势。至少有一半的公民动议走上了政党化的道路。政党化首先是为了参与选举，其次也是为了加强对公众和媒体的影响。记者们更喜欢采访得到承认的组织或"名人"。无论是科学界还是公众都感觉公民动议实在是过于碎片化。③

---

① Uekötter, Frank, *Deutschland in Grün: Eine zwiespältige Erfolgsgeschichte*, Göttingen: Vandenhoeck & Ruprecht, 2015, S. 132.

② Andritzky, Walter, & Wahl-Terlinde, Ulla, *Umweltbundesamt: Berichte, 1978/6, Mitwirkung von Bürgerinitiativen an der Umweltpolitik*, Berlin: Schmidt, 1978, S. 81 – 82.

③ Brand, Karl-Werner, & Rucht, Dieter（Hrsg.）, *Aufbruch in eine andere Gesellschaft: Neue Soziale Bewegungen in der Bundesrepublik*, Frankfurt a. M: Campus, 1986, S. 108.

　　反核能运动是绿党建立的主要推动力之一。绿党的很多成员都来自运动中的左派活跃分子。"血与土的思想已经失败，但与反对资本主义相联系的生态主义却还有政治机会。由于执政的社民党自毁其志，左翼政治领域留下了巨大的力量真空。这就是我们要抓住的机会。"[1] 在反核能运动活跃的地区，绿党的支持率往往也比较高。[2] 有人甚至将绿党视为公民动议在议会中的分支。[3]

　　环保公民动议联盟在是否同意组建政党方面存在分歧。反对者认为，建立政党会打破公民动议相对于代议民主制的独立性，会造成形式化、权力驱动、僵硬化、纪律化，会终结创造性和积极性。[4] 经过激烈斗争之后，公民动议发生分裂，一部分继续从事院外抗议活动，另一部分则演变为绿党，开始参与政党政治。20 世纪 80 年代初，环保公民动议联盟开始积极参与绿党和联邦议院的工作。环保公民动议联盟的领导人甚至成为绿党的领导人。"院外民众运动之路，必须与生态政党明确的生态诉求相辅相成。""忘了绿党与我们的区别吧！"[5] 反核能运动中的稳健派组建了选择名单和绿色名单，从而为绿党的产生奠定了组织基础。

　　1979 年成立的绿党对联邦德国现有的政党系统构成了挑战。虽然很多绿党成员是前社民党成员，但绿党还是打上了反核能运动和公民动议的烙印。绿党依然坚持着公民动议的非集权化、多样化和自治化的特色。"绿党的产生是公民决策的结果。这些公民基于公民动议'模式'的个人经验对周围世界做出相应的政治评价，这些经验的精髓是对政党解决

① Joppke, Christian, *Mobilizing against Nuclear Energy*: *A Comparison of Germany and the United States*, Berkeley u. a: Universiy of Calif. Press, 1993, p. 119.

② Guggenberger, Bernd, & Kempf, Udo（Hrsg.）, *Bürgerinitiativen und repräsentatives System*, Opladen: Westdeutscher Verlag, 1984, S. 368 – 369.

③ Engels, Jens, *Naturpolitik in der Bundesrepublik*: *Ideenwelt und politische Verhaltensstile in Naturschutz und Umweltbewegung, 1950 – 1980*, Parderborn: Schöningh, 2006, S. 403.

④ Engels, Jens, *Naturpolitik in der Bundesrepublik*: *Ideenwelt und politische Verhaltensstile in Naturschutz und Umweltbewegung, 1950 – 1980*, Parderborn: Schöningh, 2006, S. 402.

⑤ Guggenberger, Bernd, & Kempf, Udo（Hrsg.）, *Bürgerinitiativen und repräsentatives System*, Opladen: Westdeutscher Verlag, 1984, S. 417.

问题能力的不信任。"① 绿党成立初期就有 225000 名成员，并在公民动议影响较大的地区占有竞选优势。1978—1983 年，绿党在州议会和联邦议院选举中陆续突破 5% 的门槛，改变了联邦德国长期以来两大一小的三党制政党政治系统。

为什么反核能运动能突破联邦德国原有的政党政治格局？这主要是因为，虽然联盟党、社民党已经变为所谓的"人民党"，但他们却难以适应后物质主义价值观。两大党很早就开始关注环境问题，它们在反核能运动的压力下也决定暂停核电站的修建。但是，面对经济下行的压力，它们没法明确将生态和环境保护放置于经济与技术进步之上。公民动议在反核能运动中的诉求重点在于对"进步决定论"进行系统性的批判，"它们的合法性诉求常常关系到对生活和进步模式的选择，只有在社会化的、统治性的世界观破灭的过程中，这种选择性的行动和观点才能成为现实"。传统马克思主义主要进行的是政治经济批判，而公民动议主要批判的是晚期资本主义的文化、生态和技术压迫。"自 19 世纪政党政治形成以来出现的保守与进步的区别不再重要……公民不再是理性行政的原材料。"② 正是在这种情况下，左翼环保公民动议中分化出来的绿党才拥有了不同于传统左翼政党的吸引力，并最终得以在联邦德国政党政治中占据一席之地。

最后，反核能运动还加强了利益集团、民众和媒体中反对核能、支持环保的力量。

其一，反核能运动爆发后，由于环保公民动议联盟组织化的日益增强并积极与其他环保组织展开合作，联邦德国院外利益集团中支持生态主义的力量也得到了加强。随着反核能运动的蓬勃发展，环保公民动议联盟不再仅仅是环保公民动议的协调人，它也被联邦内政部当作是与工业利益集

---

① Guggenberger, Bernd, & Kempf, Udo（Hrsg.），*Bürgerinitiativen und repräsentatives System*, Opladen：Westdeutscher Verlag, 1984, S. 381 – 382.

② Raschke, Joachim, *Bürger und Parteien Ansichten und Analysen einer schwierigen Beziehung*, Wiesbaden：VS Verlag für Sozialwissenschaften, 1982, S. 195 – 197.

团对等的院外集团。环保公民动议联盟的领导人也成为领取薪酬的专业人员。① 1980 年秘书处与理事会分离，成为类似社会团体的常设机构，1982 年确定其职责是信息传递和协调。"环保公民动议已经对社区环境规划产生了重要的影响，值得注意的是，环保公民动议的专业水准大为改善。"② 1982 年时，环保公民动议联盟已经从一个小的地方环保群体变为全国性环保公民动议联合机构。它不仅会影响选票，甚至拥有打破国家安宁的强大动员能力。1975 年，环保公民动议联盟还建立了拥有固定成员的环境科学研究所（Umweltwissenschaftliche Institut）。环保公民动议联盟成为新的压力集团后，大大加强了环保组织的院外活动力量。

与此同时，在反核能运动中，环保公民动议联盟与各类其他环保组织也保持着密切的合作，这也有利于加强利益集团中支持环保的力量。如环保公民动议联盟与 1975 年建立的德国环境与自然保护联盟（Bund für Umwelt und Naturschutz Deutschland）会定期交换信息，联合举行新闻发布会，并共同举办活动。环保公民动议联盟与科隆、弗莱堡等地的专业环保研究机构也有着良好的合作关系。③ 此外，反核能运动还引起了教会、青年组织和部分工会组织对生态理念的共鸣。④

其二，反核能运动改变了民众对核能和环保的态度。在 1972 年 2 月的一次调查中，52% 的受访者认为发电厂能够采取技术手段消除污染。大部分居民认为企业采取了环保措施，2/3 的民众认为安全的能源供应对环保是有利的。到 1973 年石油危机前，大多数人还不认为核能在技术

---

① Engels, Jens, *Naturpolitik in der Bundesrepublik: Ideenwelt und politische Verhaltensstile in Naturschutz und Umweltbewegung*, 1950 – 1980, Parderborn: Schöningh, 2006, S. 332 – 333, 421.

② Andritzky, Walter, & Wahl-Terlinde, Ulla, *Umweltbundesamt: Berichte, 1978/6, Mitwirkung von Bürgerinitiativen an der Umweltpolitik*, Berlin: Schmidt, 1978, S. 98.

③ Rieder, B., *Der Bundesverband Bürgerinitiativen Umweltschutz. Geschichte, Struktur und Aktionsformen einer Dachorganisation der Ökologiebewegung*, Staatsexamensarbeit, Berlin, 1980, S. 103 – 107.

④ Brand, Karl-Werner, & Rucht, Dieter (Hrsg.), *Aufbruch in eine andere Gesellschaft: Neue Soziale Bewegungen in der Bundesrepublik*, Frankfurt a. M. : Campus, 1986, S. 112.

上是不过关的。[①] 1975 年时，尚有 60% 的联邦德国公民支持核能，而反对的只有 16%。但到 1977 年初戈尔莱本占领行动发生后，已有 43% 的人转而反对核能。[②] 随着对核能的认同大幅度降低，民众的环保理念也有了很大的提升。1977 年时，有 80% 的西德人认为环保是"好"或者"很好"的。[③] 1980 年的一次民意调查也显示，有 20% 的受访者愿意投票给新成立的绿党，60% 对反核能运动表示支持。[④]

其三，反核能运动还改变了媒体对核能和环保的态度。1973 年之前，媒体很少报道反核能抗议活动。但到 1973 年 10 月底，《明镜周刊》的报道却让维尔的占领运动闻名全国。由于维尔占领运动一直以非暴力为主，因而也得到了媒体的同情。1975 年 2 月，德国公法广播联盟也对抗议进行了正面的报道。[⑤] 根据统计，97% 的媒体对环保公民动议的目标和行动给予了关注。其中只有 11% 的媒体对公民动议持批判态度。另有 35% 持中立态度，34% 持支持态度，还有 20% 后来变为支持态度。[⑥] 通过媒体的报道，环境运动对国家造成了巨大的压力。很多教会人士、科学家、作家等都转而反对核能。[⑦]

1973—1983 年，由于生态主义价值观的流行、左翼环保公民动议的崛起，以及石油危机后国家对核能的大力推崇，联邦德国爆发了声势浩大的

① Schulz-Walden, Thorsten, *Anfänge globaler Umweltpolitik*, *Umweltsicherheit in der internationalen Politik (1969 – 1975)*, München: Oldenbourg Verlag, 2013, S. 284 – 285.

② "Brauchen Wir Atomkraft? Spiegel-Umfrage über den Bau von Kernkraftwerken," in *Der Spiegel*, 1977 (8), S. 163.

③ Engels, Jens, *Naturpolitik in der Bundesrepublik: Ideenwelt und politische Verhaltensstile in Naturschutz und Umweltbewegung, 1950 – 1980*, Parderborn: Schöningh, 2006, S. 327.

④ Guggenberger, Bernd, & Kempf, Udo (Hrsg.), *Bürgerinitiativen und repräsentatives System*, Opladen: Westdeutscher Verlag, 1984, S. 387.

⑤ Engels, Jens, *Naturpolitik in der Bundesrepublik: Ideenwelt und politische Verhaltensstile in Naturschutz und Umweltbewegung, 1950 – 1980*, Parderborn: Schöningh, 2006, S. 351 – 352.

⑥ Andritzky, Walter, & Wahl-Terlinde, Ulla, *Umweltbundesamt: Berichte, 1978/6, Mitwirkung von Bürgerinitiativen an der Umweltpolitik*, Berlin: Schmidt, 1978, S. 90.

⑦ Engels, Jens, *Naturpolitik in der Bundesrepublik: Ideenwelt und politische Verhaltensstile in Naturschutz und Umweltbewegung, 1950 – 1980*, Parderborn: Schöningh, 2006, S. 347.

反核能运动。在这场运动期间，左翼环保公民动议以后物质主义价值观为指导，要求在彻底废止民用核能的同时，努力贯彻环保优先的生态主义理念，并通过扩大公民参与权进一步重塑国家治理体制。为了达成这一目标，左翼公民动议在这场运动中不仅坚持以非暴力为主的原则，还采取了将非法占领和多种合法手段结合在一起的斗争策略。反核能运动不仅改变了国家优先发展核能、忽视环境风险的政策，还在一定程度上完善了公民直接参与环境和能源治理的渠道和机制。同时，这场运动也促进了绿党的产生并加强了利益集团、民众和媒体中反对核能、支持环保的力量。

1973—1983 年的反核能运动是后工业社会转型时期联邦德国政治生态运动的重要组成部分。在 70 年代的政治生态运动中，公民动议还进行了其他一系列抗议活动，如反对卡尔斯鲁厄炼油厂、反对美茵河畔法兰克福西火车站等。但"自 70 年代生态冲突恶化以来，其他领域的斗争都没有核能领域这么激烈。其他国家也不像联邦德国这样，环境运动被如此深地打上了反对核能的烙印。""一场民众运动能如此深刻地影响到政治，这在联邦德国的历史上是没有的。"①

政治生态运动是开启联邦德国"参与革命"（Participatory Revolution）的重要推动力之一。参与革命，被看作是继实现普选之后，西方民主体制在大众政治运动的压力下所进行的又一重大调整。19 世纪晚期至 20 世纪初第一次左翼工人运动浪潮后，虽然西方各国陆续实现了普选，但代议民主制和庞大官僚机构却阻断了民众与政治精英的联系。因而自 20 世纪 60 年代末期开始，包括反核能运动在内的左翼新社会运动，对联邦德国的政党及官僚制度发起了挑战，并成功地在该国建立起了公民直接参与政治的协商民主机制。

---

① Uekötter, Frank, *Deutschland in Grün: Eine zwiespältige Erfolgsgeschichte*, Göttingen: Vandenhoeck & Ruprecht, 2015, S. 128.

第五章

联邦德国新妇女运动与家庭治理变革
——以 1971—1976 年反 218 条斗争为核心

20 世纪 70 年代，联邦德国出现了明显异于工业时代传统妇女运动的"新妇女运动"。作为新社会运动的重要代表，这场以"私人即政治"和"自治"为主要特色的运动从一开始就把斗争矛头对准了联邦德国建立后在家庭治理中长期坚持的堕胎禁令。在新妇女运动的推动下，联邦德国不仅改变了家庭治理中"男主外、女主内"的指导思想，而且还扩大了女性在家庭治理中的话语权，并因此减少了家庭对女性的束缚和压迫。

第一节　早期家庭治理中的堕胎禁令与
新妇女运动的兴起

在向后工业社会转型的进程中，联邦德国在早期家庭治理中所奉行的堕胎禁令成为引发该国新妇女运动浪潮的导火索。

一　堕胎禁令及其引发新妇女运动的过程

生育政策是现代国家进行家庭治理的重要手段。[①] 早在 1871 年 5 月 15 日，堕胎禁令就被列入《刑法》第 218 条。战后初期，德国西占区恢复了 1926 年修订过的《刑法》第 218 条，继续将堕胎行为视作非法。为了维持人口增长和社会稳定，同时摆脱纳粹主义和共产主义的影响，

---

① 孟钟捷：《魏玛德国的家庭政策——以"堕胎禁令"的改革与争议为中心的探讨》，《世界历史》2018 年第 1 期。

1949年上台并长期执政的联盟党始终拒绝修改《刑法》中的这一条款。[①]联盟党政府的生育政策得到了教会的大力支持。1951年10月29日，教皇"庇护十二世"宣布反对所有堕胎。而社民党、自民党和传统妇女组织中较为开明的"德国妇女界"（Deutscher Frauenring）也只是提出，如果怀孕是由犯罪导致，那孕妇的堕胎行为应被免于刑事处罚。[②]不过，由于堕胎问题并不是左派关注的焦点，[③]再加上保守势力在政治和社会中的影响巨大，所以直到20世纪70年代初期之前，联邦德国始终未能对《刑法》中的堕胎禁令做出任何修改。[④]

堕胎禁令长期存在的背后，则是联邦德国在建国之初重建的、束缚和压迫女性的家庭治理思想及体制。

一方面，联邦德国早期坚持堕胎禁令，和它强调"男主外、女主内"的家庭治理思想有直接的关系。浓厚的宗教氛围、对家庭责任的强调和较低的妇女就业率是联邦德国早期基督教—资产阶级（christlich-bürgerlichn）家庭理想（Familieideal）的主要特征。[⑤]为了维护社会稳定并与东方社会主义国家进行对抗，联邦德国在早期家庭治理中一直秉持一种"男主外、女主内"的理念。[⑥]1949年上台执政的联盟党大力复兴基督教价值传统，并在"宣传中鼓励女性回归家庭"，"重新让母性成为

---

① Gindulis, Edith, *Der Konflikt um die Abtreibung*: *Die Bestimmungsfaktoren der Gesetzgebung zum Schwangerschaftsabbruch im OECD-Ländervergleich*, Wiesbaden: VS Verlag für Sozialwissenschaften, 2003, S. 97.

② Gante, Michael, *218 in der Diskussion. Meinungs-und Willensbildung 1945 – 1976*, Düsseldorf: Droste Verlag, 1991, S. 68 – 72.

③ Gante, Michael, *218 in der Diskussion. Meinungs-und Willensbildung 1945 – 1976*, Düsseldorf: Droste Verlag, 1991, S. 65 – 68, 117 – 121.

④ Gindulis, Edith, *Der Konflikt um die Abtreibung*: *Die Bestimmungsfaktoren der Gesetzgebung zum Schwangerschaftsabbruch im OECD-Ländervergleich*, Wiesbaden: VS Verlag für Sozialwissenschaften, 2003, S. 97.

⑤ Kuller, Christiane, *Familienpolitik im föderativen Sozialstaat*, *die Formierung eines Politikfeldes in der Bundesrepublik 1949 – 1975*, München: De Gruyter, 2004, S. 13, 44, 67, 81. Langan, Mary, & Ostner, Ilona, "Geschlechterpolitik im Wohlfahrtsstaat: Aspekte im internationalen Vergleich," in *Kritische Justiz*, Vol. 24, No. 3 (1991), S. 310 – 312.

⑥ Herzog, Dagmar, "'Pleasure, Sex and Politics Belong Together': Post-Holocaust Memory and the Sexual Revolution in West Germany," in *Critical Inquiry*, Vol. 24, No. 2, 1998, p. 411.

女性主要的国家义务"[1]。社民党在 1959 年的《哥德斯贝格纲领》中也认为，妇女与男人在生理和心理方面都存在着差异，女性应该主要在家庭中发挥作用。[2] 1966 年，社民党与联盟党组成的大联合政府出台了德国历史上第一个妇女报告《女性在职业、家庭和社会中的状况》，明确表示女性外出工作会对其家庭责任带来负面影响，因此国家应对家庭提供补助以减少年轻母亲被迫外出工作的可能。[3] 而后在 1969 年上台的社民党—自民党政府一开始也一直对是否改变家庭治理中"男主外、女主内"的指导思想犹豫不决。官方的家庭治理思想不仅获得了教会及其所领导的家庭组织的支持，[4] 而且也没有遭到德国妇女界等传统妇女组织的激烈反对。[5]

堕胎禁令对于维系联邦德国早期家庭治理中"男主外、女主内"的理念具有重要作用。由于该禁令的存在，忙于生养下一代和其他家务的联邦德国妇女很难外出工作，因而只能在家中依附于自己的丈夫。[6] 通过将女性束缚于家庭，堕胎禁令成为联邦德国在家庭治理中践行"男主外、女主内"思想的重要工具。

另一方面，除理念因素外，堕胎禁令的长期存在还与联邦德国女性在家庭治理中话语权的不足有关。参与联邦德国早期家庭治理的各类主

---

[1] Wuerth, Andrea C., "Nation, State, and the Politics of Women's Rights: Abortion Law Reform in Post-Wall Germany, 1989 – 1993," A dissertation submitted to The Johns Hopkins University, Maryland, 1995, pp. 46 – 47.

[2] Außerordentlichen Parteitag der SPD in Bad Godesberg, *Godesberger Programm: Grundsatzprogramm der SPD*, Bad Godesberg, 1959. S. 14.

[3] Deutscher Bundestage, "Bericht der Bundesregierung über die Situation der Frauen in Beruf, Familie und Gesellschaft vom 14. 9. 1966," BT-Drs. 5/909, in *Verhandlungen des Deutschen Bundestages*, 3. Wahlperiode, Bonn: Bonner Universität-Buchdruckerei, 1966, S. 18 – 19, 21.

[4] Roth, Roland, & Rucht, Dieter (Hrsg.), *Die sozialen Bewegungen in Deutschland seit 1945*, Frankfurt a. M.: Campus, 2008, S. 62. Rehder, Britta, *Interessenvermittlung in Politikfeldern*, Wiesbaden: VS Verlag für Sozialwissenschaften, 2009, S. 91.

[5] Koepcke, Cordula, *Frauen zeigen Flagge: Gesellschaftspolitische Arbeit in Deutschland*, Wiesbaden: VS Verlag für Sozialwissenschaften, 1985, S. 17.

[6] Tomic, Marina, *Gender Mainstreaming in der EU*, Wiesbaden: VS Verlag für Sozialwissenschaften, 2011, S. 79.

体，不仅普遍认同"男主外、女主内"的思想，而且还大多是缺少女性代表的"等级制"组织。① 德国女性长期被束缚在私人家庭领域，而男性则可以通过垄断公共权力来控制家庭事务。"鉴于公私之分是社会福利国家的核心特点，联邦德国一直在有着强烈的婚姻家庭取向、以及与之相关的男性养家的模式中，保留了明显的性别等级结构。"② 正是由于女性代表的缺乏，③ 加之男权等级制减少了仅有的女性代表跻身高层的机会，联邦德国各政党才不会真正重视女性的特殊利益。此外，那些对家庭治理有一定影响的传统妇女利益代表组织，也常常由于缺少对年轻女性的吸引力和僵化的等级制度而不会为所有女性发声。直到 20 世纪 70 年代早期时，德国妇女界所属的传统妇女组织联合体"德国妇女理事会"，不仅由于保守的指导思想、较高的入会门槛、森严的组织程序和老化的成员结构而"缺失了女儿这一代"④，发生了严重的年龄断层，而且其内部的"等级制结构还不能让参与这一组织的女性形成自己的动议"⑤。总之，在新妇女运动爆发之前，联邦德国女性，尤其是年轻女性很难独立自主地在家庭治理中发出自己的声音。

长期以来，身处堕胎禁令之下的联邦德国女性，尤其是年轻女性一直对无节制生育所带来的负担苦不堪言，甚至其中还有不少人选择以身

---

① Cordes, Mechthild, *Frauenpolitik*, *Gleichstellung oder Gesellschaftsveränderung*, *Ziele-Institutionen-Strategien*, Opladen: Leske ＋ Budrich, 1996, S. 15 – 19.

② Böllert, Karin, Oelkers, Nina（Hrsg.）, *Frauenpolitik in Familienhand? Neue Verhältnisse in Konkurrenz*, *Autonomie oder Kooperation*, Wiesbaden: VS Verlag für Sozialwissenschaften, 2010, S. 29.

③ 1965—1968 年间工会女性代表只占 11%，1970 年时基民盟和社民党女成员比例分别为 10% 和 17.5%。到 1970 年之前，政党领袖几乎全是男性。Blanke, Dagmar, *Frauenverbände in Deutschland*: *Entwicklung Strukturen politische Einbindung*, Wiesbaden: VS Verlag für Sozialwissenschaften, 2001, S. 98, 100. Lenz, Ilse, *Die Neue Frauenbewegung in Deutschland*: *Abschied vom kleinen Unterschied*, *Eine Quellensammlung*, Wiesbaden: VS Verlag für Sozialwissenschaften, 2010, S. 150, 325 – 326.

④ Zellmer, Elisabeth, *Töchter der Revolte? Frauenbewegung und Feminismus der 1970er Jahre in München*, München: Oldenbourg Verlag, 2011, S. 245, 247.

⑤ Schmidt-Harzbach, Ingrit, "Der Ohnmacht der Zahl-Deutsche Frauenrat," Dok. 12. 5, in Lenz, Ilse, *Die Neue Frauenbewegung in Deutschland*: *Abschied vom kleinen Unterschied*, *Eine Quellensammlung*, Wiesbaden: VS Verlag für Sozialwissenschaften, 2010, S. 519.

犯险，走上非法堕胎的道路。① 然而，由于缺少话语权，这些对堕胎禁令心怀不满的女性难以在现有家庭治理主体中找到自己的代表和盟友。这也是堕胎禁令能够在联邦德国建立后被长期保留下来的原因之一。

68 运动期间，慕尼黑的新左派医学基层小组（Basisgruppe）曾在 1969 年 7 月 28 日的《慕尼黑大学生报》上发表文章，要求展开堕胎合法化斗争，并提出对堕胎妇女实施救助，资助医院，开展司法斗争等。68 运动之后，左翼改革之风在联邦德国吹起，废除堕胎禁令的呼声也越来越高。自 70 年代初期开始，以年轻女性为主体的联邦德国女性主义者便选取容易引起各方重视的堕胎问题展开抗议行动，试图通过公众压力影响和威胁立法者，彻底废除禁止孕妇堕胎的《刑法》第 218 条。"广泛的社会变迁导致女性处于'怀疑的平静'中，反对堕胎禁令就成为她们宣泄和攻击的焦点……反对《刑法》第 218 条正好给女性提供了一个了解自身需求的机会。"②

1971 年 6 月 6 日，年轻的女性主义者爱丽丝·施瓦茨（Alice Schwarzer）仿照法国新妇女运动的做法，在《星报》上发起了所谓的"自我控告行动"（Selbstbezichtigungsaktion），试图通过争取各界人士的支持来"永久废除《刑法》第 218 条"，实现堕胎合法化。③ 这一行动得到了新左派分化出来的妇女组织和法兰克福"70 妇女行动"（Frauenaktion 70）的积极响应。④ 此后，各地 218 行动（Aktion 218）小组也纷纷建立，并最终汇集成声势浩大的反 218 条斗争，从而为联邦德国新妇女运动浪潮的兴起拉开了序幕。"抗议群体如雨后春笋般涌现出

---

① Lenz, Ilse, *Die Neue Frauenbewegung in Deutschland：Abschied vom kleinen Unterschied, Eine Quellensammlung*, Wiesbaden：VS Verlag für Sozialwissenschaften, 2010, S. 70.

② Zellmer, Elisabeth, *Töchter der Revolte? Frauenbewegung und Feminismus der 1970er Jahre in München*, München：Oldenbourg Verlag, 2011, S. 146, 149 – 150.

③ Schwarzer, Alice, "Appell," Dok. 2. 2, Lenz, Ilse, *Die Neue Frauenbewegung in Deutschland：Abschied vom kleinen Unterschied, Eine Quellensammlung*, Wiesbaden：VS Verlag für Sozialwissenschaften, 2010, S. 80.

④ Schroeder, Friedrich-Christian, *Abtreibung, Reform des § 218（Aktuelle Dokumente）*, München：De Gruyter, 1972, S. 149 – 151. Zellmer, Elisabeth, *Töchter der Revolte? Frauenbewegung und Feminismus der 1970er Jahre in München*, München：Oldenbourg Verlag, 2011, S. 147.

来。抗议斗争之间的协调也经受住了考验，并推动了统一的 218 行动团体讨论这一问题。"① 1972 年，在 218 行动组织的法兰克福妇女大会上，与会者高声宣告："妇女运动爆发了!"

二 堕胎禁令引发新妇女运动的原因

为什么直到 20 世纪 70 年代初期时，作为联邦德国早期家庭治理基石之一的堕胎禁令，才成为引发新妇女运动的导火索？

首先，这与当时信奉后物质主义反体制价值观的年轻女性群体的崛起密切相关。

20 世纪 60 年代中后期的后工业转型，让传统的处于从属地位的女性角色备受质疑。"60 年代联邦德国是一个两性关系很特别的现代化时期。虽然旧的传统还继续有影响，但女性未来已具有了更多的可能……生活和人际关系的形式变得多样，丁克家庭、单亲家庭、非婚同居、单身都成为选择。"②

经过战后初期的快速发展，到 60 年代中期时，联邦德国的产业工人大多已经成为中等收入者，传统劳资矛盾也得到了一定的缓和；而原先居于次要地位的一系列社会问题，如女性遭受不公平待遇的问题则得到了更多的关注。同时，中等收入家庭的增多，也为女性接受更多的教育创造了条件。60 年代"教育灾难"出现后，教育民主化思想在西德学者达伦多夫等人的演绎下得到了越来越多的人的认同。在 68 运动之后，联邦德国女大学生的数量出现了大幅度增长，而且其政治意识也在不断增强。③

在女性受教育程度提高的同时，女性就业率从 70 年代初期开始也在

① Zellmer, Elisabeth, *Töchter der Revolte? Frauenbewegung und Feminismus der 1970er Jahre in München*, München：Oldenbourg Verlag, 2011, S. 228 – 230.

② Zellmer, Elisabeth, *Töchter der Revolte? Frauenbewegung und Feminismus der 1970er Jahre in München*, München：Oldenbourg Verlag, 2011, S. 48.

③ Zellmer, Elisabeth, *Töchter der Revolte? Frauenbewegung und Feminismus der 1970er Jahre in München*, München：Oldenbourg Verlag, 2011, S. 35.

不断增长。[1] 1969 年时，25—60 岁的联邦德国女性只有 45% 的人外出工作，而到了 1989 年时，这一数字就已经上升到了 60%。[2] 后工业化进程不仅提高了女性就业率，也增加了在第三产业中就业的女性，尤其是年轻女白领的数量。20 世纪早期，工人阶级的妇女最容易找到工作，中产阶级妇女更多的是成为家庭主妇或从事慈善事业。而 1960 年以后，受过良好教育，且具备专业资格的妇女变得更能胜任社会服务部门、学校以及医疗机构的工作。1961 年政府女性办事员的人数占女性从业人数的 29.8%，到 1970 年这一比例则高达 44.4%。[3] 女性产业工人在就业女性中所占比例从 1950 年的 40.4% 下降到 1970 年的 36.5%，而在新兴服务业中就业的女性甚至超过了男性。60 年代时，20—30 岁的年轻女性就业人数明显增加，而她们中许多人都是在第三产业中谋得职位的。进入 70 年代后，有更多女性，尤其是年轻女性在新兴服务业中就业。同时，女性外出工作的动机也呈现出多样化的趋势。除了贴补家用外，许多女性外出工作都是为了尝试一种独立自主的生活方式和获得家庭外的各种经历。[4]

在社会转型的进程中，随着女性中高学历者和脑力劳动者的增加，在联邦德国造就了一个信奉后物质主义反体制、反传统价值观的、年轻的女性中间阶层（weibliche Mittelschicht）。新妇女运动的参与者主要就是这些受过高等教育的年轻女性，她们中"许多都是社会服务业中的白

---

① Zellmer, Elisabeth, *Töchter der Revolte? Frauenbewegung und Feminismus der 1970er Jahre in München*, München：Oldenbourg Verlag, 2011, S. 39. Behning, Ute, *Zum Wandel der Geschlechterrepräsentationen in der Sozialpolitik Ein policy-analytischer Vergleich der Politikprozesse zum österreichischen Bundespflegegeldgesetz und zum bundesdeutschen Pflege-Versicherungsgesetz*, Opladen：Leske ＋ Budrich, 1999, S. 42.

② Geißler, Rainer, *Die Sozialstruktur Deutschlands*, Opladen：Westdeutscher Verlag, 1992, S. 243.

③ ［德］尤特·弗里弗特：《德国妇女运动史：走过两世纪的沧桑》，马维麟译，五南图书出版有限公司 1995 年版，第 288 页。

④ Zellmer, Elisabeth, *Töchter der Revolte? Frauenbewegung und Feminismus der 1970er Jahre in München*, München：Oldenbourg Verlag, 2011, S. 39.

领，拥有新的社会价值观"①。"至少在 70 年代，新妇女运动的参与者从年龄上看仅仅是属于四五十年代出生的这一代人。"② 参与反 218 条斗争的女性也大都来自这一年龄层，如激进女性主义小组"70 妇女行动"的创始成员都是 20 多岁的无子女的职业女性。③ 由于年轻一代女性受教育程度普遍较高，经济上也更加独立，因而她们在后物质主义反体制、反传统价值观的影响下，更易于接受和支持联邦德国在家庭治理中束缚和压迫女性的观点，并因此而掀起了争取堕胎合法化的斗争。

其次，战后法、美等其他西方国家新兴的女性主义理论在 20 世纪六七十年代被引入联邦德国，这是推动该国女性关注生育自决权并导致新妇女运动爆发的又一主要因素。

第二次世界大战之后，美、法等西方国家发展出了新的女性主义理论，认为在现代社会中女性所遭受的压迫，不仅体现在政治、经济和文化教育等公共领域，更体现在与家庭密切相关的私人领域。在这种情况下，新一代女性主义者开始重点关注在家庭治理中占据重要地位的女性堕胎问题。

早在 1949 年，法国战后女性主义先驱波伏娃就在被誉为女权"圣经"的《第二性》一书中指出，人类进入男权社会之后，女性身份便不是天生的，而是由历史和社会塑造的。女性在性和生育方面都不可避免地会受到男权制的压迫。④ 进入 60 年代中期后，率先在英语国家成长起来的新一代女性主义者也认为，女性在家庭这一私人领域中受到了束缚和压迫，而缺少性和生育自决权就是这种束缚和压迫的主要体现之一。

---

① Cordes, Mechthild, *Frauenpolitik*, *Gleichstellung oder Gesellschaftsveränderung*, *Ziele-Institutionen-Strategien*, Opladen: Leske + Budrich, 1996, S. 106.

② Gerhard, Ute, "Westdeutsche Frauenbewegung: Zwischen Autonomie und dem Recht auf Gleichheit," in *Feministische Studien*, 2 (1992), S. 47.

③ Scheunemann, R., & Scheunemann, K., "Die Kampagne der 'Frauenaktion 70' gegen den § 218," in Grossmann, H. (Hrsg.), *Bürgerinitiativen. Schritte zur Veränderung*? Frankfurt am M.: Fischer Verl., 1973, S. 71 – 72.

④ Beauvoir, Simone de, *The Second Sex*, New York: Random House, 2011, pp. 87 – 191, 330, 441 – 478, 848 – 863.

以凯特·米利特、舒拉米斯·费尔斯通（Shulamith Fireston）等人为代表的激进女性主义者将其理论重心放在男性对女性在性和生育领域的控制上；它视家庭为社会权力结构的中心，反对男权社会在家务劳动和性、生育等方面对女性的剥削。[①] 而社会主义女性主义的代表朱丽叶·米切尔则认为，在资本主义社会中，女性被剥削和压迫的四个领域——生产、生殖、性和儿童教化——在家庭中结合在了一起。[②]

为什么在向后工业社会转型的过程中，家庭这一私人领域，尤其是其中的自由堕胎问题会成为西方新一代女性主义者关注的焦点？这主要是因为，在成功获得选举权、受教育权以及劳动者总体地位提高之后，西方女性在社会中遭受不公的局面并没有得到彻底的改变。正是在这一背景下，西方新一代女性主义者开始更多地关注家庭这一私人领域，并从性、生育等方面找寻女性受压迫的根源。正如哈贝马斯在名著《交往理论》中所说，"传统的资本主义和社会主义的（bürgerlich-sozialistisch）（妇女）解放运动"导致了对规则的遵守，而这些规则早就固化在"众所周知的道德和法律的普遍基础"当中。但是，通过"正式平等"来实现的解放却超越了这一基础。因为女性主义运动不仅想要战胜男性的优先权，还要"推翻明显的、打上男权支配烙印的生活方式"。"拥有补充男性世界单一理性化日常实践的对立价值，对女性是有好处的。"[③]

随着其他西方国家女性主义理论的引入，联邦德国女性中也出现了强调生育自决权的力量。正是这些力量发起和推动了联邦德国的新妇女运动。如深受波伏娃影响的爱丽丝·施瓦茨就是 1969—1974 年联邦德国

---

① Millett, Kate, *Sex Politcs*, Champaign: University of Illinois Press, 2000, pp. 33 – 56, Firestone, Shulamith, *The Dialectic of Sex: The Case for Feminist Revolution*, New York: William Morrow and Company, 1970, pp. 205 – 209.

② Mitchell, Juliet, "Women: The Longest Revolution," in *New Left Review*, Nov 1, 1966, Vol. 0 (40), pp. 29 – 37.

③ Habermas, Jürgen, *Theorie des kommunikativen Handelns*, Bd. 2: *Zur Kritik der funktionalistischen Vernunft*, Frankfurt am M.: Suhrkamp Verlag, 1981, S. 578 – 580.

最著名的激进女性主义者。① 作为一位记者，她曾亲身投入法国女性争取堕胎合法化的"343 宣言运动"中，并试图在联邦德国掀起类似的斗争。② 在美、法等国的女性主义理论的影响下，从新左派中分化出来的联邦德国社会主义女性主义者也十分关注妇女在性和生育方面所受的压迫。如慕尼黑社会主义妇女组织就一边翻译学习《性政治》《性的辩证法》等英语世界的女性主义名著，一边积极发起本国的反 218 条斗争。③

最后，68 运动中新左派的分化，也在组织上和思想上对联邦德国女性争取堕胎合法化的斗争产生了重要的影响。

在新妇女运动兴起的过程中，68 运动起到了重要的连接和推动作用。④ 虽然 1971 年才是妇女斗争"井喷"的时代，但 1968 年却可被称为第二次妇女运动的"元年"⑤。在 68 运动中，女大学生们意识到，虽然从外部看她们和男同学一样是反体制、反威权斗争的参与者，但在这场运动的内部她们仍然处于男性的统治之下。"男性是理论家和领袖"，"而女性只是配角而不是主角"。新左派内部男性与女性的分裂，尤其是性实践和"将女性作为二等公民的总体态度"，激起了女学生们自己的革命。⑥

在进行反体制、反威权斗争的过程中，新左派女大学生提出了女性

---

① 参见本书第一章第一节。"The Rebellious Woman—An Interview by Alice Schwarzer," in Margaret A. Simons, *Sylvie Le Bon de Beauvoir*, *Feminist Writtings*, Champaign: University of Illinois Press, 2015, pp. 195 – 208. ［德］史瓦兹：《拒绝做第二性的女人：西蒙·波伏娃访问录》，顾燕翎等译，中国友谊出版公司 1989 年版，第 5—16 页。

② Schulz, Kristina, *Der lange Atem der Provokation*: *Die Frauenbewegung in der Bundesrepublik und in Frankreich 1968 – 1976*, Frankfurt am M. : Campus Verlag, 2002, S. 145.

③ Zellmer, Elisabeth, *Töchter der Revolte*? *Frauenbewegung und Feminismus der 1970er Jahre in München*, München: Oldenbourg Verlag, 2011, S. 129 – 130.

④ Zellmer, Elisabeth, *Töchter der Revolte*? *Frauenbewegung und Feminismus der 1970er Jahre in München*, München: Oldenbourg Verlag, 2011, S. 141.

⑤ Schulz, Kristina, *Der lange Atem der Provokation*: *Die Frauenbewegung in der Bundesrepublik und in Frankreich 1968 – 1976*, Frankfurt am M. : Campus Verlag, 2002, S. 188 – 189.

⑥ Erickson, Bailee, " 'Leave Your Men at Home': Autonomy in the West German Women's Movement, 1968 – 1978," A Thesis Submitted for the Degree of Master of Arts, University of Victoria, 2010, p. 26.

在私人领域受到资本主义社会压迫的观点。女生们在德国社会主义大学生联盟汉诺威代表大会上明确指出，家庭中男性是资产阶级，女性是无产阶级。为了取消性别分化，应该在政治上反对男权社会。要打破私人生活与社会生活之间的藩篱。要把私人生活质量的改变当作政治变革。① 法兰克福的妇女委员会号召从"资本主义阴茎"的压迫中解放妇女。② 联邦德国68运动中谋求私人生活政治化和性作为革命实践的诉求与女性主义一致。他们将严格的性道德与奥斯威辛联系在一起，认为性自由能扫除法西斯统治。③ 这种通过争取身体自治和性革命来推翻资本主义男权社会的革命思想，对后来反218条斗争的目标产生了重要的影响。

与此同时，反218条斗争的很多领导组织也都是从新左派中分化出来的。为了更好地表达自己的意见，女生们决定在新左派中建立自己的组织。1968年1月，7名来自德国社会主义大学生联盟的女成员在西柏林建立了"妇女解放行动委员会"（Aktionsrat zur Befreiung der Frau）。该委员会于1969年发生分裂，其中大多数成员组建了西柏林社会主义妇女联盟。除了西柏林外，1968—1971年在慕尼黑、法兰克福等其他城市也出现了新左派妇女小组。这些从新左派中分化出来的妇女小组大都参加了反218条的斗争。如西柏林社会主义妇女联盟、慕尼黑社会主义妇女解放工作组—218行动（Sozialistische Arbeitsgruppe zur Befreiung der Frau—Aktion 218—München）都对施瓦茨的请愿签名建议给予了全力的支持。④

对参与68运动的女性积极分子而言，68运动在理论和实践上都具

---

① Nave-Herz, Rosemarie, *Die Geschichte der Frauenbewegung in Deutschland*, Opladen: Leske + Budrich, 1994, S. 55.

② "Rechenschaftsbericht der weiberrats der gruppe frankfurt," Dok. 1.4, in Lenz, Ilse, *Die Neue Frauenbewegung in Deutschland: Abschied vom kleinen Unterschied, Eine Quellensammlung*, Wiesbaden: VS Verlag für Sozialwissenschaften, 2010, S. 62–63.

③ Zellmer, Elisabeth, *Töchter der Revolte? Frauenbewegung und Feminismus der 1970er Jahre in München*, München: Oldenbourg Verlag, 2011, S. 56.

④ Zellmer, Elisabeth, *Töchter der Revolte? Frauenbewegung und Feminismus der 1970er Jahre in München*, München: Oldenbourg Verlag, 2011, S. 81–85, 146–148.

有重大的意义。① 在 68 运动之后，新左派分化出来的妇女组织选择以堕胎问题作为突破口，继续从事反体制、反威权的斗争。许多深受社会主义思想影响的年轻女性通过 68 运动加入新妇女运动，独立的新妇女运动才随之逐步发展起来。②

总体来看，社会转型是这一时期联邦德国女性以堕胎问题为突破口掀起新妇女运动浪潮的根本原因。随着后工业社会转型的开始，信奉后物质主义反体制、反威权、反传统价值观的年轻女性不断增加，她们在其他西方国家传入的女性主义理论和 68 运动的影响下，开始转变为代表女性特殊利益发声的女性主义者，并将斗争矛头指向了将女性束缚于家庭之中的堕胎禁令。"女性对统治性性别关系的巨大不满及女性在性别角色转换进程中的主张，可以被解释为在女性整体生活状态发生巨大变化时的一种合理的反应。"③

第二节　反 218 条斗争参与者争取家庭治理变革的目标和行动

一　反 218 条斗争参与者争取家庭治理变革的目标

20 世纪 70 年代初，《刑法》第 218 条堕胎禁令在联邦德国引发了以"私人即政治"和"自治"为主要特色的新妇女运动浪潮。在这场运动中，以施瓦茨和"70 妇女行动"等为代表的激进女性主义者和以各地社会主义妇女小组为代表的社会主义女性主义者发挥了重要的领导和推动作用。激进女性主义者认为，现代人类社会仍旧是男权制社会，对女性的性压抑是男权统治的核心。社会主义女性主义者虽然深受上述观点影

---

① Zellmer, Elisabeth, *Töchter der Revolte? Frauenbewegung und Feminismus der 1970er Jahre in München*, München: Oldenbourg Verlag, 2011, S. 92.

② Erickson, Bailee, "'Leave Your Men at Home': Autonomy in the West German Women's Movement, 1968-1978," A Thesis Submitted for the Degree of Master of Arts, University of Victoria, 2010, p. 2.

③ Kaufmann, Franz-Xaver, *Bevölkerung-Familie-Sozialstaat, Kontexte und sozialwissenschaftliche Grundlagen von Familienpolitik*, Wiesbaden: Springer VS, 2019, S. 115.

响，但她们却依然坚持将资本主义制度当作女性遭受不公的主要根源。

由于堕胎禁令是联邦德国早期家庭治理的基石，所以针对这一禁令的反218条斗争，便成为女性主义者在新妇女运动前期争取家庭治理变革的主要表现形式。与战前妇女运动不同，新一代女性主义者争取家庭治理变革，主要是为了消除女性在私人家庭领域所受的压迫，实现女性自决，并借此从根本上废除联邦德国对女性不公的国家体制和社会秩序。"女性主义家庭政策始终包括对统治制度的批判，即批判各种形式的等级制和不公。"[①] 通过考察1971—1976年的反218条斗争，笔者认为，在这场运动中，女性主义者争取家庭治理变革的目标主要有以下特点。

首先，强调女性在家庭中受到了压迫。

"新妇女运动具有鲜明特色的目标是，私人即政治，必须消除女性在私人生活领域所受到的压迫，从生理、心理等方面实现妇女的解放。"[②] 领导和参与这场运动的各派女性主义者认识到，近代以来人在政治和法律上的平等，并不能真正实现男女平等，妇女在家庭等私人领域仍然受到严重的歧视。"将私人领域排除在政治之外，可以将女性束缚于家庭之中。"[③] 因此，在1971—1976年的反218条斗争中，联邦德国新妇女运动的参与者就相信，女性在家庭这一私人领域受到了压迫，而堕胎禁令就是这一压迫的主要表现形式之一。

其中，激进女性主义者明确表示，堕胎禁令让女性在家中受到了男权的压迫。如该派代表人物，1971年4月发起自我控告行动的施瓦茨就认为，"在一个将人类集体生育责任转移到单个家庭的社会中，由统治意识形态支持的男人在家庭内部对女性拥有权力"[④]。"70妇女行动"也在

---

① Böllert, Karin, & Oelkers, Nina (Hrsg.), *Frauenpolitik in Familienhand? Neue Verhältnisse in Konkurrenz, Autonomie oder Kooperation*, Wiesbaden：VS Verlag für Sozialwissenschaften, 2010, S. 74.

② Lenz, Ilse, *Die Neue Frauenbewegung in Deutschland：Abschied vom kleinen Unterschied, Eine Quellensammlung*, Wiesbaden：VS Verlag für Sozialwissenschaften, 2010, S. 281.

③ Gerhard, Ute, "Westdeutsche Frauenbewegung：Zwischen Autonomie und dem Recht auf Gleichheit," in *Feministische Studien*, 2 (1992), S. 37.

④ Schwarzer, Alice, *Frauen gegen den § 218 18 Protokolle*, Frankfurt am M.：Suhrkamp, 1971, S. 134.

1971 年 6 月的一份集会宣传册中，要求废除《刑法》第 218 条和由法定医疗机构承担堕胎和避孕的费用，并由此"将男性国家权力驱逐出卧室"①。

而社会主义女性主义者则认为，堕胎禁令让女性在家庭中受到了资本主义的压迫。在她们看来，堕胎禁令的主要作用就是将女性束缚于家庭，从而让这些既无工作收入也无家务报酬的女性成为男性的附庸。社会主义女性主义者加入反 218 条斗争，在很大程度上就是希望通过这一斗争，来反抗资本主义国家在家庭中对女性所进行的压迫。如"西柏林社会主义妇女同盟"就希望通过废除《刑法》第 218 条，反对资本主义国家在家庭中对女性的压迫。② 1974 年 3 月 14 日，社会主义工作组妇女委员会（Frauenkommission der Sozialisischen Arbeitgruppe）在"反 218 条论坛"（Tribunal gegen §218）上也指出，统治阶级坚持堕胎禁令的主要原因之一，就是因为"这一条款可以阻止有意识的家庭规划并因此而让家庭的作用变得合法，同时它却不让家庭自己决定劳动力生产的数量和时机"③。

各类女性主义者为协调这场斗争而组建的 218 行动小组，也明确表示废除堕胎禁令就是为了消除女性在家庭中所受到的压迫。如慕尼黑218 行动小组在 1971 年的一份宣传单中曾明确指出，妇女在家庭中受到了"压迫"，而废除《刑法》第 218 条便是消除这种压迫的重要一步。④在同年 10 月的另一份宣传单中，该小组对于堕胎禁令让女性在家中受压迫的情况做出了更加形象地表述："在家中遭受丈夫蹂躏，在社会上却缄口莫言"，"无假期，无住房，无幼儿园，无游乐场，只有脏活累活一大

① Frauenaktion 70, *Kampf für eure Recht*, Reportechnik Rechmann, 1971, S. 1.

② Schulz, Kristina, *Der lange Atem der Provokation: Die Frauenbewegung in der Bundesrepublik und in Frankreich 1968 – 1976*, Frankfurt am M. : Campus Verlag, 2002, S. 145 – 146.

③ 218 Gruppe des Frauenzentrums Frankfurt, *§218-Dokumentation einer Aktionswoche*, Frauenzentrums Frankfurt, 1974, S. 25.

④ Aktion 218 München, "Die münchener justiz hat sich gewaltig verschärzt!" Dok. 2. 4, in Lenz, Ilse, *Die Neue Frauenbewegung in Deutschland: Abschied vom kleinen Unterschied, Eine Quellensammlung*, Wiesbaden: VS Verlag für Sozialwissenschaften, 2010, S. 82.

堆，女性的悲惨生活都是拜《刑法》第218条所赐。"① 无节制的生育和繁重的家务负担将女性牢牢地束缚于家庭之中。

其次，关注女性的个人自决权。

相较二战前的第一次妇女运动来说，新妇女运动的特点之一就是对自治的强调。② 与传统妇女运动相比，新妇女运动更加强调"社会机构的根本重组，以环境友好型经济和非集中化的草根政治体系代替资本主义"③。它"谋求从根本上改变两性关系，追求自决和性自治"④，并最终要创造出一种反对现状的、以女性为核心的文化氛围。⑤ "对联邦德国妇女运动来说，自决就是在道路和目标上实现自我解放。"⑥

堕胎问题被联邦德国新妇女运动的参与者视为女性是否有个人自决权以及国家是否可以限制这种权力的问题。⑦ 新妇女运动改变了对堕胎问题的界定，它首次在联邦德国生育政策中引入了女性视角。正是在反218条斗争中，女性首次提出了谋求个人自决权的要求。"堕胎不仅只是一个医学、道德和法律问题，而且还是一个性别问题。保护胎儿生命权必须以女性自决为前提。"⑧

激进女性主义者认为废除堕胎禁令可以为女性谋求个人身体的自决

① Aktion 218，"Wir Frauen für Frauen," Dok. 2. 5, in Lenz, Ilse, *Die Neue Frauenbewegung in Deutschland*：*Abschied vom kleinen Unterschied*，*Eine Quellensammlung*，Wiesbaden：VS Verlag für Sozialwissenschaften, 2010, S. 82 – 83.

② Roth, Roland, & Rucht, Dieter（Hrsg.），*Die sozialen Bewegungen in Deutschland seit 1945*，Frankfurt am M.：Campus Verlag, 2008, S. 203.

③ Young, Brigitte, *Triumph of the Fatherland*，*German Unification and the Marginalization of Women*，Ann Arbor：University of Michigan Press, 1999, p. 27.

④ Klein, Uta, *Geschlechterverhältnisse und Gleichstellungspolitik in der Europäischen Union*：*Akteure-Themen-Ergebnisse*，Wiesbaden：VS Verlag für Sozialwissenschaften, 2006, S. 117.

⑤ Herzog, Dagmar, *Sex After Fascism*：*Memory and Morality in Twentieth-Century Germany*，Princeton：Princeton University Press, 2005, p. 226.

⑥ Achtelik, Kirsten, *Selbstbestimmte Norm Feminismus*，*Pränataldiagnostik*，*Abtreibung*，Berlin：Verbrecher, 2015, S. 8.

⑦ Artinger, Mitchell Kai，"Plakate，§218-Selbstbestimmungsrecht der Frau," in Adomeit, Klaus, *Die Grundrechte im Spiegel des Plakats*：*1919 bis 1999*，Berlin：Dt. Historisches Museum, 2000, S. 122.

⑧ Mantei, Simone, *Nein und Ja zur Abtreibung*，*Die evangelische Kirche in der Reformdebatte um § 218 StGB*（*1970 –1976*），Göttingen：Vandenhoeck & Ruprecht, 2004, S. 114.

权。"70 妇女行动"曾在成立宣言中明确指出，自己反对《刑法》第
218 条是因为"妇女对自己身体的自决权是其获得解放的基本前提"①。
施瓦茨也认为女性对自己的性与身体缺乏认识和自决权。② 她在《女性
反对 218 条的 18 条宣言》中表示，妇女不能自上而下由男性来解放，我
们妇女必须将命运掌握在自己的手里，反对 218 条的行动是一个开始。③

社会主义女性主义者虽然不强调身体自决，但她们也认为堕胎禁令
的废除有利于为女性谋取个人自决权。汉堡的共产主义妇女小组"红色
安娜"（Die rote Anna）在 1976 年初曾明确指出，"堕胎与否必须是女性
自己的事情"④。社会主义工作组妇女委员会则表示，妇女解放的前提是
"将妇女从社会化的强制生育和专制的、有组织的家务教子活动中解放出
来"，而"对堕胎可能性的限制是对女性，尤其是贫苦女性的愿望和自
决的伤害"⑤。

女性主义者领导下的 218 行动也将实现女性自决当作了重要目标。
如慕尼黑 218 行动小组从一开始就非常明确，它的目标不仅仅是要彻底
废除堕胎入刑条文，还要为妇女争取自治以及更多的、兼及其他的与男
性平等的权利。⑥ 纽伦堡 218 行动小组也认为，"在我们的制度中女性受
到了巨大的压迫，从这种压迫中获得解放的最重要的前提是实现身体自
决。《刑法》第 218 条强迫妇女生育并间接强迫妇女结婚，它限制了性活

---

① Frauenaktion 70, *Begründung für eine Frauenemanzipationsgruppe*, Frauenaktion 70, 1970, S. 3.

② Lenz, Ilse, *Die Neue Frauenbewegung in Deutschland: Abschied vom kleinen Unterschied, Eine Quellensammlung*, Wiesbaden: VS Verlag für Sozialwissenschaften, 2010, S. 101.

③ Schwarzer, Alice, *Frauen gegen den § 218 18 Protokolle*, Frankfurt am M.: Suhrkamp, 1971, S. 156.

④ "Abtreibung Ja oder Nein 'das muss Sache der Frau sein'," in Redaktion der rote Anna, *Für die vollständige Legalisierung der Abtreibung*, Die rote Anna, 1976, S. 2.

⑤ 218 Gruppe des Frauenzentrums Frankfurt, *§ 218-Dokumentation einer Aktionswoche*, Frauenzentrums Frankfurt, 1974, S. 29 – 30.

⑥ Zellmer, Elisabeth, *Töchter der Revolte? Frauenbewegung und Feminismus der 1970er Jahre in München*, München: Oldenbourg Verlag, 2011, S. 150.

动的欢愉，并让女性在经济上处于依附地位"①。1972年3月12日，由全国大多数218行动小组参加的联邦妇女大会发布公告，明确要求废除《刑法》第218条，并由此在所有社会领域实现男女平等。② 此次妇女大会后，自治被218行动理解为对身体的自主控制。《刑法》第218条被看作是对女性性和生育的奴役。

最后，谋求从根本上改变对女性不公的国家体制和社会秩序。

新妇女运动所强调的"私人即政治"和"自治"都包含有强烈的反体制色彩。在这场运动中，联邦德国各派女性主义者都希望从根本上改变束缚和压迫女性的国家体制和社会秩序。"长期以来，它一直被当作与官僚专家对立的社会自治力量。"③

在反218条斗争中，激进女性主义者将堕胎禁令看作男权制的产物。"通过传宗接代功能，男权的历史得以成为习俗。在这种习俗中，女性不再能控制自己的身体。"④ 因此，她们希望通过废除这一禁令，来彻底改变男权社会。"218条是对女性的性和生育的奴役。对法律的这一理解使得从个人依赖和男权制国家中解放出来的思想在西德妇女中流行了起来。"⑤ 施瓦茨在《女性反对218条的18条宣言》中，明确将《刑法》第218条视为男权国家对母性的压迫，"因此她们公开地反对由男人为男人制定的这部法律"⑥。"70妇女行动"也在讨论《刑法》第218条的首次集会时指出，废除堕胎禁令将动摇男权统治。"由于具有明显的敌视女

① Nürnburger Aktion 218, Aktionkreis Frau, *Arbeitpapier der Nürnburger Aktion 218*, Nürnburg, Sep. 1971. S. 1.

② "Protokoll zum Plenum des Bundesfrauenkongresses am 12. März 1972 am Frankfurt am Main," Dok. 2.7, in Lenz, Ilse, *Die Neue Frauenbewegung in Deutschland: Abschied vom kleinen Unterschied, Eine Quellensammlung*, Wiesbaden: VS Verlag für Sozialwissenschaften, 2010, S. 85.

③ Dahme, Heinz-Jürgen (Hrsg.), *Handbuch kommunale Sozialpolitik*, Wiesbaden: VS Verlag für Sozialwissenschaften, 2011, S. 403.

④ Doormann, Lottemi, *Keiner schiebt uns weg: Zwischenbilanz d. Frauenbewegung in d. Bundesrepublik*, Weinheim u. a.: Beltz Verlag, 1979, S. 156.

⑤ Gerhard, Ute, "Westdeutsche Frauenbewegung: Zwischen Autonomie und dem Recht auf Gleichheit," in *Feministische Studien*, 2 (1992), S. 42.

⑥ Schwarzer, Alice, *Frauen gegen den § 218 18 Protokolle*, Frankfurt am M.: Suhrkamp, 1971, S. 133.

性的性质，对妊娠终止给予的刑事处罚，即《刑法》第218条可能是特别需要继续讨论和最终行动的出发点。因为这些刑事处罚从女性的客观角度来看也正好是男权的象征。"①

　　虽然社会主义女性主义者受到了男权制理论的影响，但她们谋求废除堕胎禁令，仍然是为了推翻压迫女性的资本主义制度。例如，在1975年10月《218行动共同体通讯》中，尽管哥廷根社会主义妇女小组和新左派组织一起使用了"男权国家"（Herren Staatshütter）的概念，但这些妇女小组还是相信堕胎禁令是资本主义社会压迫女性的形式之一。② 而深受美国激进女性主义影响的慕尼黑社会主义妇女组织在参与反218条斗争时，也依旧是为了"实现资本主义财产和统治关系的根本性变革"③。

　　各地的218行动小组中，有的受激进女性主义影响比较大，认为《刑法》第218条仅仅是男权制社会压迫妇女的一个象征，如科隆小组。④ 有的则同时受到激进女性主义和社会主义女性主义的影响，既反对男权社会对女性的压迫，又反对资本主义社会对人的整体压迫，如多特蒙德小组。⑤ 但无论如何，这些新妇女运动中的218行动小组，都希望通过废除堕胎禁令来从根本上改变束缚和压迫女性的社会制度。

　　总之，在反218条斗争中，女性主义者争取家庭治理变革的目标主要就是：废除堕胎禁令，谋求女性自决，消除女性在私人家庭领域所受

---

　　① Scheunemann, R., & Scheunemann, K., "Die Kampagne der 'Frauenaktion 70' gegen den § 218," in Grossmann, H. (Hrsg.), *Bürgerinitiativen. Schritte zur Veränderung?* Frankfurt am M.: Fischer Verl., 1973, S. 71.

　　② Aktioneinheit gegen den § 218 in Göttingen, "Zur dieser Broschüre," in *Mitteilungen*, Nr. 2, *Aktioneinheit gegen den § 218*, 1975, S. 2.

　　③ Zellmer, Elisabeth, *Töchter der Revolte? Frauenbewegung und Feminismus der 1970er Jahre in München*, München: Oldenbourg Verlag, 2011, S. 130.

　　④ Bargel, Helga (Hrsg.), *Zehn Uhr pünktlich Gürzenich. Hundert Jahre bewegte Frauen in Köln, Zur Geschichte der Organisationen und Vereine*, Münster: Agenda Verlag, 1995, S. 321.

　　⑤ Aktion 218 Dortmund, "Diskussionsstand von 19. 12. 1971," Dok. 2.6, in Lenz, Ilse, *Die Neue Frauenbewegung in Deutschland: Abschied vom kleinen Unterschied, Eine Quellensammlung*, Wiesbaden: VS Verlag für Sozialwissenschaften, 2010, S. 84.

的压迫，改变对女性不公的国家制度和社会秩序。

二 反 218 条斗争参与者争取家庭治理变革的行动

为了实现家庭治理变革的目标，女性主义者在反 218 条斗争中主要采取了以下几种"软硬兼施"的手段：

首先，签名请愿。早在 1970 年春天，"70 妇女行动"即向联邦议院的部分议员发出了要求修改堕胎禁令的公开信和争取医生支持的签名活动。[①] 在 1971 年 6 月 6 日爆发的"自我控告行动"中，共有来自柏林等地区的 374 名知名人士在《星报》"我已经打胎了！"的活动中签名。另外，还有 230 个著名的医生和教授也表示自己是"堕胎的帮凶"[②]。这项活动最终获得 86100 人的签名支持。[③] 7 月，此次行动的领导者将带有众人签名的请愿书递交联邦司法部长格哈德·雅恩（Gehard Jahn），明确要求：（1）永久废除第 218 条堕胎禁令；（2）流产必须完全纳入医保；（3）必须有专业医生介入人工流产；（4）避孕工具必须免费获得；（5）药品也必须纳入医保。[④]

其次，示威游行。在新妇女运动爆发之前的 1970 年 11 月 20 日，众多城市就举行了要求修改《刑法》第 218 条的大游行。"70 妇女行动"在"我的肚子我做主"的口号下进行了多次街头抗议。[⑤] 自我控告行动之后，反 218 条斗争的参与者主要进行了三次大规模的抗议：

一是 1973 年 1—4 月间的"退出教会斗争"（Kirchenaustrittskampagne）。

---

① Lenz, Ilse, *Die Neue Frauenbewegung in Deutschland：Abschied vom kleinen Unterschied，Eine Quellensammlung*，Wiesbaden：VS Verlag für Sozialwissenschaften，2010，S. 76 - 79.

② Nave-Herz, Rosemarie, *Die Geschichte der Frauenbewegung in Deutschland*，Opladen：Leske + Budrich，1994，S. 57.

③ Lenz, Ilse, *Die Neue Frauenbewegung in Deutschland：Abschied vom kleinen Unterschied，Eine Quellensammlung*，Wiesbaden：VS Verlag für Sozialwissenschaften，2010，S. 77.

④ Schwarzer, Alice，"Appell，"Dok. 2. 2 in Lenz, Ilse, *Die Neue Frauenbewegung in Deutschland：Abschied vom kleinen Unterschied，Eine Quellensammlung*，Wiesbaden：VS Verlag für Sozialwissenschaften，2010，S. 80.

⑤ Zellmer, Elisabeth, *Töchter der Revolte？Frauenbewegung und Feminismus der 1970er Jahre in München*，München：Oldenbourg Verlag，2011，S. 145.

鉴于教会，尤其是天主教会维护堕胎禁令的保守态度，1973 年 3 月，在阅读《圣堂牧歌》第 218 节时，大约 100 名妇女冲进法兰克福大教堂，高喊："未出生的受到保护——出生的却被剥削了！"与此同时，慕尼黑妇女小组也试图与海德堡小组联合对抗天主教会，以求"让我们的声音盖过教堂的钟声"①。

二是 1974 年春天的"最后抗争"（Aktion letzter Versuch）。为了给正在联邦议院中讨论《刑法》第 218 条的执政党施压，1974 年 1—3 月间 218 行动先后发出六份通告，倡议和协调全国各城市妇女小组联合展开示威游行活动。1974 年 3 月 16 日，预定的游行在西德各大城市举行。慕尼黑 160 名身着黑服的妇女们宣称，"妇女觉醒了，我们是一种力量"②。

三是 1975 年 2 月 25 日，当联邦宪法法院裁决基于期限堕胎原则的《刑法》修正案违宪后（详见本章第三节），联邦德国各大城市再次举行了大规模的集会示威。在慕尼黑社会主义妇女组织等妇女小组的推动下，游行的妇女们几乎穿过了整个慕尼黑市中心。警察局的报告说有近 5000 人参与，其中绝大多数是少女和少妇，也有不少儿童。许多发言人愤怒地表示，绝不会对宪法法院的判决善罢甘休。③ 全国当天参加抗议的人数则达到了 12000 人。④

最后，积极开展自助帮扶活动。反 218 条斗争不仅仅是集会和向国会请愿，它还展开了自助帮扶活动。这种帮扶虽然在解决问题和反抗压迫方面与源自美国的女性"个体经历交流"（Selbsterfahrung）活动类似，但它在否定现有制度方面更加强大。⑤ 联邦德国女性的自助帮扶活动，

① Zellmer, Elisabeth, *Töchter der Revolte？ Frauenbewegung und Feminismus der 1970er Jahre in München*，München：Oldenbourg Verlag，2011，S. 156 – 157.

② Zellmer, Elisabeth, *Töchter der Revolte？ Frauenbewegung und Feminismus der 1970er Jahre in München*，München：Oldenbourg Verlag，2011，S. 154.

③ Zellmer, Elisabeth, *Töchter der Revolte？ Frauenbewegung und Feminismus der 1970er Jahre in München*，München：Oldenbourg Verlag，2011，S. 156 – 157.

④ https：//frauenmediaturm. de/neue-frauenbewegung/abtreibung-gegen-218/.

⑤ Aktioneinheit gegen den § 218 in Göttingen，"RAZZIA in Frankfurt Frauenzentrum，"in *Mitteilungen*，Nr. 2，S. 13 – 14.

始自于新妇女运动的积极参与者，想给不愿继续怀孕的孕妇提供咨询并为其联系协调堕胎事宜。[①]

在反218条斗争中，女性主义者通过妇女中心积极开展各种自主工程，对非自愿怀孕的孕妇提供指导和救助：（1）出版有关堕胎的书籍和报刊。如西柏林妇女中心出版的《女巫私语》，让女性掌握有关自己身体与性的知识；（2）在妇女中心接受女性关于堕胎和健康的咨询，分享自己的经验，以显示其反对堕胎禁令的决心。如西柏林妇女中心会为每位到访的妇女建立医疗问题档案，[②] 并通过开展妇科检查、自助课程、性问题交流、避孕咨询、妊娠咨询、妊娠检测、堕胎及护理、健康营养咨询及治疗方法选择等对她们提供帮助；[③]（3）法兰克福等地的妇女中心还组织孕妇前往荷兰合法及安全地打胎。[④] 尤其是在传统抗议走向低潮后，许多妇女中心仍然坚持这一行动，并将其作为反抗国家的重要手段。[⑤]

第三节 新妇女运动推动下的家庭治理变革

以"私人即政治"和"自治"为主要特点的新妇女运动，对后工业转型时期联邦德国的家庭治理变革产生了重要影响。在这场运动的冲击下，联邦德国不仅改变了家庭治理中"男主外、女主内"的思想，还提高了女性在家庭治理中的话语权。

---

① Zellmer, Elisabeth, *Töchter der Revolte? Frauenbewegung und Feminismus der 1970er Jahre in München*, München: Oldenbourg Verlag, 2011, S. 169.

② Lenz, Ilse, *Die Neue Frauenbewegung in Deutschland: Abschied vom kleinen Unterschied, Eine Quellensammlung*, Wiesbaden: VS Verlag für Sozialwissenschaften, 2010, S. 122 – 123.

③ "Abtreibung und Verhüttungsberatung, Unsere Erfahrung damit," in Frankfurter Frauen: *Frauenjahrbuch*, Frankfurt/M.: Verlag Rote Stern, 1975, S. 56 – 67.

④ Erickson, Bailee, "'Leave Your Men at Home': Autonomy in the West German Women's Movement, 1968 – 1978, A Thesis Submitted for the Degree of Master of Arts, University of Victoria, 2010, p. 32.

⑤ Zellmer, Elisabeth, *Töchter der Revolte? Frauenbewegung und Feminismus der 1970er Jahre in München*, München: Oldenbourg Verlag, 2011, S. 170.

一　家庭治理思想的变革

通过将私人问题引入政治讨论，新妇女运动加快了相关法律制定和修改的进程，并对联邦德国早期家庭治理中"男主外、女主内"的思想产生了冲击。"不可否认的是，新妇女运动的要求被纳入整体的、以修订法律和重整社会资源为目标的政治动议当中。在这种情况下，妇女运动得到了工会和政界的支持，并将迄今为止被忽略和禁忌化的议题强行带入男权体制当中。"①

废除《刑法》第218条在魏玛时期就已经成为一个重要的议题。然而，由于彼时反对共产主义和自由主义的力量十分强大，这一改革最终归于失败。此后直到20世纪60年代末期，堕胎一直是一个禁忌话题。"如果在70年代没有形成第二次妇女运动，那针对《刑法》第218条的改革就很快就会结束。"②

新妇女运动的关键影响之一，就是让堕胎问题进入更广泛的政治讨论当中。③反218条斗争让堕胎问题成为舆论关注的焦点，执政党不得不加快修改《刑法》第218条的步伐。"原先这一问题只是在专业领域展开讨论，但此后人民大众也参与了进来。这场运动推动了各种观点形成的进程，并对在政治上讨论堕胎问题产生了巨大的压力。在大众变得敏感之后，就不能像60年代初期那样再拖延改革了。"④

1971年6月6日"自我控告行动"爆发后，联邦议院中各党团都建立了修订《刑法》第218条的小组。1971年夏，自民党联邦党代表

① Cordes, Mechthild, *Frauenpolitik*, *Gleichstellung oder Gesellschaftsveränderung*, *Ziele-Institutionen-Strategien*, Opladen: Leske + Budrich, 1996, S. 111, 115.

② Fromme, Monika "Der mühsame Prozess der Reform des §218 StGB-Welche Rolle spielte die Neue Frauenbewegung 1968 bis heute?" in *Kritische Vierteljahresschrift für Gesetzgebung und Rechtswissenschaft* (*KritV*), Vol. 92, No. 2 (2009), p. 182.

③ Schwarzer, Alice, *Frauen gegen den §218 18 Protokolle*, Frankfurt am M.: Suhrkamp, 1971, S. 133.

④ Winters, Peter Jochen, "Kampf dem Abtreibungselend-aber wie?" in *FAZ* vom 18.6.1971, S. 8.

大会和联邦内政及法律政策专业委员会就做出决定，按照"期限规定"（Fristenregelung）的原则修改《刑法》第 218 条，允许孕妇在怀孕的头三个月里由医生为其实施人工流产。[①] "世界上的价值观已然发生改变，需要让法律符合变化了的社会条件。"[②] 在执政伙伴和反 218 条斗争的压力下，另一个主要执政党社民党也主张打破堕胎禁令。1971 年6 月 20 日，社民党理事会表示，虽然胎儿的生命权必须要受到社会的保护，但《刑法》第 218 条也必须做出小心的、平衡的修正。[③] 在同年 11 月的社民党特别党代会上，多数党员也同意为堕胎设置合法期限。[④] "社民党的基本目标是，原则上实现在专业手段介入下的堕胎合法化。"[⑤]

面对"要求彻底废除 218 条的集会"，"社民党和自民党无论如何要快速让妇女解放的要求在未来的改革中变得合法"，"以免让街头的压力向着更加自由化的方向发展"[⑥]。1974 年 4 月 26 日和 6 月 5 日，两大执政党成功地让联邦议院两次通过了自己提出的第五次刑法修正案。该法案不仅允许孕妇在怀孕的头三个月内经咨询医生后实施人工流产，而且规定如果怀孕三个月后"根据医学知识或经验认定继续妊娠会对孕妇造

---

① Gante, Michael, *218 in der Diskussion. Meinungs-und Willensbildung 1945 – 1976*, Düsseldorf: Droste Verlag, 1991, S. 130. Gindulis, Edith, *Der Konflikt um die Abtreibung: Die Bestimmungsfaktoren der Gesetzgebung zum Schwangerschaftsabbruch im OECD-Ländervergleich*, Wiesbaden: VS Verlag für Sozialwissenschaften, 2003, S. 98.

② Mantei, Simone, *Nein und Ja zur Abtreibung*, *Die evangelische Kirche in der Reformdebatte um § 218 StGB* (1970 – 1976), Göttingen: Vandenhoeck & Ruprecht, 2004, S. 400.

③ Gante, Michael, *218 in der Diskussion. Meinungs-und Willensbildung 1945 – 1976*, Düsseldorf: Droste Verlag, 1991, S. 133.

④ Friedrischsen, Gisela, *Abtreibung, der Kreuzzug von Memmingen*, Frankfurt am M.: Fischer Taschenbuch Verlag, 1991, S. 36.

⑤ Deutscher Bundestag, "88. Sitzung. Bonn, Donnerstag, den 21. März 1974," in *Verhandlungen des Deutschen Bundestages, 7. Wahlperiode*, Bonn: Bonner Universität-Buchdruckerei, 1974, S. 5732.

⑥ Deutscher Bundestag, "88. Sitzung. Bonn, Donnerstag, den 21. März 1974," in *Verhandlungen des Deutschen Bundestages, 7. Wahlperiode*, Bonn: Bonner Universität-Buchdruckerei, 1974, S. 5733.

成生命危险或健康损害的"，也可以合法实施堕胎。① 在这一法案被联邦宪法法院宣布违宪后，执政党又于 1975 年 10 月 8 日提出依据"指标模式"（Indikationsmodell）来修正《刑法》第 218 条，即在怀孕 12 周内，如果孕妇因社会及医学原因而陷入不能继续怀孕的极度危险境地，则允许实施人工流产。②

尽管相比左翼执政党来说，联盟党更加强调胎儿生命权，并因此而拒绝按照"期限规定"修改《刑法》第 218 条。但与此同时，面对反 218 条斗争的强大压力，联盟党也同意如孕妇"在特别的困境中"则堕胎可被免予刑事处罚。③ 1971 年 12 月，联盟党联邦委员会曾明确表示，因医学原因和非常有限的刑事犯罪原因可以终止妊娠。④ 这一观点后来被联盟党联邦议院党团在 1973 年 5 月提出的《刑法》修正案草案所吸收。⑤ 联盟党支持依照"指标模式"修改《刑法》第 218 条，并希望与联邦政府进行对话，以便能在联邦议院中早日通过这一法案。⑥ 1975 年 10 月 23 日，联盟党再次递交的《刑法》修正案草案，正式将免受刑罚的堕胎条件从医学和犯罪领域扩展至社会领域，即如果继续妊娠会给孕妇的生活造成极其严重的、与健康风险有关的负担，

———————————

① Deutscher Bundestag, "Gesetzentwurf der Fraktionen der SPD, FDP, Entwurf eines fünften Gesetzes zur Reform des Strafrechts, 21. 03. 73," BT-Drucksache 7/375, in *Verhandlungen des Deutschen Bundestages*, *7. Wahlperiode*, Bonn：Bonner Universität-Buchdruckerei, 1973, S. 6.

② Deutscher Bundestag, "Gesetzentwurf der Fraktionen der SPD, FDP Entwurf eines fünfzehnten Strafrechtsrf der Fraktionen, 08. 10. 75," BT-Drs. 7/4128, in *Verhandlungen des Deutschen Bundestages*, *7. Wahlperiode*, Bonn：Bonner Universität-Buchdruckerei, 1975, S. 3.

③ Gindulis, Edith, *Der Konflikt um die Abtreibung*：*Die Bestimmungsfaktoren der Gesetzgebung zum Schwangerschaftsabbruch im OECD-Ländervergleich*, Wiesbaden：VS Verlag für Sozialwissenschaften, 2003, S. 105.

④ Gante, Michael, *218 in der Diskussion. Meinungs-und Willensbildung 1945 – 1976*, Düsseldorf：Droste Verlag, 1991, S. 141.

⑤ Deutscher Bundestag, "Gesetzentwurf der fraktion der CDU/CSU, Entwurf eines fünften Gesetzes zur Reform des Strafrechts, 11. 05. 73," BT-Drs. 7/554, in *Verhandlungen des Deutschen Bundestages*, *7. Wahlperiode*, Bonn：Bonner Universität-Buchdruckerei, 1973, S. 1.

⑥ Gante, Michael, *218 in der Diskussion. Meinungs-und Willensbildung 1945 – 1976*, Düsseldorf：Droste Verlag, 1991, S. 185 – 186.

也可以实施人工流产。① 这种思想与联邦政府 1975 年 10 月 8 日的《刑法》修正案已经"没有实质性区别"②。

在反 218 条斗争的推动下，许多联邦德国的主流媒体也对《刑法》第 218 条的修订给予了关注和支持。自我控告行动发生后，《图片》杂志等主流媒体纷纷要求读者表明自己对堕胎禁令的态度。各大报刊发表的讨论文章也明显增多。③ 一时间，堕胎问题成为全社会关注的焦点。④ 随着反 218 条斗争的不断深入，一些左翼主流媒体开始公开支持废除堕胎禁令。1974 年 3 月 11 日，《明镜周刊》不仅在《姐妹们的起义》一文中援引了反 218 条"最后的行动"通告中的内容，而且它还公布了 329 名女医生支持堕胎合法化的签名——"堕胎不是恩赐，而是权利！"⑤ 联邦宪法法院判决怀孕三个月内可以流产的"期限规定"修正案违宪后，左翼媒体甚至认为，这一判决根本就不是基于《基本法》，而是对教皇通告的致敬，是国家道德审查。⑥ 主流媒体的关注和支持强化了反 218 条斗争参与者的自我认同和团结，并对联邦议院打破堕胎禁令的进程产生了促进作用。

反 218 条斗争爆发后，曾坚决反对堕胎合法化的教会在态度上也出现一些松动。⑦ 1972 年 3 月 17 日，德国新教（路德教）教会

① Deutscher Bundestag, "Gesetzentwurf der Fraktion der CDU/CSU, Entwurf eines Gesetzes zur Änderung des fünften Gesetzes zur Reform des Strafrechts, 23. 10. 75," BT-Drs. 7/4211, in *Verhandlungen des Deutschen Bundestages*, *7. Wahlperiode*, Bonn: Bonner Universität-Buchdruckerei, 1973, S. 1.

② Gante, Michael, *218 in der Diskussion. Meinungs-und Willensbildung 1945 – 1976*, Düsseldorf: Droste Verlag, 1991, S. 191.

③ Schulz, Kristina, *Der lange Atem der Provokation: Die Frauenbewegung in der Bundesrepublik und in Frankreich 1968 – 1976*, Frankfurt am M.: Campus Verlag, 2002, S. 152. Gerhards, Jürgen, *Zwischen Palaver und Diskurs. Strukturen öffentlicher Menungsbildung am Beispiel der deutschen Diskussion zur Abetreibung*, Wiesbaden: VS Verlag für Sozialwissenschaften, 1998, S. 89.

④ Gante, Michael, *218 in der Diskussion. Meinungs-und Willensbildung 1945 – 1976*, Düsseldorf: Droste Verlag, S. 128.

⑤ "Abtreibung: Aufstand der Schwestern," "329 Mediziner bezichtigen sich des Verstoßes gegen Paragraph 218: 'Hiermit erkläre ich. . . '," in *Der Spiegel*, 1974 (11), S. 29 – 31.

⑥ Mantei, Simone, *Nein und Ja zur Abtreibung, Die evangelische Kirche in der Reformdebatte um § 218 StGB (1970 – 1976)*, Göttingen: Vandenhoeck & Ruprecht, 2004, S. 449.

⑦ Höffner, Joseph, *Kraft des Glaubens II*, Freiburg: Herder, 1986. S. 426, 472.

（Evangelische Kirche in Deutschland，简称 EKD）明确表示："关于堕胎问题的讨论让人们知晓，在我们的社会中女性的价值相对男性一直被低估……确有女性因怀孕而陷入绝境的情况，《刑法》不应该对胎儿做出强制裁决……《刑法》对堕胎的裁决必须以不损害胎儿为前提，但同时也应该预见特殊情况。"[1] 11 月，新教还与天主教共同发表声明，指出："如果根据医生的判断怀孕或生产会危及母亲生命或产生严重、持续的伤害，堕胎应该被免予刑事处罚。"[2] 1974 年初新教教会甚至差一点就通过了为堕胎设置合法期限的提案。实际上，只要孕妇在事前进行了必要的咨询和求助，新教高层中许多人认为她们有权自主决定是否堕胎。1975年建立的教会咨询站的指导原则第一条就是确保对女性免予刑事处罚。[3]

除教会外，其他社会组织对堕胎禁令的态度也在反 218 条斗争的推动下发生了改变。如传统妇女组织德国妇女界就明确表示自己支持彻底废除《刑法》中的这一条款。[4]

随着政党和社会组织中同意修订《刑法》第 218 条的力量不断增大，联邦议院最终在 1976 年 5 月 18 日通过议案，决定因医学、优生、犯罪和社会原因而发生的堕胎行为可免受刑事处罚。[5] 新妇女运动的参与者认为这是自己的巨大胜利。"万事开头难——反 218 条之路"成为后来斗争的口号。[6]

---

[1] "Erklärung des Rates der Evangelischen Kirche in Deutschland zu den Rechtsfragen des Schwangerschaftsabbruchs vom 17. März 1972," in EKD, *Stellungnahmen zum Thema Schwangerschaftsabbruch*, *EKD-Texte 14*（*vergriffen*），1986，S. 4.

[2] Friedrischsen, Gisela, *Abtreibung*, *der Kreuzzug von Memmingen*, Frankfurt am M.：Fischer Taschenbuch Verlag, 1991, S. 45.

[3] Mantei, Simone, *Nein und Ja zur Abtreibung*, *Die evangelische Kirche in der Reformdebatte um § 218 StGB*（*1970 – 1976*），Göttingen：Vandenhoeck & Ruprecht, 2004, S. 465, 470.

[4] Schmidt-Harzbach, Ingrit, "Der Ohnmacht der Zahl-Deutsche Frauenrat," in Lenz, Ilse, *Die Neue Frauenbewegung in Deutschland：Abschied vom kleinen Unterschied, Eine Quellensammlung*, Wiesbaden：VS Verlag für Sozialwissenschaften, 2010, S. 518.

[5] "Fünfzehntes Strafrechtsveränderungsgesetz von 18. Mai. 1976," in *BGBl*, Nr. 56, Köln：Bundesanzeiger Verlag, 1976, S. 1213 – 1215.

[6] Zellmer, Elisabeth, *Töchter der Revolte? Frauenbewegung und Feminismus der 1970er Jahre in München*, München：Oldenbourg Verlag, 2011, S. 156.

堕胎禁令的打破标志着联邦德国家庭治理理念的重大转变。自 20 世纪 70 年代中期开始，联邦德国还通过一系列立法措施减少了家庭对女性的束缚和压迫：如 1976 年通过修改《婚姻法》取消了妇女做家务的义务；1977 年通过修改《离婚法》，实现了离婚的去道德化并让离婚在经济上有利于没有工作的女性；1979 年引入母亲的带薪育儿假等。这些措施和《刑法》第 218 条的修订一起对联邦德国早期家庭治理中"男主外、女主内"的思想产生了巨大的冲击。[①] "在关于家庭内部关系的法律方面，国家增加了道德评价并实现了男女平等。法律改革最终让这一时代的家庭政策具有了比前二十年更强的解放倾向。政府的家庭管理部门的能力也随着'妇女问题'而扩大。"[②] "从法律上来说，自 70 年代中期开始，家务劳动和职业工作在联邦德国归男女共同分担。'男主外、女主内'自此不再是联邦德国唯一存在的两性结构。"[③] "女性模范形象的转变归功于新妇女运动中女性的努力……女性外出工作已司空见惯。"[④]

二 家庭治理结构的变革

在对"男主外、女主内"的理念产生冲击的同时，新妇女运动还通过让新一代女性主义者参与私人家庭问题的解决，扩大了女性在家庭治理中的话语权。"新妇女运动试图并实现了政治主体向女性的扩展。在 20 世纪 60 年代末 70 年代初的动员进程中，女性学会了发出自己的声音。

---

① Rehder, Britta, *Interessenvermittlung in Politikfeldern Vergleichende Befunde der Policy-und Verbändeforschung*, Wiesbaden: VS Verlag für Sozialwissenschaften, 2009, S. 93.

② Ganz Kathrin, "Die Konstruktion von Elternschaft, Mutterschaft und Vaterschaft im familienpolitischen Diskurs," Magisterarbeit zur Erlangung des akademischen Grades einer Magistra Artium der Universität Hamburg, Institut für Politische Wissenschaft, 2008, S. 69.

③ Behning, Ute, *Zum Wandel der Geschlechterrepräsentationen in der Sozialpolitik*, Ein policy-analytischer Vergleich der Politikprozesse zum österreichischen Bundespflegegeldgesetz und zum bundesdeutschen Pflege-Versicherungsgesetz, Opladen: Leske + Budrich, S. 41.

④ Rudolph, Clarissa, *Gestalten oder verwalten? Kommunale Frauenpolitik zwischen Verrechtlichung, Modernisierung und Frauenbewegung*, Wiesbaden: VS Verlag für Sozialwissenschaften, 2004, S. 44.

也就是说，她们获得了定义自己和自己生活方式的权力。"① 在新妇女运动中发出自己声音的女性主义者，改变了后工业转型时期联邦德国家庭治理的权力结构。

在新妇女运动中，女性主义者通过自治组织成为家庭治理的新主体。

联邦德国新妇女运动一直是在自治性女权组织的推动下向前发展的，它从未产生出像美国全国妇女组织（American National Organisation for Women）那样的领导核心。新妇女运动中的女性主义者也将自治作为自己主要的组织原则。② 由于这场运动"没有组织中心和伞状等级结构、没有突出的领袖和选举产生的发言人"③，史学家弗里德黑尔姆·奈德哈特（Friedhelm Neidhardt）又将其组织形态称之为"网络的网络"④。

女性主义者主要是通过自治性妇女小组来领导和推动新妇女运动的。由于实行直接民主制度，领导和参与反 218 条斗争的激进女性主义小组和社会主义女性主义小组在内部很多都是自治的。例如，慕尼黑社会主义妇女组织就追求可选择的政治模式和基层民主，反对自上而下的统治。⑤ 法兰克福激进女性主义小组"70 妇女行动"也不具有严格的组织形式。⑥ 非集权式的架构有利于个人在小组内直接表达及贯彻自己的意志。同时，从外部来看，这些女性主义小组也具有自治性的特点：它们基本上都只在本地活动，从未形成统一的全国领导核心。尽管这些小组

---

① Engelfried, Constance（Hrsg.）, *Gendered Profession soziale Arbeit vor neuen Herausforderungen in der zweiten Moderne*, Wiesbaden: VS Verlag für Sozialwissenschaften, 2010, S. 111.

② Cordes, Mechthild, *Frauenpolitik, Gleichstellung oder Gesellschaftsveränderung, Ziele-Institutionen-Strategien*, Opladen: Leske + Budrich, 1996, S. 113.

③ Young, Brigitte, *Triumph of the Fatherland, German Unification and the Marginalization of Women*, Ann Arbor: University of Michigan Press, 1999, p. 53.

④ Erickson, Bailee, "'Leave Your Men at Home': Autonomy in the West German Women's Movement, 1968 – 1978," A Thesis Submitted for the Degree of Master of Arts, University of Victoria, 2010, p. 6.

⑤ Zellmer, Elisabeth, *Töchter der Revolte? Frauenbewegung und Feminismus der 1970er Jahre in München*, München: Oldenbourg Verlag, 2011, S. 125.

⑥ Scheunemann, R., & Scheunemann, K., "Die Kampagne der 'Frauenaktion 70' gegen den § 218," in Grossmann, H.（Hrsg.）, *Bürgerinitiativen. Schritte zur Veränderung?* Frankfurt am M.: Fischer Verl., 1973, S. 71.

试图通过 218 行动在全联邦范围内展开行动，但 218 行动并没有成为反 218 条斗争的领导组织，它只是作为一个信息交流中心，以确定运动的任务，以及建立联盟和寻求合作伙伴等"①。在新妇女运动期间，女性主义者还通过此类自治性妇女小组在其他争取家庭治理变革的斗争中发挥了重要的领导和推动作用。

与此同时，新妇女运动还催生出女性主义者以自助帮扶形式参与家庭治理的自治性妇女工程。反 218 条斗争中出现的妇女中心，就是一种在原有体制外建立和发展起来的、让女性主义者通过自助帮扶活动反抗堕胎禁令的妇女工程。例如，西柏林妇女中心就具有明显的自治性特征：（1）在招收新成员时，中心会将应征者平等地置于一个讨论小组中共同分享个人经验；（2）为了培养女性独立思考和行动的能力，中心活动的组织者鼓励女性们组建新的小组，并认为这是实现妇女自治的必要进程；（3）所有成员都要或多或少地参与决策。凡中心大事，须经内部合作小组进行讨论后，再交由合作小组代表组成的大会（Plenums）表决通过；（4）强调财务独立，以实现自治的目标；（5）妇女中心在全国也没有集权化的组织形式。1974 年时，联邦德国共有 17 个独立运营的妇女中心。②

除妇女中心外，在新妇女运动的其他斗争中也出现了以自助帮扶形式介入家庭社会工作（Familienarbeit）的自治性妇女工程。如在"抗议对女性施暴"的斗争中大量出现的妇女之家（Frauenhaus）。作为一个帮助女性免受"婚姻暴力和男性虐待"的组织，③"妇女之家是分散的，而之前妇女运动往往会由一个协会组织的核心领导。""自治应该既是妇女之家居住者的自我组织原则，也应该可以让这里的工作人员实现去等级

---

① Schulz, Kristina, *Der lange Atem der Provokation*：*Die Frauenbewegung in der Bundesrepublik und in Frankreich 1968 – 1976*, Frankfurt am M.：Campus Verlag, 2002, S. 152.

② Erickson, Bailee, "'Leave Your Men at Home'：Autonomy in the West German Women's Movement, 1968 – 1978," A Thesis Submitted for the Degree of Master of Arts, University of Victoria, 2010, pp. 55 – 62, 44 – 45.

③ Hagemann-White, Carol, "Frauenhausbewegung," Dok. 9.2, in Lenz, Ilse, *Die Neue Frauenbewegung in Deutschland*：*Abschied vom kleinen Unterschied, Eine Quellensammlung*, Wiesbaden：VS Verlag für Sozialwissenschaften, 2010, S. 293.

化和去权威化。"①

在 20 世纪 70 年代新妇女运动蓬勃发展时期，女性主义者不仅以自治小组的形式领导和参与争取家庭治理变革的抗议活动，而且她们还通过具有自助帮扶功能的自治工程直接介入私人家庭问题的解决。"新妇女运动的动议通过不同的任务、活动和方法以及另类的组织形式表现出来。它不仅对资本主义和男权主义结构的影响展开研究，还试图质疑这一结构的合理性。在妇女工程中，女性不再能够忍受家庭的压迫，而是要反抗这种压迫。"② 当新妇女运动自 80 年代初走上制度化的道路后，女性主义者仍然以"体制内长征"的方式在家庭治理中扮演着极其重要的角色。

一方面，在新妇女运动中兴起的女性主义自治组织，之后一直是联邦德国家庭治理的重要参与者之一。

进入 20 世纪 80 年代初期后，大多数自治性女权组织都转而采取更为现实和专业的合作策略，继续为联邦德国的家庭社会工作贡献着自己的力量。"自治的妇女组织不能是远离现实的'女性孤岛'。"③ "新妇女运动中发展起来的工程在组织结构、公共工作和执行战略方面起到了先锋模范作用。妇女工程是第一种从体制外进入'政治—管理体制'中的工程。"④ 例如，80 年代中期时汉堡的十余个自治性妇女工程，大多都在市政当局的资助和指导下，通过为避孕和打胎提供咨询和诊疗、为遭受

① Wagner, Leonie, "Das Private wird politisch Autonomie Frauenhäuser im Kontext der Neuen Frauenbewegung," in *Sozial Extra*, 2018 (4), S. 39.

② Balluseck, H. v., Rodenstein, M., Schreyer, M., & Westphal-Georgi, U., "Thesen zu einer feministischen Sozialpolitik," in W. Schulte (Hrsg.), *Soziologie in der Gesellschaft: Referate aus den Veranstaltungen der Sektionen der Deutschen Gesellschaft für Soziologie, der Ad-hoc-Gruppen und des Berufsverbandes Deutscher Soziologen beim 20. Deutschen Soziologentag in Bremen*, Deutsche Gesellschaft für Soziologie (DGS), 1980, S. 109.

③ Gerhard, Ute, "Westdeutsche Frauenbewegung: Zwischen Autonomie und dem Recht auf Gleichheit," in *Feministische Studien*, 2 (1992), S. 44. Schwarzer, Alice, *10 Jahre Frauenbewegung. So fing es an!* Köln: Emma-Verlag, 1981, S. 137.

④ Blanke, Bernhard, "Adalbert Evers," in Wollmann, Hellmut (Hrsg.), *Die zweite Stadt, Leviathan, Zeitschrift für Sozialwissenschaft*, Sonderheft 1986 (7), S. 321.

暴力的妇女及少女提供心理和司法援助、为夫妻关系及离婚问题提供建议等方式参与家庭社会工作。到 90 年代初，老联邦州共成立了 2000 余家具有反"男权性别关系"特点的自治性妇女工程和小组。① 它们通过以"专家"的身份与当局和其他组织展开合作，② 成为联邦德国原有家庭治理体系的重要补充。

随着自治组织的兴起，新妇女运动也让更多女性获得了介入家庭政策制订与执行的机会。自治组织不仅为女性参与家庭治理提供了新的平台，而且它还通过让这些女性以直接民主的形式介入家庭问题，改变了她们过去只有依靠等级制的传统家庭治理主体——如传统妇女组织、政党等——才能干预家庭事务的情况。"女性主义的家庭政策不仅强调多元化，而且要求实现弱势群体的合法参与。"③ 新妇女运动让更多女性通过自治组织介入家庭内部事务，并由此提高女性在家庭治理中的话语权。

另一方面，除自治组织以外，新妇女运动还让女性主义者进入其他家庭治理主体之中，从而加强了女性在这些主体中的力量。

其一，新妇女运动加强了女性主义者在原有家庭治理主体中的地位。反 218 条斗争爆发后，对联邦德国早期家庭治理有着重要影响的政党和工会纷纷在内部建立起自己的妇女组织和部门，并由此为它们吸收女性主义者创造了条件。如社民党在 1973 年建立的包括所有女成员且直属党中央理事会的"社会民主妇女工作联盟"（Arbeitgemeinshaft der sozialdemokratischer Frau，简称 ASF），就从 1979 年起开始吸纳女性主义者成为自己的成员。④ 1981 年时，该联盟甚至还将新妇女运动的成员选

① Brückner, Claessens Margrit, *Frauen-und Mädchenprojekte, von feministischen Gewissheiten zu neuen Suchbewegungen*, Opladen：Leske ＋ Budrich Verlag, 1986, S. 11 –12.

② Rudolph, Clarissa, *Gestalten oder verwalten? Kommunale Frauenpolitik zwischen Verrechtlichung, Modernisierung und Frauenbewegung*, Wiesbaden：VS Verlag für Sozialwissenschaften, 2004, S. 153 –155.

③ Böllert, Karin, & Oelkers, Nina (Hrsg.), *Frauenpolitik in Familienhand? Neue Verhältnisse in Konkurrenz, Autonomie oder Kooperation*, Wiesbaden：VS Verlag für Sozialwissenschaften, 2010, S. 75.

④ Lenz, Ilse, *Die Neue Frauenbewegung in Deutschland：Abschied vom kleinen Unterschied, Eine Quellensammlung*, Wiesbaden：VS Verlag für Sozialwissenschaften, 2010, S. 581.

入了主席团。受女性主义成员的影响，社会妇女工作联盟还在社民党地方的家庭社会工作中发挥作用。如 80 年代中期时，它就在汉堡支持建立了所谓的"家庭计划中心"（Familienplanungszentrum）①

　　其二，当新妇女运动的制度化进程开启后，还有很多女性主义者通过新成立的绿党继续对家庭治理产生影响。绿党在结构方面直接受新妇女运动的影响。出于理念和竞选的考虑，绿党支持女性主义者集体融入本党。"绿党内的女性主义行动者自 1983 年起就固定地团结在自己的项目和组织当中。"在女性主义者的影响下，新成立的绿党格外关心女性在家庭中的地位，并要求将女性从家庭的束缚和压迫中解放出来。1984 年，绿党联邦议员瓦尔劳德·朔普（Waltraud Schopp）曾在议会中明确要求彻底废除《刑法》第 218 条。作为一个来自新妇女运动的母亲，她希望能通过男女之间的爱情将分裂的私人与政治再度联系起来。②

　　其三，自 1980 年起，有不少来自新妇女运动的女性主义者还成为在政府和大企业中设立的妇女及平等专员（Frauen-und Gleichstellungsbeauftragten，简称 FGb）。③ 一些妇女专员原先就是妇女小组的创建者或领导人。在政府内部，妇女专员总被打上女性主义和妇女运动的烙印，男性同事和领导也将其看成是"总是发怒、总要解放、不要色情、不讲享受、不像女人、一贯激进"的人。通过成为妇女专员，新妇女运动中的女性主义者可以更好地参与家庭治理。由于具有参与新妇女运动的经历，妇女专员成为行政机构和外部自治性女权组织的中间人。她们不仅密切关注和支持妇女工程的开展，而且还通过建立少女工作联合工作组、防止暴力联合工作组等方式，④ 与自治性

　　① Blanke, Bernhard, "Adalbert Evers," in Wollmann, Hellmut（Hrsg.）, *Die zweite Stadt*, *Leviathan*, *Zeitschrift für Sozialwissenschaft*, Sonderheft 1986（7）, S. 326.

　　② Lenz, Ilse, *Die Neue Frauenbewegung in Deutschland*：*Abschied vom kleinen Unterschied*, *Eine Quellensammlung*, Wiesbaden：VS Verlag für Sozialwissenschaften, 2010, S. 587, 589, 611.

　　③ Lenz, Ilse, *Die Neue Frauenbewegung in Deutschland*：*Abschied vom kleinen Unterschied*, *Eine Quellensammlung*, Wiesbaden：VS Verlag für Sozialwissenschaften, 2010, S. 581.

　　④ Rudolph, Clarissa, *Gestalten oder verwalten? Kommunale Frauenpolitik zwischen Verrechtlichung*, *Modernisierung und Frauenbewegung*, Wiesbaden：VS Verlag für Sozialwissenschaften, 2004, S. 156, 158, 166 – 169.

女权组织在家庭社会工作中展开合作。

在吸纳女性主义者加入后，很多原先主要由男性控制的家庭治理主体，都出现女性力量明显增强的趋势。如 1985 年，社民党汉诺威代表大会就通过了增加各级党组织中妇女席位的决议，并要求妇女所占代表比例不得低于 40%。[1] 而作为家庭治理新主体的绿党，也在其建党纲领中明确规定男女成员各有一半的投票权。[2] 此外，女性主义者变身政府和企业中的妇女专员，也让女性在家庭社会工作方面拥有了更大的话语权。通过让女性主义者进入这些家庭治理主体之中，新妇女运动扩大了女性在联邦德国家庭治理中的话语权。

总之，在以反 218 条斗争为代表的新妇女运动的推动下，联邦德国不仅改变了家庭治理中"男主外、女主内"的思想，还扩大了女性在家庭事务中话语权。不过，虽然新妇女运动对联邦德国家庭治理的理念和结构产生了影响，但由于女性主义者力量分散且内部矛盾重重，再加上她们过于激进的目标和行动方式为当局和诸多社会力量所不容，所以这场运动并没有从根本上消除女性在联邦德国家庭治理中所受的束缚和压迫。

在向后工业社会转型的过程中，以"私人即政治"和"自治"为主要特征的新妇女运动，推动了联邦德国家庭治理在指导思想和权力结构方面的变革。德国是一个具有浓厚男权制传统的国家。除了两次世界大战等特殊时期以外，德国女性一直都在家中扮演生育后代、相夫教子的角色。直到 20 世纪 70 年代初新妇女运动爆发后，联邦德国女性才逐渐改变了自己在家中受束缚和压迫的地位，并开始以独立姿态参与家庭治理。新妇女运动推动下的家庭治理变革，反映出在后工业转型过程中，

---

① Schulz, Kristina, *Der lange Atem der Provokation*: *Die Frauenbewegung in der Bundesrepublik und in Frankreich 1968 – 1976*, Frankfurt am M. : Campus Verlag, 2002, S. 236 – 237, Lenz, Ilse, *Die Neue Frauenbewegung in Deutschland*: *Abschied vom kleinen Unterschied*, *Eine Quellensammlung*, Wiesbaden: VS Verlag für Sozialwissenschaften, 2010, S. 587 – 588.

② Lenz, Ilse, *Die Neue Frauenbewegung in Deutschland*: *Abschied vom kleinen Unterschied*, *Eine Quellensammlung*, Wiesbaden: VS Verlag für Sozialwissenschaften, 2010, S. 584 – 585.

女性自主意识的提高对联邦德国国家治理思想和体系所产生的影响。"尽管战后《基本法》提到了男女平等，但女性并未得到全面的解放，社会仍然是没有生气的。既然在 70 年代妇女运动中妇女被看作是独立的、有行动能力的主体，并且提出了自由表达意愿和自治的目标，她们也就被看成是社会变迁的发动机和民主化工程的代表。"[1]

实际上，在 20 世纪六七十年代的整个西方世界当中，都出现了由社会转型所引发的新妇女运动浪潮及家庭治理变革。受价值观变迁和 68 运动的影响，自 20 世纪 60 年代末期开始，美、法、联邦德国等国的女性主义者纷纷从废除堕胎禁令入手，向西方传统家庭治理模式发起挑战。在新妇女运动浪潮的推动下，这些西方国家通过开启堕胎合法化进程和让女性主义者在堕胎问题上独立发声，加快了家庭治理思想和结构的改变步伐，并由此减少了各国女性在家庭中所受的束缚和压迫。"妇女运动对传统家庭构成了挑战。婚姻和母性被怀疑是否是女性的主要任务，或者是否是女性的宿命。女性主义者认为家庭压迫女性并在男权社会中扮演着重要的角色。女性的自我实现成为新的口号，并且女性主义者认为这在传统家庭中很难被实现。"[2] 不过，相较美国来说，联邦德国新妇女运动一直没有形成统一的领导核心，[3] 其对女性个人自治的强调也更加明显。正因为如此，联邦德国直到 20 世纪 90 年代时，才彻底废除了作为该国早期家庭治理基石的堕胎禁令。

---

[1] Zellmer, Elisabeth, *Töchter der Revolte? Frauenbewegung und Feminismus der 1970er Jahre in München*, München: Oldenbourg Verlag, 2011, S. 151.

[2] Torstendahl, Rolf（ed.）, *State Policy and Gender System in the Two German States and Sweden, 1945 – 1989.*（*Opuscula Historica Upsaliensia, Number 23.*）, Uppsala: University of Uppsala, 1999, p. 149.

[3] Ferree, Myra, "Equality and Autonomy Feminist Politics in the United States and West Germany," in Katzenstein, Mary（ed.）, *The Women's Movements of the United States and Western Europe: Consciousness, Political Opportunity and Public Policy*, Philadelphia: Temple University Press, 1992, p. 174.

结　语

联邦德国新社会运动与后工业
转型时代的国家治理变革

一　联邦德国新社会运动的总体特征

相对于以工人运动为代表的传统左翼社会运动来说，联邦德国新社会运动主要具有以下两个特点。

一方面，联邦德国新社会运动，是该国早期具有保守主义倾向的国家治理在后工业转型时期陷入困境的产物和表现。

"社会运动是社会变迁的产物。"① 鲁德·库鲁斯曼（Ruud Koopmans）等人通过研究联邦德国等四个欧洲国家的情况后也认为，新社会运动"被看作一个典型的新政治范例的载体，同时也被看作一个被标为后工业的、后物质主义的或后福特主义的新时代的先驱"②。联邦德国建立后，充分就业、工资增长、福利改善等促使联邦德国传统工人阶级出现了"中产化"趋势。随着中等收入阶层，尤其是工人阶级中的中等收入阶层的不断扩大，联邦德国逐渐从贫富分化严重的"金字塔形"社会变成了低收入和高收入者相对较少、中等收入者相对较多的纺锤形社会。与此同时，随着联邦德国开始向后工业社会转型，在第三产业中就业的脑力劳动者的数量出现了快速增长，接受高等教育的人也在不断增多。受

---

①　Raschke, Joachim, *Soziale Bewegungen. Ein historisch-systematischer Grundriss*, Frankfurt an M：Suhrkamp, 1987, S. 11.

②　Kriesi, H., Koopmans, R., Duyvendak, J. W., & Gingi, M. G., *New Social Movements in Western Europe：A Comparative Analysis*, Minneapolis：University of Minnesota Press, 1995, p. 238.

此影响，进入 20 世纪 60 年代后的联邦德国，出现了新中间阶层兴起和社会主要矛盾转移的情况。

社会变迁导致了"国家分裂结构"（National Cleavage Structures）的改变，"新社会运动的政治动员则表达着一种新的社会分裂。"① 到 20 世纪 60 年代时，曾在德国历史上引起过巨大政治和经济冲突的阶级分裂状况已变得不再那么引人注目。而随着联邦德国开始向后工业社会转型，主要由年轻一代脑力劳动者和大学生组成的新中间阶层却日益强大。新中间阶层信奉后物质主义价值观，并因此而与信奉物质主义价值观的其他阶层发生了严重的分歧。

然而，当后工业社会转型开始的时候，联邦德国却依然坚持着它自 1949 年之后所推行的具有保守主义色彩的国家治理。国家治理的体制结构和主导战略也是引发社会运动的关键因素之一。一方面，由议会、行政机构等组成的体制结构决定了国家治理的开放性和行动能力。在联邦德国，只有不被联邦宪法法院以违宪之名取缔的政党，在突破了 5% 的得票率门槛之后，才能进入联邦议院。而强有力的工会组织和完备的劳资协商制度，则让当局更愿意在体制内与这些组织化的利益集团对话，而不是到体制外去寻求新中间阶层及其政治代表的意见。

与此同时，政治精英的主导战略也进一步加大了新中间阶层及其政治代表挑战具有"保守主义"色彩的国家治理的难度。为了与苏东国家进行冷战对抗和防止重蹈魏玛共和国灭亡的覆辙，联邦德国早期一直对左派反对者进行着严密的监视和压制。这种战略也是联邦德国早期"保守主义"国家治理的重要表现之一。

联邦德国早期国家治理中的"保守主义"倾向，在 20 世纪 60 年代后引发了新左派的强烈不满和反抗。作为新中间阶层在政治上的主要代表，新左派及其分化产生的各类左翼小组是新社会运动的重要领导者和推动者。

---

① Kriesi, H., Koopmans, R., Duyvendak, J. W., & Gingi, M. G., *New Social Movements in Western Europe: A Comparative Analysis*, Minneapolis: University of Minnesota Press, 1995, pp. 3 – 4.

由于联邦德国老左派"在第二次世界大战后是团结的和安定的"①，所以在60年代初，作为联邦德国新左派代表的"德国社会主义大学生联盟"便与作为老左派代表的社民党断绝了组织上的联系。此后，新左派在参与院外抗议活动和领导68运动的过程中，逐渐形成了自己的一套"反威权斗争"理论，将矛头直指联邦德国早期具有"保守主义"色彩的国家治理政策和体制。在新左派看来，联邦德国代议民主制中关于政党政治、院外政治的安排，以及60年代时对美国发动越战的支持、老左派在大联合政府中与右派的合作、《紧急状态法》的制订等，都是晚期发达资本主义威权统治的体现。必须通过反体制、反威权、反精英的"革命"行动，从根本上改变国家制度，才能让受到压迫和控制的个人得到解放。新左派的"反威权斗争"理论及其在60年代中期所参与的一系列院外抗议活动，让联邦德国早期具有"保守主义"色彩的国家治理陷入了困境。而68运动及之后爆发的其他新社会运动则是这一困境的产物和不断加深的表现。"新社会运动的高涨源于政治不满的增长和西方民主制度下大众政党的危机。这场运动的参加者在很大程度上是为了寻找对社会施加影响和重塑社会的另外的可能性。"②

另一方面，在进入制度化阶段之前，新社会运动主要由新左派及其分化产生的左翼力量推动，并在目标、组织和行动上都体现出后物质主义反体制的特色。

首先，新社会运动在目标和理念上强调反体制、反精英。在以工业为主导的时代，社会问题主要集中在政治和经济方面，左翼社会运动也主要是以工人阶级争取政治、经济权利的斗争为主。然而，新社会运动的目标及理念，却是以后物质主义的反体制、反精英思想为基础的。

新社会运动反体制、反精英思想的核心就是要废除国家和社会中的精英统治，实现个人的自治自决，重塑国家治理体制。在68运动中，联邦德

---

① Kriesi, H., Koopmans, R., Duyvendak, J. W., & Gingi, M. G., *New Social Movements in Western Europe: A Comparative Analysis*, Minneapolis: University of Minnesota Press, 1995, p. 56.

② Kern, Thomas, *Soziale Bewegungen, Ursachen, Wirkungen, Mechanismen*, Wiesbaden: VS Verlag für Sozialwissenschaften, 2008, S. 56.

国左派大学生既在学校中反对教席专制，要求在高校治理中获取自决权；又在校外反对国家官僚的统治，要求按照直接民主原则实现政治制度的变革。在政治生态运动中，以直接民主为原则的环保公民动议也将发展核能视作国家官僚和技术专家统治的结果。而在新妇女运动中，各派女性主义者则通过各种自治小组和团体，反对女性在家中所受的制度性压迫，要求实现女性自决，并从根本上改变对女性不公的社会秩序。在新社会运动中，新左派及其分化产生的左派力量不仅反对国家和社会在具体领域对个人的控制和压迫，而且还反对资本主义国家的代议民主制，希望通过完善直接民主和公民社会，将个人从官僚和专家的精英统治下解放出来。

反体制、反精英思想体现出浓厚的后物质主义价值观倾向。（1）在新社会运动中，成员的反体制、反精英目标常常涉及全社会乃至全人类的福祉，而并不仅仅是本团体内成员的个人利益。传统社会运动的参与者常常拥有与共同利益一致的自我利益。他们参与某个社会运动的动机主要是利己的。而在新社会运动中，大多数参与者却是基于理念和追求公共利益而采取行动。（2）新社会运动反体制、反精英的目标还是一种基于文化和身份认同而产生的目标。"相对于组织化的政治手段，个人认同在新社会运动中更加优先。"[1] "这些运动明确地提出了自助和民主化的议题，这是现代民主化抗争中最有价值的成分。总的来看，在价值方面新社会运动更关注自治（Autonomy）和身份（Identity）。"[2] （3）新社会运动的反体制、反精英目标，关注之前社会运动较少关注的与个人日常相关领域的议题，注重生活质量和自我实现。[3] 日常生活的政治化是新社会运动的重要追求之一。[4] 68 运动中，左翼大学生将主要斗争矛头

---

① Kern, Thomas, *Soziale Bewegungen，Ursachen，Wirkungen，Mechanismen*, Wiesbaden：VS Verlag für Sozialwissenschaften，2008，S. 55.

② Piehardo, Nelson, "New Soceial Movements, A Critical Review," in *Annual Review of Sciologie*, Vol 23, No. 2, 1997, p. 414.

③ Ottersbach, Markus, *Außerparlamentarische Demokratie：Neue Bürgerbewegungen als Herausforderung an die Zivilgesellschaft*, Frankfurt am M.：Campus Verlag, 2003, S. 98.

④ Kern, Thomas, *Soziale Bewegungen，Ursachen，Wirkungen，Mechanismen*, Wiesbaden：VS Verlag für Sozialwissenschaften，2008，S. 55.

之一指向了与他们日常学习生活密切相关的高校治理结构；在反核能运动和新妇女运动中，环保公民动议和各派女性主义者也分别将矛头指向了与日常生活息息相关的核能风险问题和堕胎问题。① 正如约阿希姆·拉施克所说的，新社会运动的目标是"重组文化生活模式和日常实践"②

其次，新社会运动在组织上强调自治。鲁塞尔·戴尔顿（Russell Dalton）和曼弗雷德·克赫尔（Manfred Keuchler）认为，新社会运动与传统社会运动的区别不仅体现在社会分裂结构和价值结构上，而且也体现在它们所采取的新的动员和组织形式上。③ 托马斯·克恩（Thomas Kern）也认为，新社会运动倾向于地方性的、自治的和非集权化的组织形式。④

包括工人运动在内的传统社会运动多倾向于通过统一的集权化组织结构来凝聚成员和实现目标。在联邦德国早期，发起和推动传统院外抗议活动的工会、社民党等老左派组织都是等级制的官僚机构。马克斯·韦伯（Max Weber）认为，高度理性化的官僚制度是最有效率的。⑤ 阶级理论和资源动员理论都认为这是社会运动最佳的领导和组织形式。但是，新社会运动的组织却往往不是这种韦伯式的官僚机构。在 68 运动中，新左派德国社会主义大学生联盟就是一个分散的、内部缺少统一领导和等级分化的组织。每所高校都有自己独立的社会主义大学生联盟小组，这些小组参与本校学生代表大会和地方社会主义大学生联盟委员会的选举，并主要在本校和本地发挥自己的作用。在政治生态运动和新妇女运动中，发挥了重要领导和推动作用的环保公民动议和女性主义小组也都是内部实行直接民主制度的自治组织。

---

① Johnston, Hank, *New Social Movements*, *From Ideology to Identity*, Philadelphia: Temple University Press, 1994, p. 8.

② Brand, Karl-Werner, "Neue Soziale Bewegungen: 'Europäische' Erklärungskonzepte," in *Forschungsjournal NSB*, Jg. 11, Heft 1, 1998, S. 70.

③ Appliton, Andrew, "The New Social Movement Phenomenon. Placing France in Comparative Perspective," in *West European politics*, Vol. 22, No. 4, October 1999, p. 58.

④ Kern, Thomas, *Soziale Bewegungen*, *Ursachen*, *Wirkungen*, *Mechanismen*, Wiesbaden: VS Verlag für Sozialwissenschaften, 2008, S. 56.

⑤ ［德］马克斯·韦伯：《韦伯文集》（下），韩水法编译，中国广播出版社 2000 年版，第 219 页。

不可否认的是，这些新社会运动组织在某些时候也曾试图提高自身的集权性，以便能够更加有力地在新社会运动中发挥自己的领导作用。但是，对这些自治小组中的大多数成员来说，他们在主观上本身就希望维持组织的自治性。因为这不仅更符合新社会运动反体制、反精英的目标，而且这也有利于其吸收更多的新中间阶层分子参与这场运动。

开放性的特点让这些地方自治小组的成员流动性很大。许多参与者是因为自己关注某个问题而加入某项动议。一旦这个问题在一定程度上得到解决或长期无法解决，小组的成员随时有可能会离开。拉施克指出，新社会运动固然强盛，但其弱点也很明显，那就是缺少"持久的、干涉力和策略性强的主体"。这场运动更倾向于直接民主组织和行动。尽管这一特点可以加强个人对不同政治领域的参与，但它也削弱了新社会运动对政党和国会的影响。①

最后，新社会运动在行动风格上是将体制外的抗议活动与自助活动结合在一起。

体制外的抗议活动是新社会运动的主要斗争形式之一。在这场运动中，新左派及其分化产生的左翼小组不仅使用了签名、请愿、示威、游行等传统的抗议手段，而且还多次采取了静坐、占领等以前出现较少的抗议方式。虽然这些抗议活动一般都是非暴力的，但其中又不乏非法的成分。"新社会运动一方面采用了新的以非暴力和公民不合作为主要特征的动员手段，一方面又常常通过激进的行动挑战统治性的行为规范。"②

新社会运动偏爱抗议，一方面是由于其参与者难以在具有保守主义色彩的国家治理体制内中找到自己的盟友。当局和相关利益集团不仅对新社会运动所要求的改革一再拖延，而且它们还试图倒行逆施地推行一些有悖于后物质主义价值观的政策。这些做法自然会引起新社会运动参与者的强

---

① Raschke, Joachim, "Machtwechsel und soziale Bewegungen," in *Forschungsjournal NSB*, Jg. 11, Heft 1, 1998, S. 31.

② Johnston, Hank, *New Social Movements*, *From Ideology to Identity*, Philadelphia：Temple University Press, 1994, p. 8.

烈不满和抗议。但另一方面，新社会运动倾向于采用抗议的斗争方式，也是因为其反体制的思想所致。二战之后，联邦德国已经形成了较为完备的代议民主制度。许多社会利益集团都可以在这一体制中表达自己的观点并影响国家决策。但是，许多新社会运动却故意置身于现有的国家治理框架之外。新左派及其分化产生的左派力量大都将重塑现有国家治理体制当作自己的根本目标。由于害怕参与政治会让自己妥协，它们倾向于通过抗议来影响政策，而不是参与当局的决策。在新社会运动中，抗议不再只是达到目的的手段，而是成为体现这场运动目标和价值的一种标志。

与此同时，体制外的自治、自助活动也是新社会运动常用的特色斗争方式。新左派及其分化产生的左派力量强调反体制、反精英，而建立有别于现有组织的"对立"机构，并以此来开展自治、自助性的活动，则是其宣传和实践自己目标及理念的重要手段。68 运动中，虽然杜切克等人强调体制内长征，但长征的根本目标却是建立所谓的"对立制度"。当时新左派主要是通过在各大高校中建立"对立大学"，来进行自助性的教学研究活动，以夺取高校治理的控制权，并为自己培养革命斗争的骨干。政治生态运动中，左翼环保公民动议不仅推动成立了许多由"对立专家"组成的"对立研究所"，而且还在反核能斗争期间设置了"维尔森林国民学校"，以"对立性行政管理"这一自助的形式宣传核能科学知识和普及生态主义理念。在新妇女运动中，更是出现了大量专属女性的书店、咖啡馆以及咨询中心、健康中心、避难所等。女性主义者通过这些对立机构开展自助性的帮扶活动，并由此形成了以女性"亚文化"和"对立"为主要特色的"对立"文化。"新社会运动的特点是意识形态上的公开，它们着重宣传反对现状的方案。"①

虽然联邦德国新社会运动是当时西方世界高举后物质主义反体制、反精英大旗的新社会运动的重要组成部分，但它却也被深深地打上了德国历

---

① Klein, Ansgar, "Neue soziale Bewegungen und Zivilgesellschaft," in Klein, Ansgar, *Der Diskurs der Zivilgesellschaft politische Kontexte und demokratietheoretische Bezüge der neueren Begriffsverwendung*, Wiesbaden：VS Verlag für Sozialwissenschaften, 2001, S. 136.

史传统的烙印。例如，这场运动的发生，与保守的当权者出于纳粹上台的教训而对民众干政处处加以限制有关。而新社会运动的参与者，则将联邦德国早期这种具有保守主义色彩的国家治理斥之为纳粹主义的残留。此外，德国浓厚的社会主义、合作主义传统也都在这场运动中有所体现。

必须指出的是，联邦德国新社会运动与传统左翼社会运动的区别并不是绝对的，二者之间其实也存在一定的传承延续关系。如 20 世纪 60 年代左翼院外抗议运动中的反《紧急状态法》斗争、复活节游行运动和青年—学生运动就对 68 运动产生了重要的影响。反核能运动和新妇女运动也分别是在传统环境运动和传统妇女解放运动的基础上发展起来的。汉克·约翰斯顿等人认为，新社会运动并不是完全与之前左派所发动的社会运动不同，尽管每个运动都有所变化，但它并没有丧失同过去社会运动的关联性。[①]

二　新社会运动推动下的国家治理变革

新社会运动冲击了联邦德国早期国家治理中带有"保守主义"色彩的体制和政策，并由此对全社会的民主化做出了"重要的贡献"。这场运动"不仅推动了现有机构的民主化（如高校）"，"而且通过可选择的、即对立性的公共舆论实现了媒体的多元化"。民主得益于新社会运动，它们使得联邦德国的民主更加稳定。这场运动让大量民众团体获得了参政的机会。[②] 新左派在 68 运动中提出了"反威权斗争"理论以及与之密切相关的直接民主思想。而提倡直接民主的反体制、反精英思想则为后面的新社会运动所继承。"68 运动首先提出参与的话题，即在所有领域，尤其是与可选择的生活实践密切相关的领域实现民主化，在其后的新社会运动的动员和行动中又继续实践。""对反威权精神的重视首先在新社

---

① Johnston, Hank, *New Social Movements*, *From Ideology to Identity*, Philadelphia: Temple University Press, 1994, p. 9.

② Ottersbach, Markus, *Außerparlamentarische Demokratie: Neue Bürgerbewegungen als Herausforderung an die Zivilgesellschaft*, Frankfurt am M.: Campus Verlag, 2003, S. 102.

会运动内部保留了对国家制度的反对。但是，新运动主体追随着院外抗议活动的足迹，反体制主义成为其目标的组成部分。""新社会运动将自决、真正的交往以及扩展民主权利等放在了核心地位。"①

1. 新社会运动推动下国家治理政策的变革

新社会运动在一定程度上冲击和改变了联邦德国早期国家治理政策中的"保守主义"倾向。

一方面，新社会运动加速了某些议题的政治化进程，增加了国家治理主体对这些问题的关注。贝克和哈贝马斯都认为，抗议运动在现代化的问题化方面扮演了中心角色。②"新社会运动的社会理论产生了诸多不同影响，但社会科学观察家一致认定其对政治议题变化的影响是巨大的。""新社会运动的主要目标是重新定位和重组社会文化圈。"③

美国宾夕法尼亚州立大学政治科学系主任弗兰克·鲍姆加特内（Frank Baumgartner）认为，政府等国家机关活动的新方案很多都是社会运动及其议程设置的产物。④ 汉斯皮特·克里西（Hanspeter Kriesi）也明确指出，政治议程的变化是新社会运动的重要结果之一。⑤ 联邦德国的政策议程自 20 世纪 60 年代末期以来变化非常明显，而这些变化在很大程度上都是由新社会运动的压力造成的。

产生于工业时代的传统政党主要关注政治、军事、外交、经济、社会保障问题。而产生于后工业转型时期的新社会运动则主要关注与后物质主

① Klein, Ansgar, "Neue soziale Bewegungen und Zivilgesellschaft," in Klein, Ansgar, *Der Diskurs der Zivilgesellschaft politische Kontexte und demokratietheoretische Bezüge der neueren Begriffsverwendung*, Wiesbaden: VS Verlag für Sozialwissenschaften, 2001, S. 138, 139.

② Kern, Thomas, *Soziale Bewegungen, Ursachen, Wirkungen, Mechanismen*, Wiesbaden: VS Verlag für Sozialwissenschaften, 2008, S. 51.

③ Klein, Ansgar, "Neue soziale Bewegungen und Zivilgesellschaft," in Klein, Ansgar, *Der Diskurs der Zivilgesellschaft politische Kontexte und demokratietheoretische Bezüge der neueren Begriffsverwendung*, Wiesbaden: VS Verlag für Sozialwissenschaften, 2001, S. 139.

④ Klandermans, Bert (ed.), *Social Movements, Protest, and Contention*, Minneapolis: University of Minnesota Press, 2005, p. 67.

⑤ Kriesi, H., Koopmans, R., Duyvendak, J. W., & Gingi, M. G., *New Social Movements in Western Europe: A Comparative Analysis*, Minneapolis: University of Minnesota Press, 1995, p. 212.

义相关议题，尤其是生活质量问题。新左派及其分化产生的左派力量提出了不同于传统左翼社会运动的诉求。这些诉求很多都引起了当局的关注并使其加速探讨和处理与之相关的问题。68 运动让西德各州当局意识到大学生参与决策是高校改革中必须要重视的一个问题；反核能运动迫使当局将减缓核能发展的计划提上了日程；新妇女运动则将废除《刑法》第 218 条堕胎禁令的问题引入政治讨论当中。在新社会运动的推动下，新的议题不断被列入联邦德国的政治议程，这不仅扩展了国家治理政策的适用范围，而且也使得国家用于治理的具体措施变得日益多元。

另一方面，新社会运动的某些诉求得到了国家治理主体的同情和支持，并由此被吸收到相关政策或立法当中。

联邦德国新社会运动对社会组织的政策和公共舆论产生了冲击。新左派及其分化而来的左翼力量，不仅致力于影响社会组织的政策和理念，而且还试图让自己的价值和目标获得公共舆论的支持。很多时候，新社会运动都能够唤起社会组织和一般民众的公共责任感，甚至改变它们的观点、政策和行为方式。在 68 运动中，左翼大学生争取高校共决权的要求，不仅得到了教育领域相关利益集团的同情，而且还直接被吸纳入部分基层研究所的章程当中。在反核能运动中，许多体制内的自然保护组织和媒体都赞同环保公民动议废止核能的计划；在新妇女运动中，女性主义者的反 218 条斗争，也在一定程度上改变了教会顽固坚持堕胎禁令的态度，并赢得了《明镜周刊》等左翼主流媒体的支持。

在冲击社会组织的政策和公共舆论的同时，新社会运动还对政党和国家政策产生了影响。在新社会运动的压力下，传统政党，尤其是社民党也在加速调整自己的政策。克里西认为，"挑战者得到政治权力当局实质性的让步"，是新社会运动"实质性"影响的主要表现之一。[1] 在 68 运动期间，西柏林社民党为了平息自由大学学生对高校治理结构的不满，加速制定了允许学生参与学校决策的新《高校法》。施密特执政初期，社

---

① Kriesi, H. , Koopmans, R. , Duyvendak, J. W. , & Gingi, M. G. , *New Social Movements in Western Europe: A Comparative Analysis*, Minneapolis: University of Minnesota Press, 1995, p. 210.

民党一度奉行核能扩张政策。但到了 20 世纪 70 年代末，该党就开始在反核能运动的压力下逐步缩减了核电站的建设计划。1982 年重新成为在野党之后，社民党最终选择加入了反对核能的阵营。在反核能运动及社民党、绿党的压力下，新上台的联盟党也一直无法进一步推进自己的核能发展计划。在新妇女运动中，女性主义小组和 218 行动小组的支持，也是社民党和自民党提出按"期限规定"原则打破堕胎禁令的动力之一。此外，成功进入议会的绿党也为新社会运动影响国家治理政策提供了新的途径。

2. 新社会运动推动下国家治理体制的变革

在新社会运动的推动下，联邦德国早期带有"保守主义"特色的国家治理体制也发生了改变。

首先，通过催生绿党，新社会运动冲击了联邦德国原有的政党格局和结构，并由此为公民个人参政和基层直接民主打入代议民主制度创造出一块坚实的阵地。

联邦德国建立以来，联盟党和社民党一直是联邦议院选举中获得选票最多的两大政党。在多数情况下，两党会与较小的自民党联合组阁，交替执政。然而，新社会运动中所产生的绿党却打破了这一局面。20 世纪 70 年代末，为了扩大新社会运动在政治层面的影响，并且通过合法化的途径来贯彻自己的反精英、反等级分化思想，新社会运动的成员开始考虑成立一个政党的必要性。自 1977 年，地方性绿党陆续建立，并开始在乡镇和州议会选举中崭露头角。1979 年，全国性的生态主义政党——"替代性政治联盟——绿党"（Die Sontige Politische Vereinigung［SPV］-Die Grünen）正式成立。1979 年和 1980 年，绿党在不莱梅州和巴登—符腾堡州选举中获得超过 5% 的选票，进入州议会。随后，该党陆续进入西柏林、汉堡、下萨克森和黑森州的议会，并于 1983 年以 5.6% 的得票率一举进入联邦议院。[1] 1985 年，绿党在

---

① Eley，Geoff，*Forging Democracy：The History of the Left in Europe，1850 - 2000*，Oxford；New York：Oxford University Press，2002. p. 421.

黑森州成为执政党。1998年，绿党又在联邦政府中与社民党结为执政
伙伴。绿党的崛起，改变了联邦德国长期以来的政党格局，并在一定
程度上对该国政治权力结构产生了冲击。在共产党被取缔后，联邦德
国政坛一直被联盟党、社民党和自民党所把持。而这些传统政党的执
政理念在很长一段时间里都不符合新中间阶层的后物质主义价值观。
当绿党建立后，许多年轻的新中间阶层成员将自己的选票投给了这个
新成立的政党，并借此在政治上获得更大的发言权。

　　绿党不仅影响了联邦德国的政党格局，而且还通过自身的非集权化
结构，让更多成员得以参与国家治理。联邦德国的传统政党都是等级官
僚机构。罗伯特·米歇尔斯（Robert Michels）在其著名的"寡头统治铁
律"中，认为政党和其他组织都会走向寡头统治。但吸收了环保公民动
议成员和女性主义者的绿党却有意识地在内部保持着非集权化的自治
结构。

　　一是强调基层组织对全国组织的制约。在绿党内，基层掌握实权，
地方和州级党组织在纲领制定、财政和人事方面享有自主权。① 作为该
党最高领导机构的全国代表大会是由基层组织直接选举产生的。除全国
代表大会外，绿党的全国指导委员会也是由各州党代会选举产生，其主
要任务是上传下达和代表基层对上进行监督。基层在讨论通过各项决议
时，也要最大限度地体现直接民主原则。

　　二是实行分权制度。绿党有意识地避免形成领袖权威。它奉行集体
领导原则，其内部联邦和州一级执委会、议会党团都只设两个无主次之
分的发言人，不设主席。② 同时，绿党还规定每个本党议席要由两名党
员轮流担任，州级以上议席实行中期轮换制度。而且成员不得同时兼任
党的职务和议员职务。

　　三是限定男女比例。在新妇女运动的影响下建立的绿党规定，党的
各级指导委员会、发言人和各级议员候选人名单中，女性原则上至少须

---

① 刘东国：《绿党政治》，上海社会科学院出版社2002年版，第286—288页。
② 刘东国：《绿党政治》，上海社会科学院出版社2002年版，第288页。

占一半。而在讨论和制定有关妇女的政策时，应尽可能地让女性参加，甚至可由妇女单独作出决议。在 1984 年 4 月时，绿党在联邦议院的发言人和书记全部由女性担任。

此外，新社会运动的成员还通过加入其他政党，推动了基层民主在这些传统政党中的发展。比如，社民党就吸收了一些女性主义者加入了自己的组织。在新社会运动的推动下，联邦德国政党，尤其是社民党内部的基层民主制度也逐渐形成：第一，增加政党的包容性与开放性，容许非党人士参与党内政治生活；第二，让一般党员可以参与党的重大决策；第三，扩大基层党组织的作用等。

其次，新社会运动让新左派及其分化产生的自治性左翼小组和团体成为联邦德国国家治理的重要参与者，并由此对该国原有的利益集团的格局和结构产生了重要的影响。

在新社会运动中，新左派及其分化产生的左翼小组和团体大都是自治的。如 68 运动期间，发挥了重要领导和推动作用的德国社会主义大学生联盟及其他左翼大学生政治团体都未能发展成集权化的官僚组织。这些组织主要依靠其在各高校和各地的小组展开活动，它们既没有全国统一的领导核心，也不具备森严的等级结构。在政治生态运动和新妇女运动中，环保公民动议、女性主义小组及其筹建的妇女中心、妇女之家等"工程"，都是缺少正式组织形式、领导权威和内部实行直接民主的自治组织。正是这些自治性左翼小组，在各自关注的领域一面以抗议的形式向当局和其他社会力量施压来谋求立法及政策的改变，一面又采取各种自主、自助行动和措施，积极推动国家治理的发展和完善。

当新社会运动逐步开始制度化之后，绝大部分自治性左翼小组在继续保持着自己独立性的同时，又加速向体制内靠拢，从而开启了自己的利益集团化之路。80 年代早期之后，环保公民动议和各地的女性主义小组及工程都出现了这种发展趋势。制度化"让所有运动的参与者可以通过已有的、习惯的手段来表达自己的诉求"。它结束了政治运动的暴力行为及其所带来的不确定性和不稳定性。①

新社会运动组织的制度化，从客观上说是当局"威逼利诱"的结果。政府对持异议者采取分化政策，在包容和吸收某些社会运动的同时，对其他社会运动则采取镇压或无视的态度。同时，国家，尤其是警察也鼓励社会运动的制度化，因为这样它们就可以不用通过镇压来控制这些运动。在主观上，面对当局的"威逼利诱"，大多数参与者会放弃那些危险的手段和策略，从而避开当局的弹压，并采取其他更为温和及有效的手段。

随着新社会运动组织与传统社会组织的差别日益缩小，联邦德国原有的利益集团格局和结构也受到了冲击。当社会运动组织从合法的渠道进入院外政治时，它就会成为利益团体。逐步利益集团化之后的环保公民动议联盟成为联邦德国最大的生态主义环保组织之一。许多自治的女性主义小组和工程也开始接受公共预算的资助，从而变成了长期存在的女性主义社会团体。这些来自新社会运动的左翼组织，成功地将基层直接民主带入联邦德国的利益集团和院外政治当中。

最后，通过建立和完善合作治理机制，加强了普通公民对国家治理的参与。新社会运动对国家治理体制最大的影响，就是进一步促进了普通公民对国家治理的参与。1970 年卡罗尔·佩特曼在《参与和民主理论》一书中将公民广泛参与公共事务决策的直接民主与全国范围内的代议民主制度结合在一起，以修正后者在实践中的精英主义和寡头主义倾向。② 受德国悠久的合作主义传统影响，哈贝马斯在《公共领域的结构转型》一书中提出，公共政策的制定必须经过公民在公共领域的讨论和协商，这将弥补代议民主制的不足。新社会运动是推动联邦德国公民参与机制发展的主要动力之一。③ 这场运动本身就是公民参与国家治理的

---

① Tarrow, Sidney, *The Social Movement Society*: *Contentious Politics for a New Century*, Lanham: Rowman & Lit lefield Publishers, INC. , 1998, p. 57.

② ［美］卡罗尔·佩特曼：《参与和民主理论》，陈尧译，上海人民出版社 2006 年版，第 1—35 页。

③ Klein, Ansgar, "Neue soziale Bewegungen und Zivilgesellschaft," in Klein, Ansgar, *Der Diskurs der Zivilgesellschaft politische Kontexte und demokratietheoretische Bezüge der neueren Begriffsverwendung*, Wiesbaden: VS Verlag für Sozialwissenschaften, 2001, S. 144 – 161.

一种形式。当新社会运动走向制度化之后,新左派分化出来的左翼力量有一部分进入了体制内部。他们和继续保持自治的公民动议、小组一起推动了联邦德国普通公民对政治的参与。

新社会运动推动公民参与国家治理的主要方式之一就是建立和完善多方合作机制。新社会运动期间,新左派及其分化而来的左翼力量成为一种特殊形式的利益代表。随着这些抗议团体逐渐被体制所接纳,一些新的公民参与国家治理的协商合作机制也得以形成;在 68 运动中,左翼大学生政治团体直接推动了高校内学生、教授、助教群体合作机制的建立。在反核能运动中,环保公民动议联盟也参加了国家主持的"核能公民对话"机制;在新妇女运动进入制度化阶段后,不仅自治性女性主义小组、工程与国家展开了合作,而且许多女性主义者都成为新设立的"妇女及平等专员",继续在体制内充当自治小组、工程与国家之间的桥梁。

联邦德国成立后不久,以男性为主的技术专家、官僚政客和其他新、老式精英就掌握了国家治理的大部分权力。受此影响,早期的联邦德国不仅在国家治理政策中压制左派、限制女性并对环保问题的解决出尔反尔,而且还一边维护固化的议会政治结构和封闭的院外协商机制,一边将民众的直接参与排除在民主体制之外。正是这些精英的统治,让联邦德国早期国家治理呈现出一定的"保守主义"色彩。直到 20 世纪 60 年代末期,这种明显具有保守性的国家治理才在新社会运动的冲击和推动下发生了改变。在这一过程中,不仅国家治理的政策因重视和吸收了部分新社会运动的诉求而变得更加符合后物质主义、生态主义和女性主义的价值理念,而且国家治理的结构也从原先具有一定"保守主义"倾向的代议民主制,转变为以公民参政和直接民主为特色的"协商民主制"(Deliberative Democracy)。

但与此同时,也不可高估联邦德国新社会运动对国家治理变革的影响。

在大多数情况下,社会运动不太可能对国家政策产生非常大的影响。

通过社会运动所提出的具体诉求很难被政府当局采纳并制定为法律。68运动中新左派提出的学生、教授、助教三方对等共决方案、反核能运动中左翼环保公民动议提出的彻底废止核能应用的建议和新妇女运动中女性主义者彻底废除堕胎禁令的要求都没有被掌权者完全接受。新社会运动对国家治理影响有限的原因主要有客观和主观两个方面。

从客观上说，这主要是由于新社会运动的目标和行动过于激进，难以为当局和其他社会力量所接受。在新社会运动中，新左派及其分化产生的左翼力量很多时候都希望通过改变某一具体领域的治理政策及体制，来实现整个国家治理体制的根本性变革。为了实现这一目标，这些左翼小组和团体不仅采取了静坐、占领、帮助妇女打胎等非法斗争手段，甚至还在与当局对峙的过程中使用了暴力。新社会运动如此激进的目标和斗争形式自然引起了当局和其他保守社会力量的不满和反对。

从主观上说，这主要是因为新社会运动目标上的分歧和组织上的虚弱。由于新左派及其分化产生的左派力量内部就在指导思想上存在分歧，加之新社会运动的成员还有其他来源，所以这场运动的参与者对于"反体制"这一目标的认识并不一致。在68运动中，不仅德国社会主义大学生联盟内有人认为应该加强组织的领导核心，其他左翼大学生政治团体也不认同新左派"反威权斗争"的"革命"理念。在反核能运动中，环保公民动议也分为稳健派和激进派。稳健派反体制的目标其实是用生态主义从根本上改造社会，而不是像激进派那样要求推翻整个国家的政治制度。在新妇女运动中，社会主义女性主义者反体制的目标是推翻资本主义制度，而激进女性主义者则是为了颠覆男权社会。

除了目标上的分歧外，组织上的自治也削弱了新社会运动影响国家治理的能力。组织化程度的高低是决定社会运动能否对国家治理产生明显影响的关键因素。社会运动的参与者越多，组织化程度越高，资金越雄厚，就越有可能获得胜利。查尔斯·蒂利也认为社会运动的影响取决于其挑战当局的能力，而这种能力又受制于这一运动的价值（Worthiness）、团结（Unity）、数量（Numbers）以及义务（Commitment）

等四个因素。① 而在自治理念的影响下，联邦德国新社会运动的组织既没有统一的领导核心和严密的组织结构，也没有固定的成员和章程。因此，它们很难让当局完全接受自己的目标。

三　后工业转型时期联邦德国国家治理变革的评价与启示

1. 评价

一方面，新社会运动推动下的国家治理，在一定程度上解决了后工业转型进程中所出现的较为突出的问题，促进了联邦德国社会转型的顺利进行：

首先，从 20 世纪 60 年代末到 70 年代国家所开展的高校治理改革，不仅有助于平息年轻一代因价值观变迁而对学校和社会产生的不满，而且还在很大程度上实现了高校内部的民主化并提高了联邦德国高等教育的效率。

其次，20 世纪七八十年代国家对妇女权益保护问题的治理，不仅使妇女在家庭中享有了更多的财产及人身权利，还通过缩小女性与男性之间的收入差距、捍卫妇女在生育休假方面的权利等，提高了妇女在家庭以外的经济和社会地位，并在一定程度上促进了社会公正。

再次，联邦德国不仅建立起了较为完备的全国性环境监测体系和工程环评制度，还使新中间阶层的生态主义理念深入人心，大大提高了民众的环保意识。排放物监测和公民满意度调查显示，自 70 年代起，联邦德国对环境问题的国家治理绩效就一直在西方国家中名列前茅。

此外，为应对新社会运动的挑战，联邦德国还形成了一种以公民直接参与为特点的新的国家治理体制，从而为联邦德国进一步解决后工业社会的问题创造了条件。作为协商民主理论的先驱，哈贝马斯在自己 1962 年出版的《公共领域的结构转型》一书中，明确指出了代议民主制的弊端，并主张通过在公共领域的对话与协商，让公民直接参与

---

① Tilly, Charles, "Social Movements as Historically Specific Clusters of Political Performances," in *Berkeley Journal of Sociology*, 0, 1993, Vol. 38, pp. 1 – 30.

政治决策。① 深受哈贝马斯理论影响的新社会运动则将其理论应用于实践，推动了协商民主制在联邦德国国家治理体制中的形成。

另一方面，新社会运动推动下的国家治理，也并未完全满足新中间阶层的诉求。许多七八十年代较为突出的问题，尤其是妇女在生育、就业等方面受歧视的问题和环境问题等在两德统一后仍然存在。而且新社会运动推动下的国家治理变革还引起了联邦德国利益受损群体的不满和反抗。反女性主义者就认为，国家对妇女的特殊保护政策并未充分考虑男性在家庭及社会中所承担的义务。他们认为男女平等应是机遇平等，而非绝对平等。同样，国家应反核能运动的诉求而大规模放弃核电的政策，也遭到了核电企业及许多政治家、科学家的批评。他们反对过分夸大核能风险，认为在未找到合适替代能源的前提下，放弃核电会威胁到国家能源安全。面对不同社会诉求之间的矛盾，联邦德国只有进一步实现国家治理的均衡化，才能更好地促进后工业社会的平稳发展。

此外，协商民主制的形成，也难以解决联邦德国民主制度中固有的两大顽疾：一是精英化倾向。历史经验和西方精英主义理论表明，无论西方采用何种制度对代议民主制进行修正，都难以避免国家权力流入少数精英甚至是寡头领袖的手中；二是效率低下问题。公民参与固然可以提高决策的科学性和政策实践的有效性，但烦琐冗长的决策程序又可能会降低国家治理的效率。因此，如何进一步调整国家治理政策和体制，使其进一步符合后工业时代的需求，仍是摆在联邦德国面前的一道难题。

2. 启示

世界各国的历史发展总有一些相似之处。联邦德国等西方国家在20世纪60到80年代期间所经历的后工业转型，正发生在当下的中国。因此，研究联邦德国新社会运动及其与国家治理的互动，对于我们处理这一转型进程中所出现的许多新问题可提供一些值得借鉴的经验和教训。

首先，应重视后工业转型过程中年轻一代价值观的变化。新社会运

---

① Habermas, Jürgen, *Strukturwandel der Öffentlichkeit. Untersuchungen zu einer Kategorie der bürgerlichen Gesellschaft*, 4. Aufl, Neuwied；Berlin：Luchterhand, 1969, S. 1 – 38.

动在很大程度上是由价值观的变迁而引起的。按照马克思主义的解释，新的社会转型必然会引起新的价值观变迁。在后工业转型进程中，随着经济、社会结构的变化，主要由年轻一代组成的新兴中间阶层开始更多地崇奉所谓的"后物质主义"价值观。这种价值观最大的特点就是不再以收入等物质条件的改善作为评判人生的唯一标准，而是更加注重健康、环保、公正等与生活质量和实现自我相关的问题。如果掌握国家和社会关键岗位和主要资源的年长者不能及时对这些后物质主义的，尤其是年轻人的诉求给予关注和应对，就很容易引发新的社会矛盾和冲突。

其次，坚持法治原则，拒绝违法暴力。在后物质主义诉求无法及时得到满足的情况下，年轻人容易产生过激的思想和行为。但是，这种过激思想和行为不仅不可能从根本上推动国家治理政策和体制的变革，甚至还会造成国家治理的混乱和退步。因此，面对社会中少数极端分子的过激要求和违法暴力行为，当局和相关社会主体一定要坚守法治原则，采取多种手段对这些思想和行为进行疏导和教育。只有在维持经济增长和社会稳定的前提下，才能逐步解决后工业转型过程中所出现各种问题，才能从根本上满足年轻一代的后物质主义诉求。

最后，创新国家领导下的合作治理机制。在坚持法治原则的前提下，还应创新国家与社会的合作治理机制。当年轻一代提出后物质主义诉求乃至为此而进行抗争时，一味地压制显然是不可能从根本上解决问题的。国家应该通过召开听证会、建立多方联合工作组等形式，让更多普通人参与社区和地方治理当中。当矛盾和冲突产生后，当局应积极引导相关利益各方依法协商，以找到合理地解决问题的方法。

附　　录

一　人名和名词术语译名对照表

《艾玛》（*Emma*）

《彻底沉沦》（*Ganz unten*）

《放低尖叫声否则邻居会听见》（*Scream Quietly or the Neighbours Will Hear*）

《飞机噪音法》（*Fluglärmgesetz*）

《高等教育方向指导法》（*The Orientation of Higher Education Act*）

《高校的民主化》（*Demokratisierung der Hochschule*）

《行政程序法》（*Verwaltungsverfahrungsgesetz*）

《集会法》（*Versammelungsgesetz*）

《寂静的春天》（*Silent Spring*）

《垃圾处理法》（*Abfallbeseitigungsgesetz*）

《联邦大气污染防治法》（*Bundes-Immissionsschutzgesetz*）

《论第三世界的革命解放运动与大都市中的抗议运动之间的关系》（*Zusammenhang zwischen revolutionären Befreiungsbewegungen in den Ländern der Dritten Welt und den Protestbewegungen in den Metropolen*）

《明镜周刊》事件（*Spiegel-Affäre*）

《能源安全法》（*Energiesicherungsgesetz*）

《批判大学临时教学活动目录》（*Provisorisches Veranstaltungsverzeichnis der Kritischen Universität*）

《时刻表》（*Kursbuch*）

《世界报》（*Die Welt*）

《西德汇报》（*Westdeutsche Allgemeines*）

《星报》（*Stern*）

《原子国家》（*Der Atomstaat*）

218 行动（Aktion 218）

68 一代（68er）

68 运动（68er-Bewegung/Studentenbewegung，又称大学生运动）

70 妇女行动（Frauenaktion 70）

K 小组（K-Gruppen）

阿多诺，西奥多（Theodor Adorno）

阿尔贝斯，迪特勒夫（Detlef Albers）

阿尔滕堡，科尔内莉亚（Cornelia Altenburg）

阿梅里，简（Jean Amery）

埃德尔，克劳斯（Klaus Eder）

艾哈德，路德维希（Ludwig Erhard）

艾特齐奥尼，阿米泰（Amitai Etzioni）

奥博豪森（Oberhausen）

奥内佐格，本诺（Benno Ohnesorg）

奥托—祖尔政治学研究所（Otto-Suhr-Institut，简称政治学研究所）

巴登能源康采恩集团（Energiekonzern Badenwerk）

巴列维，穆罕默德（Mohammad Pahlavi）

鲍姆加特内，弗兰克（Frank Baumgartner）

鲍斯，格哈德（Gerhard Bauß）

北莱茵—威斯特伐伦州（Nordrhein-Westfalen，简称北威州）

贝尔，丹尼尔（Daniel Bell）

贝克，乌尔里西（Ulrich Beck）

比泽，艾琳（Erin Pizzey）

伯勒，卡琳（Karin Böller）

博恩席尔，福尔克尔（Volker Bornschier）

布兰德，卡尔－维尔纳（Karl-Werner Brand）

布罗克多尔夫（Brokdorf）

布洛赫，恩斯特（Ernst Bloch）

参与革命（Participatory Revolution）

传统断裂（Traditionsbruch）

达布罗夫斯基，哈特穆特（Hartmut Dabrowski）

达伦多夫，拉尔夫（Ralf Dahrendorf）

大会（Plenums）

大学校长协会（Rektorenkonferenzen）

大学学生会（Allgemeine Studierendenausschuss/Allgemeine Studentenausschuss）

大众消费（Mass Consumption）

代表绝对主义（represantativer Absolutismus）

代际冲突（Generationskonflikt）

戴尔顿，鲁塞尔（Russell Dalton）

德国大学生联合会（Verband Deutscher Studentenschaften，简称 VDS）

德国妇女界（Deutscher Frauenring）

德国妇女理事会（Deutscher Frauenrat）

德国工商业大会（Deutscher Industrie-und Handelskammertag，简称 DIHT）

德国工业联合会（Bundesverband der Deutschen Industrie，简称 BDI）

德国公法广播联盟（Arbeitsgemeinschaft der öffentlich-rechtlichen Rundfunkanstalten der Bundesrepublik Deutschland）

德国环境与自然保护联盟（Bund für Umwelt und Naturschutz Deutschland）

德国家园保护联盟（Deutscher Bund Heimatschutz）

德国社会主义大学生联盟（Sozialistischer Deutscher Studentenbund，简称 SDS）

德国新教（路德教）教会（Evangelische Kirche in Deutschland，简称 EKD）

德国自由大学生联盟（Liberaler Studentenbund Deutschlands，简称 LSD）

德美学会（Deutsch-Amerikanischen Institute）

德意志工会联合会（Deutscher Gewerkschaftsbund）

德意志建筑师联盟（Bund Deutscher Architekten）

帝国人民财产与家园联盟（Reichsbund für Volkstum und Heimat）

第二次环境运动（zweite Umweltbewegung）

杜切克，鲁迪（Rudi Dutchke）

对立大学（Gegenuniversität）

对立性行政管理（Gegenverwaltung）

对立专家（Gegenexperten）

恩岑斯贝格，汉斯（Hans Enzensberger）

恩格尔弗里德，康斯坦瑟（Constance Engelfried）

恩格斯，延斯（Jens Engels）

反 218 条斗争（Protest gegen §218）

反 218 条论坛（Tribunal gegen §218）

反核能运动（Anti-Atomkraftbewegung）

反施普林格出版集团斗争（Anti-Springer-Kampagne）

反威权斗争（Die antiautoritäre Revolte）

非暴力行动小组（Gewaltfreien Aktionsgruppen）

非教条派（Undogmatische）

费尔斯通，舒拉米斯（Shulamith Fireston）

风险社会（Risikogesellschaft）

弗拉姆，海伦娜（Helena Flam）

弗雷，米拉（Myra Ferree）

弗里德里希斯，汉斯（Hans Friderichs）

妇女工程（Frauenprojekt）

妇女及平等专员（Frauen-und Gleichstellungsbeauftragten，简称 FGb）

妇女解放行动委员会（Aktionsrat zur Befreiung der Frau）

妇女小组（Frauengruppen）

妇女之家（Frauenhaus）

妇女中心（Frauenzentrum）

富尔曼，弗兰克（Frank Fuhrmann）

富裕社会（Wohlstandsgesellschaft）

盖尔森基兴（Gelsenkirchen）

戈尔莱本（Gorleben）

戈林，赫尔曼（Hermann Goering）

格拉赫，伊雷妮（Irene Gerlach）

格瓦拉，切（Che Guevara）

各州文教部长常设会议（Konferenz der Kultusminister der Länder in der
　　Bundesrepublik Deutschland）

根舍尔，汉斯－迪特里希（Hans-Dietrich Genscher）

公民不服从斗争（Aktionen zivilen Ungehorsam）

共产主义联盟（Kommunistischen Bund，简称 KB）

古根贝格，伯恩德（Bernd Guggenberg）

光环散去的困惑（heillose Konfusion）

国家分裂结构（National Cleavage Structures）

国家控制（Regieren）

国家制度结构（Institutional Structure）

哈贝马斯，于尔根（Jürgen Habermas）

哈弗－赫尔茨，罗斯玛丽（Rosemaire Have-Herz）

汉诺威环保公民动议（Bürgerinitiative Umweltschutz e. V. Hannover）

克里西，汉斯皮特（Hanspeter Kriesi）

核能公民对话（Bürgerdialog Kernenergie）

红色安娜（Die rote Anna）

后（post-）

后工业社会（Post-indinstrial Society）

后工业压迫（Postindustrial Oppression）

后物质主义（Post Matierialism）

后现代社会（Postmodern Society）

后资本主义社会（Post-Capitalist Society）

怀疑的一代（The Sceptical Generation）

环保公民动议（Bürgerinitiative Umweltschutz）

环保行动（Aktion Umweltschutze. V. ）

环境保护工作组（Arbeitskreis für Umweltschutz）

环境科学研究所（Umweltwissenschaftliche Institut）

环境问题常设委员会（Rat von Sachverständigen für Umweltfragen）

环境政策（Umweltpolitik）

基层小组（Basisgruppe）

基督教民主大学生联盟（Ring Christlich-Demokratischer Studenten，简称
　　RCDS）

基督教社会联盟（Christlich-Soziale Union，简称 CSU）

基督教—资产阶级（Christlich-bürgerlich）

基民盟国家（CDU-Staat）

基舍尔特，赫伯特（Herbert Kitschelt）

基辛格，库尔特（Kurt Kiesinger）

激进女性主义（Radical Feminism）

家庭计划中心（Familienplanungszentrum）

家庭理想（Familieideal）

家庭社会工作（Familienarbeit）

价值（Worthiness）

交往组织（Verkehrsorganisation）

教授大学（Ordinarienuniversität）

（教席）教授（Ordinaius）

教育灾难（Bildungskatastrophe）

绝对民主化（absolute Demokratisierung）

卡斯特罗，菲德尔（Fidel Castro）

凯尔森，汉斯（Hans Kelsen）

抗议对女性施暴（Gegen Gewalt gegen Frauen）

科恩－本迪特，D.（D. Cohn-Bendit）

科特格罗夫，斯特凡（Stephen Cotgrove）

科学委员会（Wissenschaftsrat）

科学政策制定者（Wissenschaftpolitiker）

科学职员（wissenschaftlich Angestellten）

克恩，托马斯（Thomas Kern）

克格尔，施图尔姆（Sturm Kegel）

克赫尔，曼弗雷德（Manfred Keuchler）

克拉尔，汉斯－于尔根（Hans-Jürgen Krahl）

克拉格斯，赫尔穆特（Helmut Klages）

克里蓬道夫，艾克哈德（Ekkehard Krippendorf）

库拉斯，卡尔（Karl Kurras）

拉贝尔，贝恩德（Bernd Rabehl）

拉施克，约阿希姆（Joachim Raschke，又译雅克西姆·纳德考）

莱茵河堤岸保护联盟（Der Verein zum Schutze des Rheinufers）

赖泽尔，路德维希（Ludwig Raiser）

联邦环境署（Umweltbundesamt）

联邦政治教育中心（Bundeszentrale für politische Bildung）

联邦助教协会（Bundesassistentenkonferenz）

林泽，乌尔里希（Ulrich Linse），

鲁道夫，克拉丽萨（Clarissa Rudolph）

鲁多夫，恩斯特（Ernst Rudorff）

鲁尔煤矿区居民联合会（Siedlungsverband Ruhrkohlenbezirk，简称 SVR）

鲁赫特，迪特尔（Dieter Rucht）

吕布克，卡尔（Karl Lübke）

吕格尔，西格丽德（Sigrid Rüger）

吕克，保罗（Paul Lücke）

伦茨，伊尔莎（Ilse Lenz）

罗斯托克，安妮（Anne Rohstock）

罗特，罗兰（Roland Roth）

马尔库塞，赫伯特（Herbert Marcuse）

马克西近郊行动组织（Aktion Maxvorstadt）

马勒，霍斯特（Horst Mahler）

迈尔－塔施，P.（P. Mayer-Tasch）

迈因斯，霍格尔（Holger Meins）

蒙德，西尔克（Silke Mende）

米尔斯，怀特（Wright Mills）

米利特，凯特（Kate Millett）

米切尔，朱丽叶（Juliet Mitchell）

米歇尔斯，罗伯特（Robert Michels）

默勒斯，克里斯托夫（Christoph Möllers）

慕尼黑社会主义妇女解放工作组—218 行动（Sozialistische Arbeitsgruppe
　　zur Befreiung der Frau – Aktion 218 – München）

慕尼黑社会主义妇女组织（Sozialistischen Frauenorganisation München，简
　　称 SFOM）

奈德哈特，弗里德黑尔姆（Friedhelm Neidhardt）

男权国家（Herren Staatshütter）

内部改革（innerer Reformen）

内费尔曼，克努特（Knut Nevermann）

尼默勒，马丁（Martin Niemöller）

《女巫私语》（*Hexengefluester Frauen* 又称《魔女耳语》）

女性中间阶层（weibliche Mittelschicht）

欧洲先锋艺术（Avantgarden）

批判大学（Kritische Universität）

期限规定（Fristenregelung）

齐勒森，霍斯特（Horst Zillessen）

情绪化可感染性（Beeinflussbarkeit für Emotionalisierung）

去特权化（Entprivilegierung）

全德汽车俱乐部（Allgemeiner Deutscher Automobilclub，简称 ADAC）

群体大学（Gruppenuniversität）

容克，罗伯特（Robert Jungk）

桑德尔，黑尔克（Helke Sander）

沙尔滕布兰德，于尔根（Jürgen Schaltenbrand）

上莱茵地区中央环保公民动议（Bürgeraktion Umweltschutz Zentrales Oberrheingebiet e. V）

上莱茵反对核电站破坏环境联合行动委员会（Oberrheinisches Aktionskomitee gegen Umweltgefährdung durch Kernkraftwerke）

绍尔，赫尔穆特（Helmut Schauer）

舍尔斯基，赫尔穆特（Helmut Schelsky）

社会民主妇女工作联盟（Arbeitgemeinshaft der sozialdemokratischer Frau，简称 ASF）

社会民主选举动议（Sozialdemokratische Wählerinitiative）

社会女性主义（Sozialen Feminismus）

社会主义高校联盟（Sozialistischer Hochschulbund，简称 SHB）

社会主义工作组妇女委员会（Frauenkommission der Sozialisischen Arbeitgruppe）

社会主义女性主义（Socialist Feminism）

神授（Gottes Auftrag an die Menschheit）

审批程序（Genehmigungsverfahren）

生活世界殖民化（Kolonialisierung der Lebenswelt）

生态研究所（Öko-Institut）

施罗德，格哈德（Gerhard Schröder）

施密特，赫尔穆特（Helmut Schmidt）

施密特，卡罗（Carlo Schmidt）

施莫勒，古斯塔夫·冯（Gustav von Schmoller）

施瓦茨，爱丽丝（Alice Schwarzer）

市民联合会（Bürgervereine）

舒尔茨，克里斯蒂娜（Kristina Schulz）

特雷伯尔河（Trebel）

体制内长征（Marsch durch die Institutionen）

替代性政治联盟—绿党（Die Sontige Politische Vereinigung［SPV］-Die Grünen）

统治（Governing）

团结（Unity）

退出教会斗争（Kirchenaustrittskampagne）

瓦尔拉夫，京特（Günther Wallraff）

韦伯，马克斯（Max Weber）

维尔（Wyhl）

维尔核电站公民动议组织（Bürgerinitiative Atomkraftwerk Wyhl）

维根豪斯，雷娜特（Renate Wiggershaus）

维斯腾哈根，汉斯–赫尔穆特（Hans-Helmut Wüstenhagen）

文化自由大会（Kongress für Kulturelle Freiheit）

问责原则（Verursacherprinzip）

沃普尔吉斯之夜（Walpurgisnacht）

西柏林社会主义妇女联盟（Sozialistischen Frauenbund Westberlins）

下易北河环保公民动议（Bürgerinitiativ Umwelt Unterelbe）

现代化—危机理论（Modernisierung-krisenthoerie）

现代环境运动（moderne Umweltbewegung）

校纪手段（Disziplinarmassnahmen）

协商民主制（deliberative democracy）

新妇女运动（Neue Frauenbewegung）

新环境运动（Neue Umweltbewegung）

新社会运动（Neue Soziale Bewegungen，简称 NSB）

新社会运动理论（Theorie der Neuen Sozialen Bewegungen）

新中间阶层（Neue Mittelklasse）

新左派（英语 New Left，德语 Neue Linke）

选择性技术跨学科工作组（Interdiszipläre Projektgruppe Alternative Technologie）

学生代表大会（Konvent）

学校代表大会（Konzil）

雅恩，格哈德（Gehard Jahn）

杨宁，约尔格（Jörg Janning）

英格尔哈特，罗纳德（Ronald Inglehart）

于格斯屈尔，雅各布·冯（Jakob von Uexkull）

院外抗议活动（派别）（Außerpalarmentarische Opposition）

约翰斯顿，汉克（Hank Johnston）

约普克，克里斯蒂安（Christian Joppke）

运动家族（Bewegungsfamilie）

政治机会结构（Political Opportunity Structure）

政治生态运动（politischer Ökologiebewegung）

直接民主（Referendum，或称全民公决）

指标模式（Indikationsmodell）

中间阶层激进主义（Mittlklassenradikalismus）

自我控告行动（Selbstbezichtigungsaktion）

自由民主党（Freie Demokratische Partei，简称 FDP）

自助帮扶（Selbsthilfe）

最后抗争（Aktion letzter Versuch）

二　参考文献

1. 原始文献

218 Gruppe des Frauenzentrums Frankfurt，*§ 218-Dokumentation einer Aktionswoche*，Frauenzentrums Frankfurt，1974.

"Abtreibung Ja oder Nein'das muss Sache der Frau sein'，" in Redaktion der rote Anna，*Für die vollständige Legalisierung der Abtreibung*，Die rote Anna，1976.

"Abtreibung und Verhüttungsberatung，Unsere Erfahrung damit，" Nr. 3. 3，in Frankfurter Frauen：*Frauenjahrbuch*，Frankfurt/M.：Verlag Rote Stern，1975.

Aktioneinheit gegen den § 218 in Göttingen，"RAZZIA in Frankfurt Frauenzentrum，" "Zur dieser Broschüre，" in *Mitteilungen*，Nr. 2，Aktioneinheit gegen den § 218，1975.

Albers，Andritzky，Walter，& Wahl-Terlinde，Ulla（Hrsg.），*Bericht 1978/6*，*Mitwirkung von Bürgerinitiativen an der Umweltpolitik*，Berlin：Schmidt，1978.

AstA der FU Berlin，*Kritische Universität*，*Sommer 68*，*Berichte und Programm*，FU Berlin，1985.

Außerordentlichen Parteitag der SPD in Bad Godesberg，*Godesberger Programm*：*Grundsatzprogramm der SPD*，Bad Godesberg，1959.

Balluseck，H. v.，Rodenstein，M.，Schreyer，M.，& Westphal-Georgi，U.，"Thesen zu einer feministischen Sozialpolitik，" in W. Schulte（Hrsg.），*Soziologie in der Gesellschaft*：*Referate aus den Veranstaltungen der Sektionen der Deutschen Gesellschaft für Soziologie*，*der Ad-hoc-Gruppen und des Berufsverbandes Deutscher Soziologen beim 20. Deutschen Soziologentag in Bremen*，Deutsche Gesellschaft für Soziologie（DGS），1980.

BBU wissenschaftliches Institut, *Forderungskatalog für ein Öko-Konzept in der BRD*, Karlsruhe, O. J..

Beauvoir, Simone de, *The Second Sex*, New York: Random House, 2011.

"Beschluß der Vollversammlung des OSI vom 30. Mai 1968," in *Studentische Politik*, Nr. 1/68, Dokumente.

Bieber, Horst, "Nummer Eins der Bürgerinitiativen: Aufwiegler mit bürgerlichen Skrupeln, Hans-Helmuth Wüstenhagen: Der Regisseur des anti-atomaren Protestes, 18. 2. 77," in *Zeit*, Nr. 09/1977.

Bundesverbandes Bürgerinitiativen Umweltschutz e. V, *Aktionskatalog des Bundesverbandes Bürgerinitiativen Umweltschutz e. V. : Diskussionsgrundlage*, Karlsruhe, 1977.

Bürgerinitiativ Umwelt Unterelbe, *Brokdorf*, *Der Bauplatz muß wieder zur Wiese werden*! Hamburg, 1977.

"Den Extremisten wirksam entgegentreten," in *Berliner Stimme*, 07. Dezember 1968.

Der Spiegel:

    "Ruhr Luft-Reinigung, Zu blauen Himmel," 1961 (33) .

    "Studenten der FU am Wendepunkt," 1968 (28) .

    "Abtreibung: Aufstand der Schwestern", "329 Mediziner bezichtigen sich des Verstoßes gegen Paragraph 218: 'Hiermit erkläre ich. . . '" 1974 (11) .

    "Brokdorf: Eis ohne Energie," 1976 (46)

    "Brauchen wir Atomkraft? Spiegel-Umfrage über den Bau von Kernkraftwerken," 1977 (8) .

    Jungk, Robert, "Vom 1000 jährigen Atomreich," 1977 (11) .

Der Tagesspiegel:

    "Das Marburger Manifest vom 17. April 1968," 12. Juli 1968.

    "Resume eines Semesters, Interview mit Senator Stein," 27. Juli 1968.

"Um die Zukunft der FU," 27. April 1969.

Albers, Detlev, *Demokratisierung der Hochschule: Argumente zur Drittelparität*, Bonn; Beuel: Verl. Studentenschaft, 1968.

Dutschke, Rudi, "Die Widersprüche des Spätkapitalismus, die antiautoritären Studenten und ihr Verhältnis zur Dritten Welt," in Dutschke, Rudi, Bergmann, Uwe, Lefévre, Wolfgang, & Rabehl, Bernd, *Rebellion der Studenten oder die neue Opposition*, Reinbek bei Hamburg: Rowohl, 1968.

Deutscher Bundestag, *Verhandlungen des Deutschen Bundestages* (*Drucksachen und Plenarprotokolle des Bundestages*), Bonn: Bonner Universität-Buchdruckerei, 1949 – :

　"Stenografische Berichte, 23. Sitzung des Deutschen Bundestages vom 18. 4. 1958," 3. Wahlperiode, 1958.

　"Bericht der Bundesregierung über die Situation der Frauen in Beruf, Familie und Gesellschaft vom 14. 9. 1966," BT-Drs. 5/909, 3. Wahlperiode, 1966.

　"Gesetzentwurf der Fraktionen der SPD, FDP, Entwurf eines fünften Gesetzes zur Reform des Strafrechts, 21. 03. 73," BT-Drs. 7/375, 7. Wahlperiode, 1973.

　"Unterrichtung durch die Bundesregierung: Die Energiepolitik der Bundesregierung," BT-Drs. 7/1057, 7. Wahlperiode, 1973.

　"Gesetzentwurf der Fraktion der CDU/CSU, Entwurf eines fünften Gesetzes zur Reform des Strafrechts, 11. 05. 73," BT-Drs. 7/554, 7. Wahlperiode, 1973.

　"Erste Fortschreibung des Energieprogramms der Bundesregierung," BT-Drs. 7/2713, 7. Wahlperiode, 1974.

　"88. Sitzung. Bonn, Donnerstag, den 21. März 1974," 7. Wahlperiode, 1974.

　"Gesetzentwurf der Fraktionen der SPD, FDP Entwurf eines fünfzehnten

Strafrechtsänderungsgesetzes, 08. 10. 75," BT-Drs. 7/4128, 7. Wahl-periode, 1975.

"Gesetzentwurf der Fraktion der CDU/CSU, Entwurf eines Gesetzes zur Änderung des fünften Gesetzes zur Reform des Strafrechts, 23. 10. 75," BT-Drs. 7/4211, 7. Wahlperiode, 1975.

"Zweite Fortschreibung des Energieprogramms der Bundesregierung," BT-Drs. 8/2370, 8. Wahlperiode, 1978.

"Dritte Fortschreibung des Energieprogramms der Bundesregierung," BT-Drs. 9/983, 9. Wahlperiode, 1981.

"Energiesicherungsgesetz Vom 9. November," in *BGBl*, Nr. 89, Köln: Bundesanzeiger Verlag, 1973,

Enzensberger, Hans Magnus (Hrsg.), *Kursbuch 33: Ökologie und Politik oder die Zukunft der Industrialisierung*, Berlin: Rotbuch Verlag, 1973.

Enzensberger, Hans Magnus; "Ein Gespräch über die Zukunft mit Rudi Dutschke, Bernd Rabehl und Christian Semler," in Enzensberger, Hans Magnus (Hrsg.), *Kursbuch 14: Kritik der Zukunft. August 1968*, S. 146 – 174. http://www. infopartisan. net/archive/1967/2667107. html

"Erklärung des Rates der Evangelischen Kirche in Deutschland zu den Rechtsfragen des Schwangerschaftsabbruchs vom 17. März 1972," in EKD, *Stellungnahmen zum Thema Schwangerschaftsabbruch*, *EKD-Texte 14* (*vergriffen*), 1986.

"Erklärung des Senators für Wissenschaft und Kunst zur Situation an den Berliner Hochschulen vom 7. Januar 1969," in *FU-Information*, Jg. 5, Nr. 2, 1969.

Firestone, Shulamith, *The Dialectic of Sex: The Case for Feminist Revolution*, New York: William Morrow and Company, 1970.

Frauenaktion 70, *Begründung für eine Frauenemanzipationsgruppe*, Frauenaktion 70, 1970.

Frauenaktion 70, *Kampf für eure Recht*, Reportechnik Rechmann, 1971.

FUB/Archiv:

"AstA der FU Berlin 2. Vorsitzender, Presseerklärung," 03. Juni 1967, Flugblätter, FUB/Archiv ZI 6/Akte E0702 /FU/TU.

"Rechenschaftsbericht des Bundesvorstands auf 22. DK des SDS," September 1967, Ordner 22. DK des SDS, FUB/Archiv ZI 6/APO-Archiv.

"Resolution zum Hochschulgesetz, SS. 69," FUB/Privatakten/Standort/Archiv ZI 6/Akte R

"Vertretung der Wissenschaftlichen Assistenten der Freien Universität: Presseinformation," 05. Juni 1969, in *Berliner Universitäten*, *Flugblätter März-Juni 1969*, FUB/Archiv ZI 6/Akte 12. 12. /A 13.

"Fünfzehntes Strafrechtsveränderungsgesetz von 18. Mai. 1976," in *BGBl*, Nr. 56, Köln: Bundesanzeiger Verlag, 1976.

Gamillscheg, Franz, "Bildungspolitik verhöhnte Demokratie," in *Der Arbeitgeber*, Nr. 8, 09. Mai 1969.

"Gesetz zum Schutz vor Luftereinigung Geräuschen, Erschütterung—Immissionsschutzgesetz (ImschG)," in Landesregierung Nordrhein-Westfalen (Hrsg.), *Gesetz-und Verordnungsblätter, 1962*, Düsseldorf: August Bagel Verlag, 1962.

graswurzelrevolution:

"Zwei, drei, viele Larzacs! Umweltaktionen in der Bundesrepublik," Nr, 4 – 5, 1973.

"Ökologie und strukturelle Gewalt," Nr. 16, August 1975.

"Freiwilliges Leiden und gewaltlose Revolution," Nr. 20 – 21, Juni 1976.

Hertle, W., "Skizze der französischen Ökologiebewegung," in *Gewaltfreie Aktion*, 26 – 27/1975 – 1976.

Katzenstein, Mary (ed.), *The Women's Movements of the United States and*

Western Europe: *Consciousness*, *Political Opportunity and Public Policy*, Philadelphia: Temple University Press, 1992.

Kieseritsky, Wolther von (Hrsg.), *Willy Brandt*, *Dokumente*, *Band 7*, *Innen und Gesellschaftpolitik*, *1966 – 1974*, Bonn: Verlag J. H. W. Dietz Nachf, 2001:

"Wir brauchen eine Koalition der Reformwilligen," März 1969.

"Regierungserklärung," 20. Oktber 1969.

KKW-Brokdorf, "Rundbrief des Leitenden Gremiums des KB, 9. 11. 76," in AK Politische Ökologie in der BUU Hamburg, *Zur kleinbürgerlichen Politik*, Hamburg, 1977.

Krahl, Hans-Jürgen, *Konstitution und Klassenkampf zur historischen Dialektik von bürgerlicher Emanzipation und proletarischer Revolution*, Frankfurt/M. : Neue Kritik, 1971.

Kraushaar, Wolfgang (Hrsg.), *Frankfurter Schule und Studentenbewegung*, *Von der Flaschenpost zum Molotowcocktail 1946 bis 1995*, *Band 2*, *Dokumente*, Hamburg: Rogner & Bernhard GmbH, 1998:

Marcuse, Herbert, "Nachwort zu: Walter Benjamine, Zur Kritik der Gewalt und andere Aufsätz," Nr. 95.

Becher, Egon u. a. , "Zur richtigen Gebrauch der Bergriff," Nr. 169.

Dutchke, Rudi, "Genossen! Wir haben nicht mehr viel Zeit!" Nr. 186.

Leibfried, Stephan, *Wider die Untertanenfabrik*: *Handbuch z. Demokratisierung d. Hochschule*, Köln : Pahl-Rugenstein, 1967.

Lenz, Ilse, *Die Neue Frauenbewegung in Deutschland*: *Abschied vom kleinen Unterschied*, *Eine Quellensammlung*, Wiesbaden: VS Verlag für Sozialwissenschaften, 2010:

"Rechenschaftsbericht der Weiberrats der Gruppe Frankfurt," Dok. 1. 4.

Alice Schwarzer, "Appell," Dok. 2. 2.

Aktion 218 München, "Die münchener Justiz hat sich gewaltig

verschärzt！" Dok. 2. 4.

Aktion 218, "Wir Frauen für Frauen," Dok. 2. 5.

Aktion 218 Dortmund, "Diskussionsstand von 19. 12. 1971," Dok. 2. 6.

"Protokoll zum Plenum des Bundesfrauenkongresses am 12. März 1972 am Frankfurt am Main," Dok. 2. 7.

Alice Schwatzer, "Der kleine Unterschied（1975），" Dok. 3. 1.

Carol Hagemann-White, "Frauenhausbewegung," Dok. 9. 2.

Sarra Haffner, "Die Angst ist unser schlimmster Feind（1977），" Nr. 9. 3.

Ingrit Schmidt-Harzbach, "Der Ohnmacht der Zahl-Deutsche Frauenrat," Dok. 12. 5.

Barbara Kavemann, "Väter als Täter, Sexuelle Gewalt gegen Mädchen 'Erinnerungen sind wie eine Zeitbomb'," Dok. 21. 2.

"Für ein Tübiger Frauentaxi," Dok. 21. 8.

Lönnendonker, Siegward, & Fichter, Tilman（Hrsg.）, *Freie Universität Berlin 1948 – 1973：Hochschule im Umbruch, Dokumentation, Teil IV*, FU Berlin, 1975：

"Memorandum zur Frage der Zulassung studentischer Vereinigungen," Nr. 481.

"Pressemitteilung des AStA," Nr. 484.

"Stellungnahme der Studentenverbände," Nr. 485.

"FU Flugblätter 1966," Nr. 554.

"FU 18. Konvent, Protokolle 1966," Nr. 558.

"Kongreß Notstand der Demokratie, Professor Ernst Bloch：Kundgebungsrede gegen die Notstandsgesetze," Nr. 587.

"Was will der SDS?" Dezember 1966, Nr. 607.

Lönnendonker, Siegward, Fichter, Tilman（Hrsg.）, *Freie Universität Berlin 1948 – 1973：Hochschule im Umbruch, Dokumentation, Teil V*, FU Berlin,

1983：

"Entwurf des Universitätsgesetz," 19. Juni 1967, Nr. 770.

"Provisorisches Veranstaltungsverzeichnis der Kritischen Universität," Juli 1967, Nr. 780.

"Argumente für eine von Studenten selbst organisierte Kritische Universität in der FU," 13. Juni 1967, Nr. 766.

Knut Nevermann, "Ansätze zur Demokratisierung," Juli 1967, Nr. 776.

"Provisorisches Veranstaltungsverzeichnis der Kritischen Universität," Juli 1967, Nr. 780.

"Der Senator für Wissenschaft und Kunst an den Vorsitzenden des AstA der FU Berlin," Nr. 789.

"Gutachten der Professoren Georg Knauer und Fritz Borinski zur Kritischen Universität," 18. September 1967, Nr. 792.

SHB, "Sozialdemokratischer Hochschulbund, Eine demokratische Universität," Nr. 820.

"Programmatische Rede von Sigrid Fonius vor dem 20. Konvent der Freien Universität," 1968, Nr. 874.

"Beschluß der Vollversammlung des OSI vom 30. Mai 1968," Nr. 882

"Was will der AstA? Nr. 3," Nr. 883.

Otto-Suhr-Institut, "Satzung des Otto-Suhr-Instituts an der Freien Universität Berlin," Nr. 888.

Skuhr, Werner, "Das Reformexperiment am OSI," 1968, Nr. 890.

"Studenten Freie Universitat Am Wendepunkt," Nr. 897.

AstA der FU, "Presseerklärung," 10. Oktober 1968, Nr. 899.

"Vorwort zum Initiativ-Entwurf der SPD-Fraktion für das Universitätsgesetz," 22. Febuar 1968, Nr. 962.

"Wie heiß wird der Sommer an der Universität?" 23. April 1969, Nr. 968.

"25 FU-Professoren unterstützen SPD-Entwurf," 25. Juni 1969, Nr. 989.

"Gesetz über die Universitäten des Landes Berlin," 19. Juli 1969, Nr. 992.

"Günter Gaus im Fernsehinterview mit Rudi Dutschke (gesendet am 3. Dezember 1967 in der Sendereihe der ARD 'Zu Protokoll ')," Zeitgenössische Kommentare. "Beschlussempfehlung des 1. Untersuchungausschuss (V. Wahlperiode)".

Millett, Kate, *Sex Politcs*, Champaign: University of Illinois Press, 2000.

Mills, C. Wright, "Letter to the New Left," in *New Left Review*, No. 5, September-October 1960, https://www.marxists.org/subject/humanism/mills-c-wright/letter-new-left.htm.

Nössler, Bernd, Witt, Margret de (Hrsg.), *Wyhl. Kein Kernkraftwerk in Wyhl und auch sonst nirgends. Betroffene Bürgerberichten*, Freiburg: inform-Verlag, 1976.

Nürnburger Aktion 218, *Aktionkreis Frau, Arbeitpapier der Nürnburger Aktion 218*, Nürnburg, Sep. 1971.

Salvatore, Gaston & Dutschke, Rudi, "Einleitung zu CHE GUEVARA 'Schaffen wir zwei, drei, viele Vietnam '," http://www.infopartisan.net/archive/1967/2667133.html

"Satzung des Otto-Suhr-Instituts, 14. Juni 1968," in *Studentische Politik*, Nr. 1/68, Dokumente.

Schaltenbrand, Jürgen, "Einige Anmerkungen zum Begriff der NEUEN LINKEN," in *Neue Kritik 9*, Januar 1962.

Scheunemann, R., & Scheunemann, K., "Die Kampagne der 'Frauenaktion 70' gegen den § 218," in Grossmann, H. (Hrsg.), *Bürgerinitiativen. Schritte zur Veränderung?* Frankfurt am M.: Fischer Verl., 1973.

Schmidt, Helmut, *Kontinuität und Konzentration*, Bonn-Bad Godesberg: Neue Gesellschaft, 1976.

Schwarzer, Alice, *10 Jahre Frauenbewegung. So fing es an*! Köln: Emma-Verlag, 1981.

Schwarzer, Alice, *Frauen gegen den § 218 18 Protokolle*, Frankfurt am Main: Suhrkamp, 1971.

SDS, "Das Manifest der Hochschulen gegen Notstandsgesetze beginnt (Flugblatt Anruf zur Teilnahme an Go-in in die Vorlesung von Carlo Schimdt am 20. November, 1967)," in *Archivalische Sammlung Ronny Loewy, Akt SDS Frankfurt 1966 - 1970*, Archiv des Instituts für Sozialforschung, 1970.

SDS-Hochschuldenkschrift: Hochschule in der Demokratie, 1961, Frankfurt: Verlag Neue Kritik, 1972.

Strohm, Holger, *Friedlich in die Katastrophe : eine Dokumentation über Kernkraftwerke*, Hamburg: Verlag Association, 1977.

Thiel, Thomas, Abbau am Mythos. Symposion zur Spiegel-Affäre, Online-Artikel der Frankfurter Allgemeinen Zeitung vom 25. 09. 2012 http://www. faz. net/aktuell/feuilleton/symposion-zur-spiegel-affaereabbau-am-mythos-11902022. html.

Treulieb, Jürgen, "Rudi Dutschke und der bewaffnete Kampf. Einspruch gegen eine unseriöse Legendenbildung". http://www. oeko-net. de/kommune/kommune05-07/adutschke. htm

VDS, *Studenten und die neue universität*, Beuel: Buch-und Offsetdrucksei Siedl, 1966.

Warum kämpfen wir gegen Atomkraftwerke, Hamburg: Verlag J. Reents, 1976.

Wernicke, Kurt (Hrsg.), *Die Parlamentarische Rat, 1948 - 1949, Akten und Protokolle, Band II*, Boppard am Rhein: Harald Boldt Verlag, 1981.

Winters, Peter Jochen, "Kampf dem Abtreibungselend-aber wie?" in *FAZ* vom 18. 6. 1971.

Zundel, Rolf, "Keine Gefahr von rechts? Der Blick auf militante Außenseiter ergibt ein falsches Bild: Extremismus ist längst in die politische

Auseinandersetzung eingegangen, 8. Mai 1981," in *Zeit*, Nr. 20/1981.

"Zur Strategie an den Berliner Hochschule," in *SDS-Info*, Nr. 3, Jan. 8, 1969.

［美］B. R. 米切尔编：《帕尔格雷夫世界历史统计·1750—1993 年，欧洲卷》，贺力平译，经济科学出版社 2002 年版。

2. 外文著作

Achtelik, Kirsten, *Selbstbestimmte Norm Feminismus, Pränataldiagnostik, Abtreibung*, Berlin: Verbrecher, 2015.

Albrecht, Willy, *Der Sozialistische Deutsche Studentenbund (SDS): vom parteikonformen Studentenverband zum Repräsentanten der Neuen Linken*, Bonn: Dietz, 1994.

Altenburg, Cornelia, *Kernenergie und Politikberatung: Die Vermessung einer Kontroverse*, Wiesbaden: VS Verlag für Sozialwissenschaften, 2010.

Appliton, Andrew, "The New Social Movement Phenomenon. Placing France in Comparative Perspective," in *West European Politics*, Vol. 22, No. 4, October 1999.

Artinger, Kai, "Plakate, § 218-Selbstbestimmungsrecht der Frau," in Klaus Adomeit, *Die Grundrechte im Spiegel des Plakats: 1919 bis 1999*, Berlin: Dt. Historisches Museum, 2000

Ash, Mitchell, & Ehmer, Josef, *Universität-Politik-Gesellschaft*, Göttingen: Verlag V & R unipress, 2015.

Bargel, Helga (Hrsg.), *Zehn Uhr pünktlich Gürzenich. Hundert Jahre bewegte Frauen in Köln, Zur Geschichte der Organisationen und Vereine*, Münster: Agenda Verlag, 1995, S. 321.

Bauß, Gerhard, *Die Studentenbewegung der sechziger Jahre in der Bundesrepublik und Westberlin, Handbuch*, Köln: Pahl-Rugenstein, 1977.

Behning, Ute, *Zum Wandel der Geschlechterrepräsentationen in der Sozialpolitik, Ein policy-analytischer Vergleich der Politikprozesse zum* österreichischen Bundespflegegeldgesetz und zum bundesdeutschen Pflege-Versicherungsgesetz, Opladen: Leske + Budrich, 1999.

Belschner, Wilfried (Hrsg.), Wem gehört die Heimat? Beiträge der politischen Psychologie zu einem umstrittenen Phänomen, Wiesbaden: VS Verlag für Sozialwissenschaften, 1995.

Benz, Arthur (Hrg.), Governance-Regieren in komplexen Regelsystemen: eine Einführung, Wiesbaden: VS Verlag für Sozialwissenschaften, 2010.

Berghahn, V. R., Modern Germany: Society, Economy and Politics in the Twentieth Century, Cambridge: Cambridge University Press, 1987.

Biegler, Dagmar, Frauenverbände in Deutschland: Entwicklung Strukturen politische Einbindung, Wiesbaden: VS Verlag für Sozialwissenschaften, 2001.

Blanke, Bernhard, "Adalbert Evers," in Wollmann, Hellmut (Hrsg.), Die zweite Stadt, Leviathan, Zeitschrift für Sozialwissenschaft, Sonderheft 1986 (7).

Bock, Gisela, & Duden, Barbara, Arbeit aus Liebe-Liebe als Arbeit: zur Entstehung der Hausarbeit im Kapitalismus, Berlin: Courage-Verlag, 1977.

Böllert, Karin, & Oelkers, Nina (Hrsg.), Frauenpolitik in Familienhand? Neue Verhältnisse in Konkurrenz, Autonomie oder Kooperation, Wiesbaden: VS Verlag für Sozialwissenschaften, 2010.

Boldt, Hans, "Parlamentarismustheorie: Bemerkungen zu ihrer Geschichte in Deutschland," in Der Staat, Vol. 19 (3), 1980 (0).

Bornschier, Volker, Westliche Gesellschaft im Wandel, Frankfurt am M.: Campus Verlag, 1998.

Bovermann, Rainer (Hrsg.), Das Ruhrgebiet-Ein Starkes Stück Nordrhein-Westfalen, Politik in der Region, 1946 – 1996, Essen: Klartext Verlag, 1996.

Bracher, Karl Dietrich, & Link, Werner, Geschichte der Bundesrepublik

Deutschland, *Republik im Wandel 1969 – 1982*, Stuttgart: DVA Verlag, 1986.

Brand, Karl-Werner, & Rucht, Dieter (Hrsg.), *Aufbruch in eine andere Gesellschaft*, *Neue Soziale Bewegungen in der Bundesrepublik*, Frankfurt am M. : Campus Verlag, 1986.

Brand, Karl-Werner, *Okologische Kommunikation in Deutschland*, Wiesbaden: VS Verlag für Sozialwissenschaften, 1997.

Brand, Karl-Werner, " Neue Soziale Bewegungen: ' Europäische ' Erklärungskonzepte," in *Forschungsjournal NSB*, Jg. 11, Heft 1, 1998.

Braun, Hans-Gert, *Armut überwinden durch Soziale Marktwirtschaft und Mittlere Technologie: Ein Strategieentwurf für Entwicklungsländer*, Münster: LIT Verlag, 2010.

Brückner, Margrit, *Frauen-und Mädchenprojekte*, *von feministischen Gewissheiten zu neuen Suchbewegungen*, Opladen: Leske + Budrich Verlag, 1986.

Claessens, Dieter, *Sozialkunde der Bundesrepublik Deutschland*, Düsseldorf: Dieterichs, 1973.

Cordes, Mechthild, *Frauenpolitik*, *Gleichstellung oder Gesellschaftsveränderung*, *Ziele-Institutionen-Strategien*, Opladen: Leske + Budrich, 1996.

Cotgrove, Stephen, *Catastrophe or Cornucopia: The Environment*, *Politics and the Future*, Chichester u. a. : Wiley, 1982.

Dahme, Heinz-Jürgen (Hrsg.), *Handbuch kommunale Sozialpolitik*, Wiesbaden: VS Verlag für Sozialwissenschaften, 2011.

Dahrendorf, Ralf, *Class and Class Conflict in Industrial Society*, London: Routledge, 1959.

Dalton, Russell J, *Parties Without Partisans: Political Change in Advanced Industrial Democracies*, Oxford: Oxford University Press, 2002.

Daum, Hanna, " Zwei Jahrzehnte nach der Revolt die Rückkehr zur

Nomalität," in SFB, *Vor 20 Jahren, Studentenrevolte und Hochschulreform in Berlin*, Sender Freies Berlin, 1987.

Die wirtschaftpolitische Grundsatzprogrammatik von CDU und SPD seit 1945, S. 13 – 14, https：//www. bundestag. de/resource/blob/434018/58548bc457 b77f432e43636419dac089/wf-v-182-05-pdf-data. pdf

Dominick Ⅲ, Raymond H. , *The Environmental Movement in Germany*：*Prophetsand Pioneers 1871 – 1971*, Bloominton；Indianapolis：Indiana University Press, 1992.

Doormann, Lottemi, *Keiner schiebt uns weg*：*Zwischenbilanz d. Frauenbewegung in d. Bundesrepublik*, Weinheim u. a. ：Beltz Verlag, 1979.

Eder, Klaus, *The New Politics of Class*：*Social Movements and Cultural Dynamics in Adwanced Societies*, Thousand Oaks：SAGE Publications Ltd, 1993.

Eley, Geoff, *Forging Democracy*：*The History of the Left in Europe*, *1850 – 2000*, Oxford；New York：Oxford University Press, 2002.

Ellwein, Thomas, *Das Regierungssystem der Bundesrepublik Deutschland*, Opladen：Westdeutscher Verlag, 1973.

Engelfried, Constance（Hrsg. ）, *Gendered Profession soziale Arbeit vor neuen Herausforderungen in der zweiten Moderne*, Wiesbaden：VS Verlag für Sozialwissenschaften, 2010.

Engelke, Peter, *Green City Origins*：*Democratic Resistance to the Auto-oriented City in the West Germany*, *1960 – 1990*, Washington, D. C. ：Georgetown Universitity Press, 2001.

Engels, Jens, *Naturpolitik in der Bundesrepublik*：*Ideenwelt und politische Verhaltensstile in Naturschutz und Umweltbewegung*, *1950 – 1980*, Parderborn：Schöningh, 2006.

Erb, Scott, *German Foreign Policy*：*Navigating a New Era*, London：Lynne Rienner Publishers, 2003.

Erickson, Bailee, " 'Leave Your Men at Home': Autonomy in the West German Women's Movement, 1968 – 1978," A Thesis Submitted for the Degree of Master of Arts, University of Victoria, 2010.

Ermrich, Roland, *Basisdaten zur sozio-ökonomischen Entwicklung der Bundesrepublik Deutschland*, Bonn; Bad Godesberg: Verl. Neue Ges. , 1975.

Esser, Stefan, " Maxvorstadt-Bewohner attackieren Stadtverwaltung," in *Münchner Merkur*, November 2. , 1972.

Ferree, Myra, "Equality and Autonomy Feminist Politics in the United States and West Germany," in Mary Katzenstein (ed.), *The Women's Movements of the United States and Western Europe: Consciousness, Political Opportunity, and Public Policy*, Philadelphia: Temple University Press, 1992.

Ferree, Myra, *Feminismen, Die deutsche Frauenbewegung in globaler Perspektive*, Frankfurt am M. : Campus Verlag, 2012.

Fichter, Tilmann, Siegward Lönnendonker, *Kleines Geschichte des SDS*, Berlin: Rotbuch Verlag, 1977.

Fischer, Wolfram (ed.), *The Economic Development of Germany since 1879, Vol II*, Cheltenham: Edward Elgar Publishing Limited, 1997.

Fraser, Ronald, *1968: A Student Generation in Revolt*, New York: Pantheon Books, 1988.

Frei, Norbert, *Jugendrevolte und globaler Protest*, München: Deutscher Taschenbuch Verlag, 2008.

Friedrischsen, Gisela, *Abtreibung, der Kreuzzug von Memmingen*, Frankfurt am M. : Fischer Taschenbuch Verlag, 1991.

Friedeburg, Ludwig von, *Freie Universität und politisches Potential der Studenten: über die Entwicklung des Berliner Modells und den Anfang der Studentenbewegung in Deutschland*, Neuwied; Berlin: Luchterhand, 1968.

Flam, Helena, *States and Anti-Nuclear Movements*, Edinburgh: Edinburgh Univ. Press, 1994.

Fromme, Monika, "Der mühsame Prozess der Reform des §218 StGB-Welche Rolle spielte die Neue Frauenbewegung 1968 bis heute?" *Kritische Vierteljahresschrift für Gesetzgebung und Rechtswissenschaft（KritV）*, Vol. 92, No. 2（2009）.

Führ, Christoph, *Deutsches Bildungswesen seit 1945, Grundzüge und Probleme*, Neuwied u. a.: Luchterhand, 1997.

Gante, Michael, *218 in der Diskussion. Meinungs-und Willensbildung 1945 – 1976*, Düsseldorf: Droste Verlag, 1991.

Ganz, Kathrin, "Die Konstruktion von Elternschaft, Mutterschaft und Vaterschaft im familienpolitischen Diskurs," Magisterarbeit zur Erlangung des akademischen Grades einer Magistra Artium der Universität Hamburg, Institut für Politische Wissenschaft, 2008.

Geißler, Rainer, *Die Sozialstruktur Deutschlands*, Opladen: Westdeutscher Verlag, 1992.

Gerhard, Ute, "Westdeutsche Frauenbewegung: Zwischen Autonomie und dem Recht auf Gleichheit," in *Feministische Studien*, 2（1992）.

Gerhards, Jürgen, *Zwischen Palaver und Diskurs. Strukturen öffentlicher Menungsbildung am Beispiel der deutschen Diskussion zur Abetreibung*, Wiesbaden: VS Verlag für Sozialwissenschaften, 1998.

Gesellschaft der Freunde des deutschen Heimatschutzes（Hrsg.）, *Der deutsche Heimatschutz: Ein Rückblick und Ausblick*, München: Kastner & Callwey, 1930.

Gindulis, Edith, *Der Konflikt um die Abtreibung: Die Bestimmungsfaktoren der Gesetzgebung zum Schwangerschaftsabbruch im OECD-Ländervergleich*, Wiesbaden: VS Verlag für Sozialwissenschaften, 2003.

Goldschmidt, Dietrich, Teichler, Ulrich, & Webler, Wolff-Dietrich（Hrsg.）,

Forschungsgegenstand Hochschule. Überblick und Trendbericht, Frankfurt am M. ; Campus Verlag, 1984.

Görlich, Christopher, *Die 68er in Berlin. Schauplätze und Ereignisse*, Berlin; Homilius; K Verlag, 2002.

Grottian, Peter, Nelles, Wilfried (Ed.), *Großstadt und Neue Soziale Bewegungen*, Basel; Boston; Birkhäuser, 1983.

Guggenberger, Bernd, & Kempf, Udo (Hrsg.), *Bürgerinitiativen und repräsentatives System*, Opladen; Westdeutscher Verlag, 1984.

Habermas, Jürgen, *Protestbewegung und Hochschulreform*, Frankfurt am M. ; Suhrkamp, 1971.

Habermas, Jürgen, *Strukturwandel der Öffentlichkeit. Untersuchungen zu einer Kategorie der bürgerlichen Gesellschaft*, 4. Aufl, Neuwied; Berlin; Luchterhand, 1969.

Habermas, Jürgen, *Theorie des kommunikativen Handelns, Bd. 2; Zur Kritik der funktionalistischen Vernunft*, Frankfurt am M. ; Suhrkamp Verlag, 1981.

Habermas, Jürgen, " Über den Begriff der politischen Beteiligung, " in Friedeburg, Ludwig von, *Student und Politik. Eine soziologische Untersuchung zum politischen Bewusstsein Frankfurter Studenten*, Neuwied-Berlin; Luchterhand, 1961.

Hager, Jens, *Die Rebellen von Berlin; Studentenpolitik an der Freien Universität*, Köln u. a. ; Kiepenheuer & Witsch, 1967.

Hartmer, Michael, & Detmer, Hubert (Hrsg.), *Hochschulrecht. Ein Handbuch für die Praxis*, Heidelberg; Müller, 2004.

Hellmann, Kai-Uwe, & Koopmans, Ruud (Hrsg.), *Paradigmen der Bewegungsforschung, Entstehung und Entwicklung von Neuen Sozialen Bewegungen und Rechtsextremismus*, Wiesbaden; VS, Verl. für Sozialwiss, 1998.

Hertal, Gerhard, & Schlaffke, Winfried, *Dienstjubiläum einer Revolte 1968 und 25 Jahre*, München: Hase und Koehler, 1993.

Herzog, Dagmar, *Sex After Fascism: Memory and Morality in Twentieth-Century Germany*, Princeton: Princeton University Press, 2005.

Herzog, Dietrich（Hrsg.）, *Konfliktpotentiale und Konsensstrategien Beitrage zur politischen Soziologie der Bundesrepublik*, Opladen: Westdeutscher Verlag, 1989.

Herzog, Dagmar, "Pleasure, Sex and Politics Belong Together: Post-Holocaust Memory and the Sexual Revolution in West Germany," in *Critical Inquiry*, Vol. 24, No. 2, 1998.

Höffner, Joseph, *Kraft des Glaubens II*, Freiburg: Herder, 1986.

Huber, Joseph, *Allgemeine Umweltsoziologie*, Wiesbaden: VS Verl. für Sozialwiss. , 2011.

Hübner, Horst, *Sozialdemokratische Hochschulpolitik, Ordinarienuniversität und Studenten-bewegung 1960 – 1980. Eine politisch-soziologische Analyse sozialdemokratischer Hochschulreform in Nordrhein-Westfalen unter besonderer Berücksichtigung der Universität Münster*, Münster: Lit Verl. , 1982.

Hüther, Otto, *Von der Kollegialität zur Hierarchie? Eine Analyse des New Managerialism in den Landeshochschulgesetzen*, Wiesbaden: VS Verlag für Sozialwissenschaften, 2010.

Inglehart, Ronald, *The Silent Revolution, Changing Values and Political Styles among Western Publics*, Princeton: Princeton University Press, 1977.

Jacobsen, Hans-Adolf, & Dollinger, Hans, *Die Deutschen Studenten, Der Kampf um die Hochschulreform*, München: Verlag Kurt Desch, 1968.

Johnston, Hank, *New Social Movements, From Ideology to Identity*, Philadelphia: Temple University Press, 1994.

Joppke, Christian, *Mobilizing against Nuclear Energy: A Comparison of Germany and the United States*, Berkeley u. a. : Universiy of Calif. Press, 1993.

Joppke, Christian, "Social Movements during Cycles of Issue Attention: The Decline of the Anti-Nuclear Energy Movements in West Germany and the USA," in *The British Journal of Sociology*, Vol. 42, No. 1 (Mar. , 1991) .

Kailitz, Susanne, *Von den Worten zu den Waffen. Frankfurter Schule, Studentenbewegung und RAF*, Wiesbaden: VS Verlag für Sozialwissenschaften, 2007.

Katsiaficas, Georgy, *The Subversion of Politics: European Autonomous Social Movements and the Decolonization of Everyday Life*, Canada: Humanities Press International, 1997.

Kauders, Anthony D. , "Drives in Dispute: The West German Student Movement, Psychoanalysis, and the Search for a New Emotional Order, 1967 – 1971 ," in *Central European History*, Vol. 44 (4), 2011.

Kaufmann, Franz-Xaver, *Bevölkerung-Familie-Sozialstaat, Kontexte und sozialwissenschaftliche Grundlagen von Familienpolitik*, Wiesbaden: VS Verlag für Sozialwissenschaften, 2019.

Kern, Thomas, *Soziale Bewegungen, Ursachen, Wirkungen, Mechanismen*, Wiesbaden: VS Verlag für Sozialwissenschaften, 2008.

Klages, Helmut, *Traditionsbruch als Herausforderung: Perspektiven der Wertewandelsgesellschaft*, Frankfurt u. a. : Campus-Verl. , 1993.

Klandermans, Bert (ed.), *Social Movements, Protest, and Contention*, Minneapolis: University of Minnesota Press, 2005.

Klein, Ansgar, "Neue Soziale Bewegungen und Zivilgesellschaft," in Ansgar Klein, *Der Diskurs der Zivilgesellschaft politische Kontexte und demokratietheoretische Bezüge der neueren Begriffsverwendung*, Wiesbaden: VS Verlag für Sozialwissenschaften, 2001.

Klein, Uta, *Geschlechterverhältnisse und Gleichstellungspolitik in der Europäischen Union: Akteure-Themen-Ergebnisse*, Wiesbaden: VS Verlag für Sozialwissenschaften, 2006.

Klueting, Irmgard, *Atimodemismus und Reform. Zur Geschichte der deutschen Heimatbewegung*, Darmstadt: Wiss. Buchges, 1991.

Koepcke, Cordula, *Frauen zeigen Flagge: Gesellschaftspolitische Arbeit in Deutschland*, Wiesbaden: VS Verlag für Sozialwissenschaften, 1984.

Köllmann, Wolfgang (Hrsg), *Das Ruhrgebiet im Industriezeitalter Geschichte und Entwickelung*, Band 2, Düsseldorf: Patmos Verlag GmbH, 1990.

Kramer, Alan, *The West German Economy, 1945 – 1955*, New York; London: Berg, 1991.

Kraushaar, Wolfgang (Hrsg.), *Frankfurter Schule und Studentenbewegung, Von der Flaschenpost zum Molotowcocktail 1946 bis 1995*, Band 1, Chronik, Hamburg: Rogner & Bernhard GmbH, 1998.

Kriesi, H., Koopmans, R., Duyvendak, J. W., & Giugni, M. G., *New Social Movements in Western Europe: A Comparative Analysis*, Minneapolis: University of Minnesota Press, 1995.

Kuhn, Thomas S., *The Structure of Scientific Revolutions*, Second Edition, Enlarged, Chicago: University of Chicago Press, 1970.

Kuller, Christiane, *Familienpolitik im föderativen Sozialstaat, die Formierung eines Politikfeldes in der Bundesrepublik 1949 – 1975*, München: De Gruyter, 2004.

Langan, Mary, & Ostner, Ilona, "Geschlechterpolitik im Wohlfahrtsstaat: Aspekte im internationalen Vergleich," in *Kritische Justiz*, Vol. 24, No. 3 (1991).

Langguth, Gerd, *Entwicklung, Niedergang, Renaisance, Die Neue Linke Seit 1968*, Köln: Verlag Wissenschaft und Politik, 1983.

Lauermann, Manfred, "Vierzig Jahre 1968," In *Berliner Debatte Initial*, 20 (2009).

Lenz, Ilse, *Die Neue Frauenbewegung in Deutschland: Abschied vom kleinen Unterschied, Eine Quellensammlung*, Wiesbaden: VS Verlag für

Sozialwissenschaften, 2010.

Linse, Ulrich, & Anarchie, Okopax, *Eine Geschichte der okologischen Bewegungen in Deutschland*, München: Dt. Taschenbuch-Verl. , 1986.

Lönnendonker, Siegward, & Fichter, Tilman (Hrsg.), *Freie Universität Berlin 1948 – 1973: Hochschule im Umbruch, Dokumentation, Teil III*, FU Berlin, 1974.

Lönnendonker, Siegward, & Fichter, Tilman (Hrsg.), *Freie Universität Berlin 1948 – 1973: Hochschule im Umbruch, Dokumentation, Teil IV*, FU Berlin, 1975.

Lönnendonker, Siegward, & Fichter, Tilman (Hrsg.), *Freie Universität Berlin 1948 – 1973: Hochschule im Umbruch, Teil V*, FU Berlin, 1983.

Luhmann, Niklas, *Universität als Milieu: Kleine Schriften*, Bielefeld: Haux, 1992.

Mantei, Simone, *Nein und Ja zur Abtreibung, Die evangelische Kirche in der Reformdebatte um § 218 StGB (1970 – 1976)*, Göttingen: Vandenhoeck & Ruprecht, 2004.

Markham, William T. , " Networking Local Environmental Groups in Germany: The Rise and Fall of the Federal Alliance of Citizens' Initiatives for Environmental Protection (BBU) ," in *Environmental Politics*, Vol. 14, No. 5, November 2005.

Mende, Silke, *Nicht rechts, nicht links, sondern vorn: Eine Geschichte der Gründungsgrünen*, München: Oldenbourg, 2011.

Merritt, Richard, " The Student Protest Movement in West Berlin," in *Comparative Politics*, Vol. 1, No. 4 (Jul. , 1969) .

Miethe, Ingrid, & Roth, Silke, *Europas Töchter: Traditionen, Erwartungen und Strategien von Frauenbewegungen in Europa*, Wiesbaden: VS Verlag für Sozialwissenschaften, 2003.

Miller, Kyle T. , " The Bavarian Model? Modernization, Environment, and

Landscape Planning in the Bavarian Nuclear Power Industry, 1950 – 1980," A Dissertation Presented to The Faculty of the Graduate School University of Missouri-Columbia in Partial Fulfillment of the Requirements for the Degree Doctor of Philosophy, 2009.

Mitchell, Juliet, "Women: The Longest Revolution," in *New Left Review*, Nov 1, 1966, Vol. 0 (40).

Mooser, Josef, "Auflösung der proletarischen Milieus: Klassenbindung und Individualisierung in der Arbeiterschaft vom Kaiserreich bis in die Bundesrepublik Deutschland," in *Soziale Welt*, 34. Jahrg., H. 3 (1983).

Müller, Ursula G. T., *Dem Feminismus, eine politische Heimat der Linken die Hälfte der Welt*, Wiesbaden: Springer VS, 2013.

Nave-Herz, Rosemarie, *Die Geschichte der Frauenbewegung in Deutschland*, Opladen: Leske + Budrich, 1994.

Nehring, Holger, "Politics and the 'Environment' in Twentieth-century Germany," in *Essay Review*, (2006) 44.

Newman, Karl, *Politisch-soziologische Problematik der außerparlamentarischen Opposition*, Opladen: Westdeutscher Verlag, 1974.

Nitsch, Wolfgang, *Hochschule in der Demokratie: kritische Beiträge zur Erbschaft und Reform der deutschen Universität*, Berlin-Spandau u. a. : Luchterhand, 1965.

Olk, Thomas (ed.), *Engagementpolitik, Die Entwicklung der Zivilgesellschaft als politische Aufgabe*, Wiesbaden: VS, Verl. für Sozialwiss, 2010.

Ooyen, Robert Chr. van, *Bundesverfassungsgericht und politische Theorie, Ein Forschungsansatz zur Politologie der Verfassungsgerichtsbarkeit*, Wiesbaden: VS Verlag für Sozialwissenschaften, 2015.

Ottersbach, Markus, *Außerparlamentarische Demokratie: Neue Bürgerbewegungen als Herausforderung an die Zivilgesellschaft*, Frankfurt am M. : Campus Verlag, 2003.

Peisert, Hansgert, & Framheim, Gerhild, *Das Hochschulsystem in der Bundesrepublik Deutschland. Funktionsweise und Leistungsfähigkeit*, Stuttgart: Klett-Cotta, 1979.

Pettenkofer, Andreas, *Die Entstehung der grünen Politik, Kultursoziologie der westdeutschen Umweltbewegung*, Frankfurt am M. : Campus Verlag, 2014.

Piehardo, Nelson, "New Soceial Movements, A Critical Review," in *Annual Review of Sciologie*, Vol 23, No. 2, 1997.

Radkau, Joachim, "Die Kernkraft-Kontroverse im Spiegel der Literatur. Phasen und Dimensionen einer neuen Aufklärung," in Armin Hermann, *Das Ende des Atomzeitalters? Eine sachlich-kritische Dokumentation*, München: Moos & Partner, 1990.

Radkau, Joachim, "Kernenergie Entwicklung in der Bundesrepublik: ein Lernprozeß?" in *Geschichte und Gesellschaft*, Nr. 2, 1978 (4) .

Radkau, Joachim, *Aufstieg und Krise der deutschen Atomwirtschaft*, Reinbek bei Hamburg: Rowohlt, 1983.

Raschke, Joachim, *Bürger und Parteien Ansichten und Analysen einer schwierigen Beziehung*, Wiesbaden: VS Verlag für Sozialwissenschaften, 1982.

Raschke, Joachim, *Soziale Bewegungen. Ein historisch-systematischer Grundriss*. Frankfurt: Suhrkamp, 1987.

Raschke, Joachim, & Heinrich, Gudrun, *Die Grünen: wie sie wurden, was sie sind*, Köln: Bund-Verl. , 1993.

Raschke, Joachim, "Machtwechsel und soziale Bewegungen," in *Forschungsjournal NSB* , Jg. 11, Heft 1, 1998.

Rehder, Britta, *Interessenvermittlung in Politikfeldern Vergleichende Befunde der Policy-und Verbändeforschung*, Wiesbaden: VS Verlag für Sozialwissenschaften, 2009.

Richter, Pavel A. , " Die Außerparlamentarische Opposition in der

Bundesrepublik Deutschland 1966 bis 1968," in *Geschichte und Gesellschaft*, Sonderheft, Vol. 17, 1968-Vom Ereignis zum Gegenstand der Geschichtswissenschaft（1998）.

Rieder, B. , *Der Bundesverband Bürgerinitiativen Umweltschutz. Geschichte, Struktur und Aktionsformen einer Dachorganisation der Ökologiebewegung*, Staatsexamensarbeit, Berlin, 1980.

Rieger, Renate（ed. ）, *Der widerspenstigen Lähmung? Frauenprojekte zwischen Autonomie und Anpassung*, Frankfurt am M. : Campus Verlag, 1993.

Rohstock, Anne, *Von der "Ordinarienuniversität" zur "Revolutionszentrale"? Hochschulreform und Hochschulrevolte in Bayern und Hessen, 1957 – 1976*, Berlin; Boston: R. Oldenbourg Verlag, 2010.

Rolke, Lothar, *Protestbewegungen in der Bundesrepublik, Eine analytische Sozialgeschichte des politischen Widerspruchs*, Wiesbaden: VS Verlag für Sozialwissenschaften, 1987.

Rosenau, James N. （ed. ）, *Governance without Government: Order and Change in World Politics*, Cambridge: Cambridge University Press, 1992.

Roth, Roland, & Rucht, Dieter（Hrsg. ）, *Neue Soziale Bewegungen in der Bundesrepublik Deutschland*, Frankfurt am M. : Campus Verlag, 1987.

Roth, Roland, & Rucht, Dieter（Hrsg. ）, *Die sozialen Bewegungen in Deutschland seit 1945*, Frankfurt am M. : Campus Verlag, 2008.

Rucht, Dieter（Hrsg. ）, *Protest in der Bundesrepublik. Strukturen und Entwicklungen*, Frankfurt am M. : Campus Verlag, 2001.

Rudolph, Clarissa, *Gestalten oder verwalten? Kommunale Frauenpolitik zwischen Verrechtlichung, Modernisierung und Frauenbewegung*, Wiesbaden: VS Verlag für Sozialwissenschaften, 2004.

Schäfers, Bernhard, *Gesellschaftlicher Wandel in Deutschland. Ein Studienbuch zur Sozialstruktur und Sozialgeschichte der Bundesrepublik*, Stuttgart: Ferdinand Enke Verlag, 1995.

Schelsky, H. , *Die skeptische Generation*, Düsseldorf-Köln: E. Diderich, 1957.

Schildt, Axel, *Moderne Zeiten. Freizeit, Massenmedien und "Zeitgeist" in der Bundesrepublik der 50er Jahre*, Hamburg: Hans Christian Verlag, 1995.

Schoenichen, Walther, "Das deutsche Volk muss gereinigt werden. Und die deutsche Landschaft?" In *Naturschutz*, 14. Jahrgang, Heft 11, 1933.

Schröder, Hannelore, "Unbezahlte Hausarbeit, Leichtlohnarbeit, Doppelarbeit. Zusammenhänge und Folgen," In: Dokumentationsgruppe der Sommeruniversität e. V. (Hrsg.), *Frauen als bezahlte und unbezahlte Arbeitskräfte*, Beiträge zur 2. Berliner Sommeruniversität für Frauen-Oktober 1977. Berlin.

Schroeder, Friedrich-Christian, *Abtreibung, Reform des § 218 (Aktuelle Dokumente)*, Berlin u. a. : De Gruyter, 1972.

Schulz, Kristina, *Der lange Atem der Provokation: Die Frauenbewegung in der Bundesrepublik und in Frankreich 1968 – 1976*, Frankfurt am M. : Campus Verlag, 2002.

Schultze-Naumburg, Paul, *"Vorwort" in Ernst Rudorff, Heimatschutz. Im Auftrag des Deutschen Bundes für Heimatschutz neu bearbeitet*, Berlin-Lichterfelde, 1929 (reprint, originally 1897)

Schulz-Walden, Thorsten, *Anfänge globaler Umweltpolitik, Umweltsicherheit in der internationalen Politik (1969 – 1975)*, München: Oldenbourg Verlag, 2013.

Schwarzer, Alice, "The Rebellious Woman-An Interview by Alice Schwarzer," in Margaret A. Simons, *Sylvie Le Bon de Beauvoir, Feminist Writtings*, Champaign: University of Illinois Press, 2015.

Schweitzer, C. C. *et al.* (eds), *Politics and Government in Germany 1944 – 1994, Basic Documents*, Providence; Oxford: Berghahn Books, 1995.

Sichtermann, Marie, & Siegel Brigitte, "Das Chaos ist weiblich:

Organisationsentwicklung in Frauenprojekten," in Rieger, Renate (ed.),
Der Widerspenstigen Lähmung? Frauenprojekte zwischen Autonomie und Anpassung, Frankfurt am M. : Campus Verlag, 1993.

Smahel, Frantisek, *Die Prager Universität im Mittelalter: Charles University in the Middle Ages*, Leiden: Brill Academic Pub, 2006.

Strobel, Karl, & Schmirber, Gisela, *Drei Jahrzehnte Umbruch der deutschen Universität, Die Folgen von Revolte und Reform, 1968 – 1974*, Vierow bei Greifswald: SH-Verlag GmbH, 1996.

Summers, Sarah, "Thinking Green! (and Feminist) Female Activism and the Greens from Wyhl to Bonn (Special Issue: Green Politics in Germany) (Report) ," in *German Politics and Society*, Vol. 33 (4), 2015.

Tarrow, Sidney, *The Social Movement Society: Contentious Politics for a New Century*, Lanham: Rowman & Lit lefield Publishers, INC. , 1998.

Thomas, Nick, *Protest Movements in 1960s West Germany a Social History of Dissent and Democracy*, New York: Oxford International Publishers Ltd. , 2003.

Tilly, Charles, "Social Movements as Historically Specific Clusters of Political Performances," in *Berkeley Journal of Sociology*, 1993, Vol. 38.

Tipton, Frank B. , & Aldrich, Robert, *An Economic and Social History of Europe from 1939 to the Present*, Baltimore: Johns Hopkins University Press, 1987.

Tomic, Marina, *Gender Mainstreaming in der EU*, Wiesbaden: VS Verlag für Sozialwissenschaften, 2011.

Torstendahl, Rolf (ed.), *State Policy and Gender System in the Two German States and Sweden, 1945 – 1989 (Opuscula Historica Upsaliensia, Number 23.)*, Uppsala: University of Uppsala, 1999.

Uekötter, Frank, *Deutschland in Grün: Eine zwiespältige Erfolgsgeschichte*, Göttingen: Vandenhoeck & Ruprecht, 2015.

Uekötter, Frank, *Von der Reuchplage zur Ökologischen Revolution*, *Eine Geschichte der Luftverschmutzung in Deutschland und USA*, *1880 – 1970*, Essen: Klartext Verag, 2003.

Wagner, Leonie, "Das Private wird politisch Autonomie Frauenhäuser im Kontext der Neuen Frauenbewegung," in *Sozial Extra*, 2018 (4).

Weber, Werner, *Der Schutz der Landschaft nach dem Reichsnaturschutzgesetz*: *Vorträge auf der Ersten Reichstagung für Naturschutz in Berlin am 14. November 1936*, Berlin: Neumann, 1937.

Weßels, Bernhard, *Erosion des Wachstumsparadigmas*: *Neue Konfliktstrukturen im politischen System der Bundesrepublik?* Opladen: Westdeutscher Verlag GmbH, 1991.

Wiggershaus, Renate, *Geschichte der Frauen und der Frauenbewegung. In der Bundesrepublik Deutschland und in der DDR nach 1945*, Wuppertal: Peter Hammer Verlag GmbH, 1979.

Williams, John Alexander, "The Chords of the German Soul are Tuned to Nature: The Movement to Preserve the Natural Heimat from the Kaiserreich to the Third Reich," in *Central European History*, Vol. 29, No. 3.

Wuerth, Andrea C. , "Nation, State, and the Politics of Women's Rights: Abortion Law Reform in Post-Wall Germany, 1989 – 1993," A dissertation submitted to The Johns Hopkins University, Maryland, 1995.

Young, Brigitte, *Triumph of the Fatherland*, *German Unification and the Marginalization of Women*, Ann Arbor: University of Michigan Press, 1999.

Zellmer, Elisabeth, *Töchter der Revolte? Frauenbewegung und Feminismus der 1970er Jahre in München*, München: Oldenbourg Verlag, 2011.

Zillessen, Horst, "Bürgerinitiativen im repräsentativen Regierungssystem," in *Aus Politk und Zeitgeschichte*, v 23. 3. 1974.

Zöller, Michael, *Die Unfähigkeit zur Politik*, *Politikbegriff und Wissenschaftsver-ständnis von Humboldt bis Habermas*, Wiesbaden: VS Verlag für

Sozialwissenschaften, 1975.

3. 中文成果

［德］韦·阿贝尔斯豪泽：《德意志联邦共和国经济史，1945—1980 年》，张连根、吴衡康译，商务印书馆 1988 年版。

［德］格罗塞尔等：《德意志联邦共和国经济政策及实践》，晏小宝译，上海翻译出版公司 1992 年版。

［德］赫尔穆特·施密特：《行动起来，为了德国：走出困境》，刘芳本等译，外语教学与研究出版社 1995 年版。

［德］赫尔穆特·施密特：《伟人与大国——施密特回忆录》，梅兆荣等译，世界知识出版社 1989 年版。

［德］卡尔·埃尔德曼：《德意志史》（第四卷下册），高年生译，商务印书馆 1986 年版。

［德］卡尔·哈达赫：《二十世纪德国经济史》，扬绪译，商务印书馆 1984 年版。

［德］卡尔·施密特：《宪法的守护者》，李君韬、苏慧婕译，商务印书馆 2008 年版。

［德］康拉德·阿登纳：《阿登纳回忆录》（一），上海外语学院德法语系德语组译，上海人民出版社 1976 年版。

［德］路德维希·艾哈德：《来自竞争的繁荣》，祝世康等译，商务印书馆 1983 年版。

［德］马克斯·韦伯：《韦伯文集》（下），韩水法编译，中国广播出版社 2000 年版。

［德］史瓦兹：《拒绝做第二性的女人：西蒙·波伏娃访问录》，顾燕翎等译，中国友谊出版公司 1989 年版。

［德］扬－维尔纳·米勒：《危险的心灵：战后欧洲思潮中的卡尔·施米特》，张龚、邓晓菁译，新星出版社 2006 年版。

［德］尤特·弗里弗特：《德国妇女运动史：走过两世纪的沧桑》，马维麟译，五南图书出版有限公司 1995 年版。

［美］埃德温·哈特里奇：《第四帝国》，国甫等译，新华出版社 1982
　　年版。

［美］埃德温·哈特里奇：《第四帝国的崛起》，范益世译，世界知识出
　　版社 1982 年版。

［美］丹尼尔·贝尔：《后工业社会的来临》，高铦等译，新华出版社
　　1997 年版。

［美］赫伯特·马尔库塞：《爱欲与文明：对弗洛伊德思想的哲学探讨》，
　　黄勇、薛民译，上海译文出版社 1987 年版。

［美］赫伯特·马尔库塞：《单向度的人——发达工业社会意识形态研
　　究》，张峰等译，重庆出版社 1988 年版。

［美］卡罗尔·佩特曼：《参与和民主理论》，陈尧译，上海人民出版社
　　2006 年版。

［美］科佩尔·平森：《德国近现代史：它的历史与文化》，范德一译，
　　商务印书馆 1987 年版。

［美］西德尼·塔罗：《社会运动论》，张等文、孔兆政译，吉林人民出
　　版社 2011 年版。

［挪］乔根·兰德斯：《极限之上：〈增长的极限〉40 年后的再思考》，
　　王小刚译，《探索与争鸣》2016 年第 10 期。

［英］基思·福克斯：《政治社会学：批判性的介绍》，陈崎等译，华夏
　　出版社 2008 年版。

郇庆治：《80 年代中期以来的西欧新社会运动》，《欧洲》2001 年第
　　6 期。

郇庆治：《欧洲绿党研究》，山东人民出版社 2000 年版。

李银河：《女性权力的崛起》，文化艺术出版社 2003 年版。

刘东国：《绿党政治》，上海社会科学院出版社 2002 年版。

陆海燕：《新社会运动与当代西方政治变革》，武汉大学出版社 2011
　　年版。

孟钟捷：《魏玛德国的家庭政策——以"堕胎禁令"的改革与争议为中

心的探讨》，《世界历史》2018年第1期。

阮一帆、李战胜、傅安洲：《20世纪60年代末大学生运动与联邦德国政
治教育的变革》，《高等教育研究》2014年第8期。

沈汉、黄凤祝编著：《反叛的一代：20世纪60年代西方学生运动》，甘
肃人民出版社2002年版。

王芝茂：《德国绿党的发展与政策》，中央编译出版社2009年版。

邢来顺、岳伟：《联邦德国的文化政策与文化多样性研究》，中国社会科
学出版社2017年版。

邢来顺：《德意志帝国时期妇女群体的崛起》，《世界历史》2004年2期。

邢来顺：《生态主义与德国"绿色政治"》，《浙江学刊》2006年第1期。

许璇、邢来顺：《联邦德国产业结构转型与中间阶层的变化》，《华中科
技大学学报》（社会科学版）2008年第1期。

俞可平主编：《治理与善治》，社会科学文献出版社2000年版。

岳伟：《1949—1962年的鲁尔大气保护运动及其对联邦德国环境治理的
影响》，《历史教学问题》2016年第5期。

张敏杰：《德国家庭政策的回顾与探析》，《浙江学刊》2011年第3期，

张顺洪：《西方新社会运动研究》，中国社会科学出版社2015年版。

赵鼎新：《社会与政治运动讲义》，社科文献出版社2012年版。

郑春生：《马尔库塞与六十年代美国学生运动》，博士学位论文，华东师
范大学，2008年。

郑春生：《拯救与批判：马尔库塞与六十年代美国学生运动》，上海三联
出版社2009年版。

郑伊编选：《女智者共谋：西方三代女性主义理论回展》，作家出版社
1995年版。

朱正圻、晏小宝：《联邦德国的工资和社会福利制度》，人民出版社1987
年版。

后　记

本书的写作，源于我对后工业转型时期联邦德国国家治理问题的关注。在撰写《战后鲁尔问题研究（1945—1953）》一书时，我发现鲁尔工业在经历了 20 世纪 50 年代的复兴与繁荣后，到六七十年代时又陷入了痛苦的转型危机。于是我便有了继续研究后工业化时期联邦德国经济、社会问题的想法。之后，在敬爱的导师邢来顺教授的指点下，我决定以后工业转型时期出现的"新社会运动"为切入点，深入考察这一时期联邦德国的国家治理危机及其应对措施，并成功地以此为题申报获得了国家社科基金的资助。

课题写作期间，我面临的最大困难便是资料不足。因为新社会运动是分散的民间运动，国内二手中、外文著作和论文很少论及这场运动在联邦德国的发展状况。为了能尽可能多地占有原始文献，我除了利用德国网站广泛搜集电子档案外，还专门申请国家留学基金委的资助，前往德国柏林自由大学历史研究所，跟随专事德国当代史研究的阿德·鲍尔肯佩尔（Arnd Bauerkämper）教授进行了为期一年的访学。在鲍尔肯佩尔教授的帮助下，我从柏林市各大图书馆、档案馆获得了大量有关新社会运动及国家治理的资料，并在此基础上最终完成了课题的写作任务。

今天这本书能够顺利出版，我还要特别感谢德国史学界的各位前辈和同仁。与他们的交流不仅拓展了我的学术视野，而且也让我认识到了自身研究的许多不足之处。

本书为华中师范大学历史文化学院一流学科（新一轮）建设资助成果，在此衷心感谢学院对本人科研工作所给予的帮助。

借此机会还要感谢历史文化学院的各位领导和同事。他们在我申报和完成课题的过程中提出了许多宝贵的意见。

感谢家人的陪伴。他们的理解和帮助是我完成此书的重要保障。

本书成书仓促，其中尚有许多疏漏之处，学界同仁的修改意见也未能一一吸取。学术之路漫漫且修远，我将继续上下而求索。

华中师范大学历史文化学院

岳 伟

2022 年 9 月于武昌桂子山